高等学校道路与桥梁专业规划教材

道路 CAD

及其实用程序、工程实例

周 艳 张华英 主 编

潘瑞松 宋君超 副主编

提供实用性源程序

依据现行设计规范

介绍翔实设计案例

结合流行设计软件

内容全面范围广泛

中国建筑工业出版社

图书在版编目(CIP)数据

道路 CAD 及其实用程序、工程实例/周艳，张华英主编.
北京：中国建筑工业出版社，2009（2023.9重印）
高等学校道路与桥梁专业规划教材
ISBN 978-7-112-10888-6

Ⅰ. 道… Ⅱ.①周…②张… Ⅲ. 道路工程-计算机辅助
设计-应用软件，AutoCAD-高等学校-教材 Ⅳ. U412.6

中国版本图书馆 CIP 数据核字(2009)第 050836 号

计算机辅助设计(CAD)技术在道路工程中已经被广泛使用，本书正是针对道路
CAD 的学习与应用而编写的。本书共分5章，第1章、第2章介绍了 AUTOCAD 绘图
的基本知识、道路设计二次开发的工程实例，并且介绍了绘制路线缓和曲线及挡土墙
的详细步骤；第3章作为本书的核心，介绍了道路 CAD 系统的思想、平、纵、横及支
挡结构、柔性路面的实用程序设计、道路透视图的绘制；第4章介绍了数字地面模型与
道路 CAD 方面的新发展和新技术；最后一章根据现行规范，结合设计实例，详细介绍
了应用纬地程序完成道路主线平面设计的案例，具有很强的实用性和可操作性。

* * *

责任编辑：王 磊 姚荣华
责任设计：董建平
责任校对：刘 钰 陈晶晶

本书附配套课件，下载地址如下：

www. cabp. com. cn/td/cabp18137. rar

高等学校道路与桥梁专业规划教材
道路 CAD 及其实用程序、工程实例
　周 艳　张华英　主 编
　潘瑞松　宋君超　副主编
*
中国建筑工业出版社出版、发行(北京西郊百万庄)
各地新华书店、建筑书店经销
北京天成排版公司制版
建工社（河北）印刷有限公司印刷
*
开本：787×1092 毫米　1/16　印张：19　字数：474 千字
2009 年 8 月第一版　2023 年 9 月第八次印刷
定价：**32.00** 元(附网络下载)
ISBN 978-7-112-10888-6
(18137)

前　言

道路计算机辅助设计系统随着计算机软硬件及公路勘测事业的发展得到了快速的发展，而"道路CAD"课程正是为了适应我国公路勘测和道路设计逐渐由传统的设计方法向计算机自动化设计转变而开设的，截至目前，已培养了大批能够熟练掌握道路计算机辅助设计方法并且应用于设计工程实践的专业人才。编者自1998年开始从事道路计算机辅助设计的教学，曾编写《道路CAD》讲义，作为该课程的试用教材。现综合长期的实践经验编写了本书。

编者在计算机辅助设计的教学时发现，适合作为道路计算机辅助设计课程教学的教材非常少：部分教材单单介绍用AUTOCAD来绘制道路、桥梁的工程图；部分教材仅介绍了道路路线计算机辅助设计的思想，而没有介绍路基、路面及支挡结构物的计算机辅助设计。本书集道路路线、路基、路面、支挡结构的计算机辅助设计系统于一体，同时介绍便于工程应用的实用程序、已有道路CAD系统的应用实例等，是一本比较全面、实用的介绍道路计算机辅助设计的教材。另一方面，随着道路计算机辅助设计的快速发展，已有的一些相关书籍显得比较陈旧，因此有必要将一些道路计算机辅助设计的新的方法、新的应用程序介绍给学生。

根据十几年的教学经验，编者结合其他各方面的道路计算机辅助设计书籍及道路计算机辅助设计的新的发展，应用面向对象并且有友好界面的VB程序重新编制了一系列实用程序，包括能够在外业测设现场实时应用的道路平曲线要素计算、敷设程序，红外线仪实地放线程序，能够与EXCEL之间进行大量数据输入输出的纵断面设计高程计算程序、重力式挡土墙设计程序，应用程序调用AUTOCAD绘制挡土墙断面图，柔性路面设计程序等。这些程序编制深入浅出，且附有源程序及程序流程图、程序说明，易于学生理解、掌握，并且具有很强的实用性，界面非常易于操作。每一个程序都设计了工程实例，并经过手算与其他应用软件的验证。

本书共分5章，第1章、第2章介绍了AUTOCAD绘图的基本知识、道路设计二次开发的工程实例，并且介绍了绘制路线缓和曲线及挡土墙的详细步骤；第3章作为本书的核心，介绍了道路CAD系统的思想，平、纵、横及支挡结构、柔性路面的实用程序设计、道路透视图的绘制；第4章介绍了数字地面模型与道路CAD方面的新发展和新技术；第5章根据现行规范，结合设计实例，详细介绍了应用纬地程序完成道路主线平面设计的案例，具有很强的实用性和可操作性。

本书在编写过程中，参考了有关标准、现行规范、教材和论著，其中主要的参考资料列在了参考文献中。在编写过程中，应用了HintCAD和HPDS软件，在此向这些编著者及HintCAD和HPDS软件的开发者表示衷心的感谢。

本书其中第 1 章、第 2 章由张华英、宋君超编写，第 3 章由周艳编写，第 4 章由潘瑞松编写，第 5 章由周艳、张华英编写。全书所有程序编制工程应用实例均由周艳完成。全书由周艳负责统稿。

由于作者水平有限，书中难免有不妥之处，请读者批评指正。

编　者

目　录

第1章
CAD 技术及道路 CAD 系统概述

计算机辅助设计(Computer Aided Design)是近 40 年来工程技术领域中发展最迅速、最引人注目的技术之一。作为 20 世纪重大技术成就之一，CAD 技术正深刻地影响着当今各个工业和工程领域，已成为工程设计及科学研究中不可缺少的组成部分。CAD 技术将计算机的高速计算、数据处理和绘图模拟等能力与人类的创造性思维相结合，为现代设计提供了理想手段，不仅可以缩短工程的设计周期、减少设计人员的繁杂劳动，而且能够提高工程质量、降低成本。同时，CAD 技术也为科学研究的发展和教学的现代化提供了方便的工具。

CAD 技术最早出现于投资大、成本高的大工业，如航空领域和汽车制造业，随后用于电气电子方面。20 世纪 70 年代以后，在土木建筑领域内获得迅速发展。由于在运用计算机进行设计过程中都是以图形信息作为主要传递数据，它需要较大容量和快速运算，所以早期 CAD 技术一般适宜在中小型计算机及其工作站上运行。随着高性能计算机的出现，计算速度的提高和计算量的加大，CAD 技术得到了迅猛地发展，不但能够进行计算和图形处理，而且能够进行分析、优化设计和管理等。程序日益复杂、功能日益齐全、包括领域十分广泛、界面非常易于操作，现在已经发展为 CAD、CAE(计算机辅助工程)、CAM(计算机辅助制造)、CAPP(计算机辅助工艺设计)、PDM(产品数据库)和 ERP(企业资源计划)等功能及它们的集成功能。

1963 年，美国麻省理工学院(MIT)首次建立 CAD 的概念，40 多年来，随着计算机技术和微电子学的发展，价格低廉、性能优良的 CAD 软硬件系统得到广泛的应用。

1.1 CAD 的基本概念

1.1.1 CAD 的定义

1973 年，当 CAD(Computer Aided Design)的发展还处于它的初期阶段时，国际信息处理联合会就给了 CAD 一个广义的，至今仍使人感到耐人寻味的定义："CAD 是将人和机器混编在解题专业组中的一种技术，该技术使人和机器的最好性能得到有机联系"。人具有逻辑推理、综合判断、图形识别、学习、联想、思维、情绪、兴趣等能力及特点；计算机则以运算速度快、精确度高、不疲劳、存储量大、不易忘记、不易出差错以及能迅速地显示数据、曲线和图形见长。所谓做好特性的"联系"就是通过"人机交互技术"，让人和计算机之间自然方便地进行信息交流，相互取长补短，使人和机器的特性得到充分发挥，从而提高设计能力、缩短设计周期、改善设计质量、降低设计成本。

通常所说的设计包括工程设计和产品设计两大类，前者比如一条道路、一座桥梁、一幢房屋的设计；后者比如一台机器、一辆汽车等的设计。设计工作作为一种基本的实践活动，对社会经济、自然资源、环境以及人们的生活都有着巨大而深刻的影响。因此，运用先进的 CAD 系统，增强设计能力，对整个社会都是十分重要的。

由于各个设计领域的设计对象不同，其设计原理、方法、流程也各有特点，因而不同设计领域对 CAD 的理解和解释也有所不同，研究和开发的 CAD 系统在系统组成及目标上亦各有侧重。

CAD 是一个完整的人机混合系统，它主要完成工程设计的方案选择、设计的分析与计算、施工图的设计与绘制、设计文件的编制与打印等任务。所以 CAD 系统的实际内容包括设计方案的构思和形成、方案的比选、工程计算与优化以及设计图表、表格及说明的自动输出等一系列工作。

从 CAD 的发展来看，它有两个重要特点：其一是工程计算与图形设计相互结合、互相交叉经过多次反复最终产生设计文件；其二是作出几何图形的同时，产生各种表格和设计文件。

1.1.2　CAD 的组成

CAD 系统的基本构成应包括以下几项内容：

(1) 一个综合性的数据库：是一个通用性的、综合性的以及减少数据重复存储的"数据集合"。它按照信息的自然联系来构成数据库，即把数据本身和实体之间的描述都存入数据库，用各种方法来对数据进行各种组合，以满足各种需要，使设计所需的数据便于提取，新的数据便于补充。它的内容包括设计原始资料、设计标准与规范数据、中间结果、最终结果等。具体地说，一个服务于工程设计的数据库应该存储有如下数据资料：

① 各种设计标准图，历史上成熟的设计图纸；

② 现行的设计标准与规范；

③ 设计所需的原始数据。

(2) 工程计算与绘图软件包：这是一个大型的程序系统，它从数据库中获取设计所需数据进行工程分析与计算，并生成所要绘制的工程图及各种图表。工程计算与绘图软件包包括通用的数学函数和计算程序，以及在设计中所包括的常规设计和优化设计等，即CAD 的应用软件包。它是实现工程设计、计算、分析、绘图等具体专用功能的程序，是CAD 技术应用于工程实践的保证。

(3) 人机交互式计算机图形处理系统：这里所说的交互式系统指用户与计算机之间有双向通信联系。在这个系统中计算机接收来自键盘、鼠标、数字化仪等输入设备发来的信号，通过图形显示设备显示出设计对象的几何形状，用户可以通过输入设备发出简单的命令，而不需修改程序就可以对屏幕上的图形进行平移、旋转、放大、修改和删除等图形编辑命令，最后在绘图机上绘制出设计者满意的设计图纸，包括几何构型、绘制工程设计图、绘制各种函数曲线、绘制各种数据表格、在图形显示装置上进行图形变换以及分析和模拟等。图形系统是 CAD 技术的基础。

上述三方面的专业内容，是开发不同专业应用的计算机辅助设计系统必不可少的基础知识，也就是利用计算机提供的软、硬件资源，把图形处理技术、工程数据库技术与工程设计实践结合起来进行设计。因此，可以说计算机辅助设计是一门跨学科、综合性强的技术。

1.2 道路 CAD 系统

道路 CAD 系统，即利用计算机辅助设计系统进行路线设计。在数字地形模型支持下，借助数学方法，由计算机初定平面位置，并通过人机对话对设计方案进行修改，经过不断地人机交互作用，进行优化设计，根据计算机选择的最优方案和地形数字模型提供的地形资料完成整个路线平面、纵断面和横断面设计，以获得切合实际的最优方案，并且在设计完成时可以利用绘图机输出各设计阶段所需的相应的图纸和表格。

道路 CAD 领域的软件最初大致可分为两种类型：一类是适用于结构工程的，如路基、路面、挡墙、桥涵等构造物的 CAD 设计软件；另一类是适用于路线工程设计的。前者偏重于力学数值计算，后者所设计的为带状建筑物，广泛绵延于地面之上，很多与地形、地物、地质水文等有关的自然地理数据是设计的原始依据，同时很多经济与交通状况的动态发展因素也对设计产生很大影响。因此它涉及很多地理数据采集工作和图形处理工作。这两种类型的软件在各自不断发展的同时，也有集成到同一软件包的产品出现。

道路路线 CAD 系统往往是现代化测绘设备、计算机及其外围设备和专用软件包的组合系统。在条件不具备时，也可运用原有设备适应传统测设方法自己开发使用的 CAD系统。

道路路线 CAD 系统的使用业务范围根据用户的实际需要可宽可窄。它一般包括道路几何线形设计以及路上所有工程结构物和设施的设计，它可以适用于公路、城市道路和机场工程的设计，有的还可适用于铁道、排水、矿山等的设计。软件开发者应按软件工程的方法在系统开发前精心调查研究，做好需求分析和总体设计。

1.2.1 系统整体结构

道路 CAD 软件系统一般包含七个模块，见图 1-1：

（1）线路平面测量和高程测量数据的录入、编辑和存储模块、数字地形模型的建立；

（2）平面设计、纵断面设计及横断面设计数据的录入、编辑和存储模块；

（3）根据路线平面设计，绘制路线平面图；

（4）根据路线纵断面设计，绘制路线纵断面图；

（5）根据路线横断面设计，绘制路线横断面图；

（6）路基结构物的绘制；

（7）路基路面结构设计。

1. 数据采集

公路路线设计必须依靠大量的地面信息和地形数据。

（1）用现代化的测量方法，如：全站仪、自动安平水准仪、航空摄影测量、GPS 测量等。

1）用现代化的手段如航空摄影测量建立数字地面模型，该方法快速、自动化水平高，但采用专摄航片，需委托航测部门按数据采集的要求订立合同，这种专摄航片受到时间、费用等因素的限制，除非对重点工程项目，在目前条件下对一般公路建设项目工程尚难于推广。

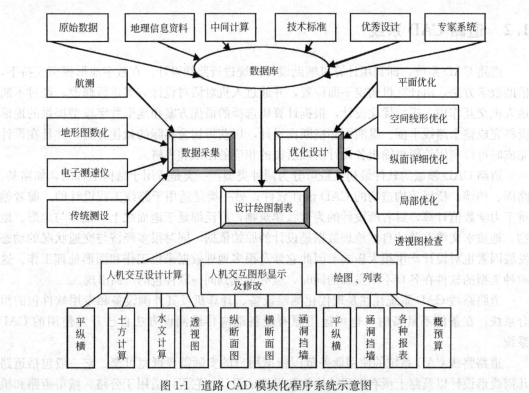

图 1-1　道路 CAD 模块化程序系统示意图

2）全站仪 TPS——能自动测距、测角，还能快速完成一个测站所需完成的工作，包括平距、高差、高程、坐标以及放样等方面数据的计算。

3）全球定位系统 GPS——（Global Positioning System）是全球性的卫星定位和导航系统，它能向全世界任何地方的用户观测站提供连续的、实时的位置（三维坐标）、速度和时间信息。整个系统包括空间卫星（24 颗卫星分布于距地面 2 万多米的 6 个轨道上）、地面控制站和用户接收站三个部分。

4）超站仪 STGPS——如果将 TPS 与 GPS 集成在一起，并研制配套软件系统，则能取 TPS 与 GPS 各自之所长，优势互补，共同完成各自不能独立完成的许多测绘工作，可以克服外业内业交互进行、返工频繁、工期长等许多缺陷。通常的做法是：布设 GPS 控制网—GPS 外业观测—GPS 内业数据处理—TPS 加密控制点—TPS 测量碎部点或工程放样等。

5）GPS-RTK——实时动态（Real Time Kinematic）测量系统，是 GPS 测量技术与数据传输技术的结合，是 GPS 测量技术中的一个新突破。一般由以下三部分组成：GPS 接收设备、数据传输设备、软件系统，在 15km 范围内，其定位精度可达 1～2cm，RTK 测量系统由一套基准站和两套流动站组成。

6）3S 技术——是卫星遥感技术（RS），地理信息系统技术（GIS），全球定位系统技术（GPS）的总称。

新型手表式全球定位系统（GPS）"GPS Pathfinder"，这款新产品仅重 84g，可以通过 GPS 卫星来准确定位佩带者的经纬度、到目标的距离、当前速度等，可存储资料备用，也可以与计算机终端进行数据交换。

新产品 STGPS，它将 GPS 接收机置于全站仪上，与全站仪集成，既保持了 GPS 和全站仪之所长，又克服了两者之所短，是具有超凡功能的高科技测量仪器，见图1-2。

图 1-2　GPS 和 STGPS

(a)GPS；(b)STGPS

(2) 用传统的经纬仪、水准仪和小平板实测。

对于这些传统的仪器和方法，这里就不作详述了。

2. 路线优化设计

要使公路计算机辅助设计系统能够设计出质量较高且经济效益好的方案，就必须用到优化技术。在进行优化设计时，根据不同设计阶段，有不同的具体要求，建立一个从粗到细逐级优化的思路。应注意到多种复杂因素的干扰，在优化设计过程中，可不断发挥人机交互作用，以获得切合实际的最优方案。从确定路线最优方案的角度出发，进行路线最优化设计的方法可分为两类：

第一类：对于平面或纵断面各种比较方案，快速准确地完成路线设计，并计算出各方案的总费用和各项比较指标，由设计者根据经验选出最佳方案。

第二类：根据路线的初始方案，利用最优化理论的数学方法，由计算机寻找最优设计方案。即输入一个可行方案，通过数学迭代方法来完成最优方案的求解。

(1) 在可行性分析阶段，适宜于采用在宽带范围内路线走向方案的优化。利用研制的计算机程序系统，设计人员就可对路线可行区域的各种因素作出定量评价。这些定量评价值可以按点、按线或按面列成费用值表，然后建立地面费用模型。计算机将可行区分成联接的网络结点，自动生成所有的路线走向方案，计算出通过各联接结点方案的费用总和，采用动态规划法优选出路线方案。

(2) 在初步设计阶段宜采用在平面或空间一定范围内移线以改善设计方案的优化技术。在可行性分析阶段已经优选出的最佳路线带(走廊)的基础上，根据工程师的经验选定合适的转折点和曲线要素(也可在计算机上以人机对话的方式进行)，然后在窄带范围内实现小距离移线(在小范围内移动转折点或改变曲线半径等)以获取最优方案。在优化平面方案时，也必须平纵优化交叉多次进行。在计算机容量和速度容许时，除采用造价或工程量作为目标函数外，尚可选择另一个如运营费用作为第二个目标函数。

(3) 在技术设计阶段宜采用多个目标函数的公路纵断面优化程序系统。在技术设计阶段，应集中注意力把纵断面最佳方案优选出来。一个好的路线方案，除土石方和造价较小外，还必须考虑运输经济、行程时间、线形质量(包括行驶安全和舒适)等指标，研究沿线随线形变化的行车速度和燃料消耗等，建立具备若干个目标函数的优化程序。此外，还可建立对局部路段、个别平曲线或竖曲线(包括半径改变和缓和曲线段改变)优化技术程序，以便在技术设计与施工图编制时视需要随时采用。

(4) 对已完成的公路路线技术设计运用连续绘制的透视图(或动态透视图)进行评价，如发现有不符合安全行驶和景观环境要求的路段，进行切实改进，提高设计质量。

在公路路线辅助设计的软件系统中如能按各个不同设计阶段纳入如上的优化技术内容，可以使设计方案的土石方、小桥涵、挡土墙、道路用地等工程费用降低 10% 左右，并可提高公路线形质量，明显降低营运费用，得到安全、舒适的路线和良好的景观。

3. 计算机辅助设计、绘图和制表

现代计算机辅助设计一般具备在荧光屏上显示并通过人机对话对设计方案进行修改的功能。通过不断地人机交互作用，可获得切合实际的最优方案，在设计完成时可以利用绘图机输出各设计阶段所需的相应的图纸，并由打印机输出工程量和概预算等设计资料。

道路 CAD 模块化程序系统有四个部分组成，即包括数据采集、优化技术以及设计和绘制图表三个子系统及一个数据库。系统采用模块技术，各自系统及子系统内的各个程序都成为单独的模块。在系统使用时，运用菜单技术，通过数据库，采用数据通讯的方式，有机地将各模块联系起来，在此数据库起到了桥梁的作用。这种模块化了的程序系统，不仅节省了有限的计算机内存空间，而且还增添了系统的灵活性，可以不断地把新模块增添到系统内，加强系统功能。

1.2.2 系统运行的硬件环境

整个道路 CAD 系统的硬件配置应包含有数据采集和输入设备、数据处理、分析计算和图形显示设备以及成果输出设备三个方面。采用航空摄影测量是一种快速的现代化数据采集方法，它需要成套的航测数据处理和成图设备。在缺乏设备条件时可采用现代化的测量仪器，如全站仪、红外测距仪等作现场测量，或使用传统的测量仪器设备。测量仪器在测量学中已有叙述，本节仅就适用于道路 CAD 的航测成图设备作简要的介绍。计算机及其外围设备是 CAD 运行环境中的主体，本节将就适宜于道路 CAD 系统的计算机配置及适用的输出输入设备如数字化仪、扫描仪、绘图机等作概略介绍。

1. 航测成图设备

当在道路沿线进行航空摄影测量获得像片后，将像片转换成可资设计运用的等高线地形图或数字地形模型，就要依靠一些内业仪器设备。这些仪器设备比较复杂，价格很贵，一般需要进口，仅有少数单位具备条件。其中主要的仪器设备有：纠正仪、立体量测仪、立体坐标量测仪、多倍投影测图仪、精密解析立体测图仪等。各种仪器的类型和型号繁多，以下作简略介绍。

(1) 纠正仪：是航空摄影测量中纠正像片的仪器。主要部分有：底片盘、投影物镜、承影板等。将所摄底片放在底片盘内，经调整后可消除航摄像片上因航摄仪倾斜所引起的影像变形，并使影像具有一定的比例尺。在承影板上获得相当于水平像片的影像，再经晒像和冲洗，即得纠正好的像片。这个过程叫"像片纠正"。

　　(2) 立体量测仪：是航空摄影测量中微分法测图的一种仪器。其特点是利用校正机械消除像片倾斜和航高差对地面点间高差量测值的影响。主要部分有观测系统、像片盘、量测装置和校正机械。使用时，根据四个以上的高程控制点在像片上描绘出等高线，经分带投影转绘后，可编制出等高线地形图。它适用于丘陵地区测图。

　　(3) 投影转绘器：是航空摄影测量中用于分带投影转绘的仪器。主要部分有：投影器、倾斜装置和升降系统等。在像片上描绘的等高线和在测绘像片上的地物都是中心投影，为了把中心投影的地物、地貌改为正射投影，需将这些像片缩制成透明片，安放在投影器内，根据地形起伏情况分带投影转绘成图。

　　(4) 立体坐标量测仪：是量测像片上像点坐标的仪器。主要部分有：观测系统、像片盘、量测装置等。将立体像对置于像片盘上，从观测系统进行立体观测，量测像点的坐标和视差，供航空摄影测量内业加密控制点用。

　　(5) 多倍投影测图仪：简称"多倍仪"，是航空摄影测量中全能测图法中使用的一种仪器。主要部分有：支架、投影器、测绘器和绘图桌。将相邻航测底片缩制成透明正片，放在各投影器内，调正其位置，经投影构成与地面相似的立体模型，借以测绘成等高线地形图。

　　(6) 立体测图仪和精密解析立体测图仪：立体测图仪是航测全能法测图仪器的总称，仪器的主要部分有：投影系统、观测系统和绘图系统。投影系统一般有两个投影器，各构成一个投影射线束，经定向后由射线相交构成几何立体模型。最新产品配置电脑装置进行解析投影，做到全能全自动产生地形图或数字地形模型，称为精密解析立体测图仪。

2. 计算机配置

　　道路 CAD 系统计算机硬件配置与通用的计算机系统略有差异，其特点是应有较强的人机交互和输入输出设备以及分辨率较高的图形显示系统。在早期，考虑到存储容量和运算速度的要求，对中央处理器机型需要使用中、小型计算机，如在 20 世纪 80 年代交通部组织专家论证时，曾选用 VAX-11 中型机或 Apollo 小型机为主要机型。20 世纪 90 年代，随着微型计算机的快速更新，奔腾 586 机型微机已完全可以胜过 20 世纪 80 年代中、小型机的功能。当前随着计算机技术的快速发展，家用电脑、笔记本的配置非常高，内存通常可达 1G、硬盘通常也有 100G，有着分辨率极高的液晶显示器，而道路 CAD 系统的运行容量 16MB、硬盘 500MB 即可。对于设计单位，需要多个工程师同时使用终端时，可应用互联网或专设服务器。

3. 数字化仪

　　数字化仪是一种辅助的输入设备。它可将图形自动转换成数据存入计算机，而不必通过键盘逐点手工键入。它可大大地加快图形输入的速度，且不易出错。

　　数字化仪有跟踪式数字化仪和扫描式数字化仪(简称扫描仪)两类。

　　如手扶式跟踪数字化仪，它是按图形上的特征点采用矢量法逐点输入计算机。该仪器是由输入装置(或称鼠标器)和面板两部分组成。面板底部设有电子部件，操作人员在面板的使用区域内使用鼠标器定位，就能将所需输入点的 x 和 y 坐标输送到计算机中。

　　扫描仪采用点阵式输入计算机，它适用于照像图或彩色图的快速输入。它也可用于工程图纸的扫描输入，如果要求进一步将图形转换为三维的数字地形模型或与设计图形相拼接，则需另用矢量化软件，但对于较复杂的图形往往容易失真。

4. 绘图机

绘图机是一种图形自动输出装置。适用于工程图纸的绘图机，其绘图笔是按矢量法移动的，称为矢量绘图机。

它又可分为平板式和滚动式两类。平板式绘图机有一固定大小的图板，图纸靠真空吸附、静电吸附或磁性压条固定在图板上。板面上下边缘设有 X 方向导轨，顺着 Y 方向有一可滑动的笔架，笔架上装有数支绘图笔。电机带动绘图笔架沿导轨在 X 方向移动，同时在 Y 轴方向上下动作进行绘图，笔可根据信息抬起和落下。平板式绘图机由于图纸固定在板面上不易松动，所绘的图纸精度高些，但速度较低，绘图时用户可以见到整个作图过程。图板的大小可以有 A0，A1，A2，A3 四种。如绘制道路设计图纸，一般可选购 A1或 A2 绘图机。

滚动式绘图机有一固定转轴的滚筒，绘图纸卷绕在滚筒上，纸随滚筒转动，笔架只能沿滚筒的轴向移动，两者配合构成 X，Y 方向的平面运动。控制滚筒的转动和笔架的移动以及抬、落笔，就能绘图。滚动式绘图机结构紧凑，占地面积小，价格便宜，图纸幅面对纸长没有限制。由于纸张绕滚筒多次反复转动，在精度上较平板式略差，但可以满足道路工程图纸的要求，一般比较适用。如选用 DMP-52 系列绘图机，可采用 A1 图纸绘图。

1.2.3 系统运行的软件环境

要使计算机正确地运行并解决像道路计算机辅助设计这样的任务，必须具备完整的软件系统。一个完整的系统需配置：系统软件、支撑软件和应用软件。前两者又称为基础软件。各种基础软件等于使用的工具，大多随计算机购买时提供，或成为商品可以单独购买。

1. 系统软件

系统软件是与计算机主机直接关联的，一般是由软件专业工作者研制。它起着扩充计算机的功能和合理调度与运用计算机的作用。系统软件主要包括各种操作系统、文件和设备管理系统、各种高级语言编译系统等。

操作系统是协调和组织计算机运行的软件。为了提高计算机的使用效率及响应速度，各种计算机都配备了日臻完善的操作系统。如目前适用于微机上广泛应用的操作系统是WINDOWS2000、WINDOWSXP 等(包括各种汉化版)。它们用来实现计算机硬件自身和软件资源的管理。

编译系统是把以高级语言编写的程序翻译成机器指令，并由计算机直接执行这些指令，目前，适用于微机道路 CAD 的有 C++，TmeBASIC，PASCAL，FORTRAN 等语言编译系统，供不同的应用场合选用。

2. 支撑软件

开发 CAD 系统，可以考虑选用一些合适的支撑软件。例如，各种图形软件和数据管理软件。采用微机制图，可以选用 AutoCAD 软件，AutoCAD 是目前国内外微机系统中最为普遍使用的一种高性能作图软件，它具有通用性好、适用性广、功能较强的特点。它不但可以绘制直线、点、圆、圆弧、椭圆、矩形等基本图形，还能进行放大、缩小、移动、插入、复制等操作，而且可以将图形作为一个标准图块随意插入到所需的图形中，它还可作二维、三维图形，对图形进行着色、文字注释、尺寸标注等。在开发道路 CAD 应用软件中，为避免自己编制各种绘图指令和子程序，也可以选用 AutoCAD 作为支撑软件。专用的 CAD 工作站一般备有现成的图形软件，如 Calma 公司的 DIMENSION 和 DDM，Intergraph 公司的 IGDS 和 MicroStation，西门子的 SICAD 等。

在开发 CAD 中，为便于数据管理和汉字处理，有很多现成的支撑软件可以利用，如 IASE，FoxBase，各种汉字库，中文之星，WORD 中文版等。

3. 应用软件

为解决各个行业的实际问题，往往需要另行开发各自适用的应用软件。道路 CAD 应用软件往往是一个较大的系统，要用软件工程的方法来开发。

开发道路 CAD 应用软件可以采用其他图形软件作为支撑软件进行二次开发，也可独立地做集成化的软件开发，一切取决于应用领域、用户需求、规模和工作量等方面的具体条件，合理配置。

1.3 道路 CAD 发展概况

1.3.1 道路 CAD 的发展阶段

CAD 技术在道路交通领域的迅速发展始于 20 世纪 70 年代。但就道路辅助设计整体看来，其发展历史可追溯至 60 年代。20 世纪 60 年代初，国外开始将计算机运用于公路工程，我国则是 70 年代开始公路 CAD 研究的，共经历了三个阶段：

1. 单纯的数值计算阶段

初级阶段，20 世纪 70 年代，计算机仅用于代替过去用手工进行的常规计算，如公路平曲线要素计算、纵断面设计高程计算、挡土墙土压力计算等。计算机的计算特点：机型庞大、算法语言功能差、操作繁琐、使用不方便。外围设备差、程序功能单一、计算机的应用范围较狭窄。

2. 计算、制表、绘图一体化阶段

中级阶段，20 世纪 80 年代，计算机发展到代替设计人员绘制工程设计图、编制和打印表格。如公路工程的结构分析计算、线形优化和工程概预算编制等。计算机计算特点：个人计算机出现，算法语言功能增强，汉字操作系统不断完善，外设不断改进，从公路野外勘测获取地形数据到内业平纵横设计计算形成了全套成果。

3. 计算机辅助设计阶段

高级阶段，20 世纪 90 年代以后，计算机辅助设计技术得到推广应用，公路工程设计方面的 CAD 研究、开发和应用出现。计算机计算的特点：个人计算机不断更新换代，功能进一步增强，运算速度和内存迅速增加。计算机可以帮助设计人员进行分析、判断和决策，人机交互技术使设计者的工作更加轻松自如，可以不断优化设计，反复修改成果逐步求精，并可以自动形成规定的设计文件，计算机也从以前的被动执行命令变为主动提供提示、警告等。总而言之，计算机已渗透到公路工程科研、设计、施工的各个领域，在公路规划、路线外业勘测和内业设计、公路人工构造物、工程概预算、施工组织管理、试验数据处理、公路养护管理、交通工程等方面都有成功的应用。

但是，也不要忘了人的主导作用，计算机并不是万能的，它只是工具而已，如果试图寻求一种将整个设计工作转嫁给计算机的一劳永逸的方法是不现实的。因为公路的规划和设计要综合考虑各种因素，如自然、环境、经济、技术、美学、政治等等，有些因素很难用明确的数学模型和数学公式来表达，在一些关键问题上，如确定设计参数、生成设计方案、构造物的结构形式等必须由设计者来决定。

1.3.2　国内道路 CAD 新技术的开发和应用概况

我国把计算机应用到道路设计中比较晚。对道路 CAD 技术的研究开发始于 20 世纪 70 年代末，经历了 20 世纪 70 年代末与 80 年代初期的探索、80 年代后期的发展与 90 年代的提高与普及，到目前为止，已在数据采集、内业辅助设计和图形处理各方面取得了较大的成绩。

从 1974 年起，同济大学在全国率先收集和翻译国外关于道路路线优化技术和计算机辅助设计方面的资料，举办培训和讨论班。自 1979 年起，先后有同济大学、重庆交通学院、重庆公路研究所、交通部第二公路勘察设计院、西安公路学院、上海铁道学院、西南交通大学、北方交通大学、铁道部铁路专业设计院等单位先后为公路和铁路的纵断面优化技术、公路及铁路的平面和空间线形优化技术等进行了研究，编制了各自的优化程序。例如，同济大学采用随机搜索—动态规划法编制的纵断面优化、空间线形优化和山区地形的平面优化程序；重庆交通学院、上海铁道学院等采用动态规划法编制的纵断面优化程序；西安公路学院考虑了目标函数中包括道路建造费用和营运费用的纵断面优化程序等。这些程序经过试算，证明其优化效果是令人满意的。由于受当时计算机软硬件环境的限制，所编制的程序都是针对某一单项工作，以替代手工计算为目的，功能单一，缺乏系统性，因此应用面较窄。

20 世纪 80 年代中后期，随着我国道路建设的快速发展，对道路 CAD 技术的需求也不断增加，促进了道路 CAD 技术的快速发展。在这一阶段，高性能微机和外部设备的出现，给道路 CAD 软件的开发提供了良好的条件，推出一批各具特色的道路 CAD 系统。这些软件均以提高软件的自动化程度为目标，实现了计算分析和成图一体化。例如，1985 年底鉴定的交通部公路勘察设计二院研制的公路航测和电算技术；同济大学早期制作的微机道路初步设计程序也曾在好几个省使用；西安公路学院开发的公路微机辅助设计系统也在一定的范围内使用。1984 年底，交通部公路规划设计院以中美合营的方式成立"华杰工程咨询公司"，引进了美国伯杰公司的 CANDID 软件，配备了 Apollo 超级微机，从事道路 CAD 软件的二次开发工作，并进行了公路的实际工程设计，取得了良好的效果。辅助设计技术在铁道设计部门也得到了一定程度的应用。例如，铁道部铁路专业设计院制成了一套从航测、设计到形成各种文件的辅助设计系统，并与湖南大学合作，使用了纵断面优化技术。铁道部铁路第三设计院也引进了各种先进的辅助设计用硬件设备，包括小型计算机、大型高级绘图机、数字化仪、高分辨率的图形显示终端等，同时开发了相应的铁路辅助设计软件，并应用于实际的工程设计中。

1986 年，交通部组织多次"道路 CAD 系统开发工程"目标和技术论证，决定把道路和桥梁 CAD 列入国家重点科研攻关项目，投入开发工作。该项目以 Apollo 小型机作为硬件平台，完成后由于缺乏维护组织，推广中尚存在一定的困难。但是，它的开发研究使我国道路 CAD 技术的水平向前推进了一大步，为我国计算机高新技术的开发和应用奠定了较好的基础。

进入 20 世纪 90 年代以来，道路建设的速度明显加快，建设规模空前扩大，对道路 CAD 软件的要求也越来越高。同时随着计算机硬件的快速更新和降价、微机功能的快速提高，使得在微机平台上开发的道路 CAD 软件占有一定的优势。软件开发技术迅速提高，对软件的性能、用户界面及图形处理能力进行了大幅扩充；对软件的内部结构和部分软件模块，特别是数据管理部分，进行了重大改造，采用了面向对象的软件设计方法和面向对象的语言，培养和造就了大批既懂专业又懂计算机知识的复合型人才，完成了包括高速公路在内的大量设计任务，取得了很大的经济和社会效益，使我国的道路 CAD 技术向前推进了一步。同济大学从 1986 年起，在十余个省、市级设计院的支持下，于 1986~1990 年期间开发完成了微机道路计算机辅助设计 TJRD 软件系统，通过了较长时期的完善和维护，已在 40 多个设计单位使用，完成了包括若干条高速公路在内的大量设计任务，取得了很好的经济和社会效益。

1996 年在哈尔滨市召开的公路工程计算机应用年会上，交通部公路规划设计院推出的"道路集成 CAD 系统的开发研究"，交通部第二公路勘察设计院推出的"微机互通式立交 IN-CAD 系统"，都达到了新的高度。TJRD，RICAD，HEAD，ROAD 等国产软件已经广泛投入实际应用并占据了绝大部分国内市场。技术上与国外软件的距离在不断缩小。下面列举一些道路 CAD 软件：

理正勘察 CAD 公路版；天正市政(道路及管线 CAD)；杭州飞时达道路工程设计 RD-CAD；杭州市城建设计研究院市政道路与立交 PLJCAD；中交二院 BID-Road 路线与互通立交集成系统；东南大学路面设计(含沥青路面、水泥路面)；海德公路工程辅助设计系统 HEAD2006；同济道路 TJRD2000；道路 CAD ROAD 东南大学；互通式道路与立交设计系统 EICAD；路基工程师等。

其中 EICAD 是集成交互式道路与立交设计系统，是李方软件公司于 2002 年 10 月推向市场的第四代道路计算机辅助设计产品，是 DICAD 的升级换代产品。该系统主要包括平面设计、纵断面设计和横断面设计三个部分，使设计者能方便地设计出任何复杂的、完美的道路与互通式立交式立体交叉平面线形。

BID-Road 软件是中交第二勘察设计院研制开发的公路路线与互通立交辅助设计系统。系统支持动态可视化公路路线及互通式立体交叉的平面、纵断面、横断面的自动(或交互)设计，路基土石方的自动和交互调配，路线边沟的交互式排水设计以及交互式的挡墙纵向设计；并可自动生成路线及互通式立体交叉设计中主要的设计图表，建立路线和互通式立体交叉的三维立体模型；完成各种等级、各种路基形态的公路路线与互通式立体交叉的初步设计和施工图设计。

"纬地道路辅助设计系统(HintCAD)"由中交第一公路勘察设计研究院结合多个工程实践研制开发。系统主要功能包括：公路路线设计、互通立交设计、三维数字地面模型应用、公路全三维建模(3DRoad)等。适用于高速、一、二、三、四级公路主线、互通立交、城市道路及平交口的几何设计。纬地系统利用实时拖动技术，使用户直接在计算机上动态交互式完成公路路线的平(纵、横)设计、绘图、出表；在互通式立交设计方面，系统更以独特的立交曲线设计方法、起终点智能化接线和灵活批量的连接部处理等功能而著称。

进入21世纪，道路CAD系统得到了空前的发展。计算机技术的发展和应用，使道路设计发生革命性的变化，在应用范围方面：除了快速发展的道路CAD技术外，道路的三维造型和动画技术、计算机局域网络建设和应用、数据和信息采集新技术及GPS和GIS的应用、道路工程库和道路信息系统的建立等新成果不断推出。在应用水平方面，道路设计的计算机应用技术向集成化发展的趋势更加明显，GPS技术、遥感技术和数字摄影测量技术的研究有了创新成果，在"三维造型"方面采用计算机三维建模技术、面向对象技术、图形可视化技术、红外彩色航片在三维动画中的应用和制作技巧等，都达到了新的水平。可以预计：在不久的将来，图形编程系统，人工智能技术、空间技术、信息技术在道路工程中的应用将越来越广泛，计算机辅助技术将步入一个新的高度。

当前我国的道路交通建设事业仍将处于高速发展阶段，道路设计和修建部门所面临的任务仍将十分艰巨。

1.3.3 国外道路CAD新技术的现状与发展趋势

世界上第一台计算机出现于20世纪40年代，早期的计算机系统用来处理图形信息是很困难的。在计算机图形处理上迈出的第一步是在20世纪60年代初期，图形信息可以显示在屏幕上，用光笔对之进行操作处理，这就是最初的一种交互式图形系统。这种交互式图形设备价格昂贵，而且都与大型主机相连，一般公司无力问津，故在当时仅能首先在飞机和汽车工业部门推开。只有到了70年代，随着集成电路技术的大大提高，小型计算机的逐渐普及，CAD在土木建筑领域内才得到飞速的发展。

但就道路路线优化和辅助设计整体来看，其发展历史可以追溯到20世纪60年代，并可以作如下的归纳。

20世纪60年代初期，电子计算机运用到公路设计中，首先承担大量繁冗重复的计算工作，如平面和纵面几何线形的计算、横断面和土石方的计算以及输出数表等，编写成单独分开的程序。随着计算时间的节省，创造了可以进行多个方案比较的条件。为获得经济效益，英、美、法、德和丹麦等国家首先把注意力集中在公路路线纵断面优化技术方面，经过一段时间的探索，各国都研制成功了比较成熟的纵断面优化程序系统。例如，英国运输与道路研究所的HOPS程序；法国的Appolon程序；德国的EPOS程序；丹麦哥本哈根工业大学的程序等。1971年在布拉格召开的第14届国际道路会议上就有不少报导，并编就了《电算应用论文集》。1971～1972年就"计算机进行路线最优化设计"召开了几次专门性的国际会议，由联合国经济合作与开发组织写了专题总结报告。报告中曾就意大利西西里岛上一条公路为例，采用以上四个纵断面优化程序进行了实例计算。试算结果表明：各国程序的优化效果是令人满意的。英、法等国的经验表明：纵断面优化程序的应用可以带来节省15%的土石方量以及5%的经济效益。

20世纪70年代，道路路线设计优化技术拓宽到平面和空间（三维）选线；数字地形模型(DTM)开始应用；计算机绘图技术可直接提供设计和施工图纸。例如，在平面选线优化方面，有英国的NOAN程序，美国普度大学的GCARS程序，德国的EPOS—1程序。美国麻省理工大学把公路路线按三维空间优化开发了OPTLOG程序。由于平面线形或空间线形的优化涉及到更多复杂因素，需要大量的计算数据，给研究工作带来较大困难，同时也削弱了程序的实用性。数字地形模型就是把三维的地形资料经过数字化存储于计算机中，可用于等高线地形图绘制、土方填挖体积计算、支持平面和空间优化选线等。数字地形模型是伴随着电子计算机的高速运算和大存储量而产生的。为加快输入速度，可运用数字化仪按等高线地形图直接输入，也可利用航测立体测图仪直接以数据方式输入。随着各种型式绘图机的应用，作为电子计算机的外部设备，可以绘制等高线地形图，公路设计中的纵、横断面图以及路线透视图。

到了 20 世纪 80 年代，很多国家已建立了由航测设备、计算机（包括绘图机、数字化仪等外部设备）和专用软件包形成的组合系统。软件包往往包含从数据采集、建立数字地形模型、优化技术以至进行全套计算机计算、绘图和报表的完整系统。例如，美国路易斯•百杰公司的 CANDID 系统以阿波罗超级小型机为主机，可用于公路、涵洞、桥梁、房屋建筑等方面的设计和绘图工作；德国西门子公司的 SICAD 土地信息和图形处理系统，配备有道路 CAD 专用软件，可在超小型机工作站上接受速测信息，建立数字地形模型，进行道路路线设计和交互式的设计、修改和绘图；芬兰的 ROADCAD 程序系统，以 32 位小型机为主机，应用 Wild 解析立体测图仪直接从航测像片获取地面信息，建立地面信息数据库和数字地形模型，以此进行公路路线的初步设计和施工图设计，最终以施工图纸、屏幕显示或数据打印的方式输出设计成果。

1987 年在布鲁塞尔召开的第 18 届国际道路会议上，有 12 个国家在报告中提到已具备用于公路设计绘图的相当成熟的计算机软件。在正常的生产实践中，一般都已采用数字地形模型表征现场测量成果，然后从计算机中产生完整的图纸。在会议前五年期间的软件开发中，较大的进展为：改变批处理（采用规定格式成批输入数据和输出成果）为交互式对话处理；以数字地形模型为基础进行设计；以及使用更完善的设备如高分辨率显示器和高速绘图仪等进行道路的计算机辅助设计。有的国家建立了具有全国性综合网络的终端和微机系统，使边远地区都能获得极为完善的计算机硬、软件系统，使很多数据采集、道路规划和设计工作能分散地在各地进行。实践证明，计算机辅助设计的效率和可靠性确信无疑，新一代的计算机还会更易于运用，各种新的应用软件还会不断地开发，各个国家各种不相同的程序会不断出现。

进入 20 世纪 90 年代后，道路 CAD 系统进入成熟阶段。发展到今天，道路设计从由电子测量数据形成三维数字地面模型，然后进行平、纵、横断面设计和土方量等分析计算，一直到最后输出设计图表，完全实现了计算机一体化，从而使道路设计完全摆脱了图板手工方法，实现了无纸化设计的梦想。许多国家建立了由航测设备、计算机和专用软件包组成的成套系统，可以完成从数据采集、建立数字地面模型、优化设计到设计文件编制的全部工作；系统都有成功的图形环境支撑，商品化程度很高。如英国的 MOSS 系统，美国的，德国的 CARD/1 等。

目前，由于其他高新技术的发展进一步推动了道路 CAD 技术的现代化。在数据采集上，全站仪、电子手簿、现场绘图电子平板的新发展，以及 GPS—RTK 仪的出现，为通过 GIS、GPS 和 CAD 使数据采集、设计绘图、方案优化等一体化创造了条件。在软件开发方面，面向对象的程序设计方法、可视化快速应用程序开发环境以及计算机辅助软件工程（Computer Aided Software Engineering，简称 CASE）开发环境的出现，标志着软件工程进入了崭新的阶段。以下对几种国外的优秀软件作一个概略的介绍。

1. 德国的 CRAD/1

CARD/1 系统(Computer Aided Road Design)是由德国 IB&T 软件公司研制开发的一个集勘测、设计、绘图一体化的土木工程软件,已具备了测量、道路、铁道、排水四个子系统。至今已有 20 多年历史,目前已经发展到 8.0 版本。它自设图形平台且具有自己的图形、表格、数据和文字编辑系统,数据在系统内部采用数据库相互关联的方式高效传输。CARD/1 系统不仅为工程技术人员提供了灵活方便的布线方法,同时也为设计人员提供了进行系统二次开发的语言平台,便于设计人员设计思想和目标的实现。

CARD/1 系统利用野外勘测数据或已有的数字化地形图,构建精密的三维数字地面模型,实现公路平、纵、横线型的立体设计,最终达到设计、绘图一体化的目的。由于CARD/1 是一个高度集成的土木工程勘测设计软件系统,功能众多。CARD/1 系统特别适用于道路的勘测与设计,对于铁道、排水以及建筑景观规划、水利工程、矿山工程等各种土木工程也能有效地使用。在使用该系统过程中,从测量和数据采集开始,经数据的传输和处理、中线设计、纵断面和横断面设计、土石方计算,直到交付使用的施工图纸和文件,都可随时高效地完成任务。其主要特点为:

(1) 具有独立的图形平台和统一的数据编译系统。CARD/1 软件自设图形平台,具有高度集成化,除采用 windows 操作系统外,可以不依靠任何其他支撑软件就可完成基础数据采集、设计、绘图全过程的软件系统。使用该软件,数据可在应用系统内部高效传递,避免了不同软件之间数据交换的繁琐和出错的可能性。另外也是深度开放的,可与其他众多 CAD 软件保持有接口。

(2) 设计与绘图分开。CARD/1 的工作过程将设计与绘图分开,设计时只显示与设计相关的信息,设计完成后可通过控制文件产生所需的绘图,设计过程将永久保留。设计调整后,通过绘图控制文件可对绘图进行及时刷新,无需删除原来的图形。

(3) 具有先进的设计思想和方法。CARD/1 采用了实用的全站仪野外数据采集、建立地面模型进行道路设计的思想和方法,它可使复杂条件下的多方案比选设计更加方便,使设计的合理性和效率显著提高,CARD/1 路线设计方面采用的是曲线法,兼容传统的积木法和交点法设计思想,可以使设计者合理、快速、灵活、方便地达到设计目的。

(4) 设计精细,功能广泛。在构成数字地形模型时运用 CARD/1 软件的构网规则,可建立高质量的数模,在纵断面拉坡时,可以即时显现单位宽度的土石方累计曲线以判断土石方的平衡;对文字和图形的编辑也有不少独特的功能。CARD/1 整个系统有大小功能1000 多项,能满足公路、市政道路和铁路设计各个阶段的各种要求,其中包括高速铁路和磁悬浮列车轨道设计。

(5) 采用模块化结构,模块相互独立,构成通用的 CAD 整体,所有程序之间一般的数据交换无需人工的中间处理过程。如果不需要这样功能齐全而复杂的系统,则模块可适当组合或增减,灵活运用,组合成较小系统,分部分出售,或分期投资。

(6) CARD/1 的功能较多,在测绘领域有测量、地形图处理及数字地面模型处理模块;在道路设计领域以三维数字地图数据库为基础,进行道路三维设计;铁路设计领域除包括道路设计模块的全部功能外,还针对铁路设计的具体情况,增加了更多适合铁路设计的功能,主要是铁路线形设计模块和道岔设计模块;在给水排水管网设计领域,CARD/1 可同时进行 20 余种不同类型的污水、雨水计算,并有能力处理多达 30000 余个管线给水网络的水力平差计算，容许每个网络中具有 1000 多个专门用水单位，可进行管网平面图设计、自动或交互式布置管线、检查井、雨水口等，并由程序自动连接。

2. 美国 Intergraph 公司的 InRoads 软件

美国 Intergraph 公司全力发展 CAD 的系统技术已有 30 年的历史。20 世纪 70 年代末期该公司已经拥有成套的土木建筑 CAD 系统、地图制作 CAD 系统和工厂设计系统。Intergraph 公司的 Microstation 图形软件近年来在市场上已占有相当大的份额。90 年代推出的三维造型软件 ModelView 具备了极强的三维造型渲染功能。Intergraph 工程设计 CAD 整体系统具有先进的软硬件结构，有能够直接应用的多种工程软件系统，有一体化的综合解决问题的条件和手段。

InRoads 系统是 Intergraph 的重要基础设施的工程应用软件，它使交通规划和设计的全过程实现了自动化。整个设计过程可以统一在一个数据库的基础之上。InRoads 提供了可以进行陆上、水上和空中的交通设计的手段。

InRoads 软件具备如下一些主要功能：

（1）直接处理来自全站仪、航摄相片、扫描文件立体摄像、ASCII 文件和其他数字化手段获得的数据。

（2）可以建立三维的数字地面模型，支持三维的交通基础设施的设计，数字地面模型可以用三角网或等高线显示。运用 ModelView 可以作出三维的造型渲染。

（3）InRoads 在定线设计中可以根据交点或是曲线要素设置各种类型的道路线形。

（4）对设计成果可以通过统计图表和规范数据等多种手段进行校核。

（5）根据交点和曲线要素设置各种类型的道路线形，纵断面和交叉口设计同样可以采用人机交互方式完成。并显示各阶段的设计图形。

（6）按所需标准进行超高计算并制成图表。

（7）可以在任何时候展示在多种标准横断面模式下所需的横断面图，并产生相应的超高及土方图表，并对设计成果通过统计图表和规范数据等多种手段进行校核。

（8）可以产生土石方计算表、土石方累积曲线和土石方运输图表。

（9）与 InFlow 软件联合使用可以进行排水设计和水文分析，并采用 ModelView 软件进行三维显示。

（10）与 I/RAS32 软件联合使用可以将航摄扫描图纸作为设计用的背景图。

1995 年在蒙特利尔召开的第 20 届国际道路会议的软件展出中，可以看出除了上述独立完整开发的道路专用的 CAD 软件外，另一种途径是基于通用的 CAD 软件基础上开发道路专业化的子系统，例如基于 Windows95 和 AutoCAD13.0 版本上开发的有美国的 Eagle Point 软件、挪威的 NovaCAD 软件等。

其他高新技术的发展进一步推动了 CAD 技术的现代化。在数据采集上，全站仪、电子手簿、现场绘图屏幕（PENMAP for Windows）的新发展，以及 GPS 全站仪的出现，都为通过 GIS，GPS 和 CAD 使数据采集、设计绘图、方案优化等一体化创造了条件。

在研究领域中，开发智能化的道路 CAD，完善共享的道路交通专用的 GIS 和工程数据库，也都在进行之中。

3. 英国 MOSS

MOSS 系统创始于 20 世纪 70 年代，它是以公路工程起家的，目前适用于多种土木工程项目，除标准 MOSS 系统外，尚有现场使用的 SiteMOSS，图形显示使用的 VisMOSS，彩色环境显示使用的 EPIC 系统等。现已有英语版、法语版、意大利语版、日语版等，目前正在制作汉语版。

该系统采用了"串(String)"的概念，建立了多种形式的"串"线，每个串以标签、维和数码来表达，例如：等高线为二维串，山脚线、山脊线为三维串，测站线、断面串、土方量串为多维串等。

该系统建议废止传统的纵、横断面测量方法，直接依靠航测或地面速测建立数字地面模型作为设计的依据。除建立地表面三维模型外，对构造物建立设计面模型。并建立有等级制度的模型群，即：模型文件→模型块→"串"线→点→维→数字。

该系统主要特点：

(1) 适用领域广泛，计有：公路设计，平面和环型交叉，互通式立交，山岭地区和沙漠地区道路设计，城市道路设计，路面改建和加宽，公路景观设计，矿山工程、铁路、机场和港口设计，排水设计，建筑景观设计等；

(2) 适用于多个国家的多种设计标准；

(3) 具有完善的三维图形显示功能，对几何形体的图形显示与表达具有充分的灵活性；

(4) 地面数据采集手段齐全，用"串"表达的方法既完整又精确；

(5) 运用人机交互进行线形设计，包括平面、纵面设计和几何要素选择；

(6) 各种分析和计算具备多种方法。

英国 MOSS 系统有限公司经过三十多年的不懈努力，开发出的大型三维道路线路设计计算机辅助设计分析软件 MOSS，已经被广泛地应用在欧美一些发达国家的铁路线路设计工程项目中，使这些国家的铁路线路设计完全摆脱了图板，实现了无纸化设计。MOSS 可以连接全站仪等数字记录仪直接接收大地测量的数据，也可以接收航空测量、交互式数字化仪、地图扫描(光栅数据)以及其他系统提供的数据资料形成三维数字地面模型；然后，MOSS 采用交互式的方法进行分析计算和平面、纵断面和横断面设计；设计完成后，MOSS 可以自动绘出设计的平面、纵断面、横断面及土方调配图等设计图。另外，还可以生成设计透视图和照片真实的设计渲染图，供设计人员以及普通人员直观地评估工程项目的设计质量。总之，MOSS 是一套贯穿运用于测量、设计、分析、绘图和可视化分析等整个设计过程的系统，使铁路线路设计真正实现了勘测设计一体化。

4. 其他一些外国软件简介

(1) 美国的 Eagle Point 软件

Eagle Point 软件是由美国的 Eagle Point 软件公司开发，适用于道路规划设计、测量、建筑景观设计及地理信息系统和地图测绘等。是一种基于其他图形软件支撑的专业软件。它可以用 AotoCAD 图形软件或 MicroStation 图形软件支撑，获得同样效果。该软件在道路规划和设计子系统中的主要功能是地面模型建立、平面布局设计、道路要素计算及剖面设计等几个主要模块。适用于道路线形设计、土石方计算等，包括最后的成图和输出，可以提供人机图形交互的操作方式。

(2) 挪威的 NovaCAD 软件

NovaCAD 软件是一个以交通地理信息系统 TrafGIS 为基础的多模块集成系统。它具备公路、铁路、桥梁与结构设计的完整功能。适用于公路设计的子系统可以进行快速高效的设计工作，它包含有：线形几何设计、交互式的纵断面设计、道路用地平面设计、横断面设计和土石方计算、图纸绘制、路面设计、交叉口平面和立面设计、工程量计算及设计文件形成等各种主要模块。

（3）加拿大的 GWN—ROAD 软件

加拿大 GWN(Great White North)公司是专门研究开发土木工程设计软件的公司，GWN—ROAD 软件是它开发的集成化整体软件中的重要组成部分。该软件具有较高的性价比，使用方便灵活，它是基于美国道路技术标准(AASHTO)的交互式道路设计软件包，同时也可以人为地设计和规定参数，并可以在 Intergraph 的 MicroStation 上运行，并充分利用 MicroStation 的对话管理工具，使软件便于使用。它还可以在 AutoCAD 上灵活运行。

（4）比利时的 Star Info 软件

比利时的 Star Informatic 公司开发的 Star Info 软件土木工程软件已为 26 个国家的 3000 多个用户使用，其应用领域为公路、铁路、机场、建筑规划及地理信息系统等多方面的设计和管理。软件中适用于道路路线设计的主要模块有 Star Infra，Track CoreDesign，Digital Terrain Model 等，Star Info 软件是一个为基础设施进行布局设计的 CAD 系统，它包括输入设计项目的地理信息和原始数据，在三维的数字地面模型上进行道路或铁路等基础设施的设计。该软件可以采用交互式图形设计的操作方法，并可以绘制透视图。

第 2 章
AUTOCAD 的基础知识

图是工程师的语言，在工程上用来进行图案构思、设计、指导生产和施工，道路设计成果的很大一部分是用图形来表达的。本篇首先来介绍 CAD 应用软件包 AUTOCAD 的基本知识，概略说明 AUTOCAD 的二次开发技术，然后介绍工程应用实例。

2.1 AutoCAD 概述

2.1.1 AutoCAD 简介

1. 什么是 AutoCAD

CAD(Computer Aided Design)的含义是指计算机辅助设计，是计算机技术的一个重要的应用领域。AutoCAD 则是美国 Autodesk 企业开发的一个交互式绘图软件，是用于二维及三维设计、绘图的系统工具，用户可以使用它来创建、浏览、管理、打印、输出、共享及准确复用富含信息的设计图形。

AutoCAD 是目前世界上应用最广的 CAD 软件，市场占有率位居世界第一。AutoCAD 软件具有如下特点：

具有完善的图形绘制功能。

具有强大的图形编辑功能。

可以采用多种方式进行二次开发或用户定制。

可以进行多种图形格式的转换，具有较强的数据交换能力。

支持多种硬件设备。

支持多种操作平台。

具有通用性、易用性，适用于各类用户。

此外，从 AutoCAD 2000 开始，该系统又增添了许多强大的功能，如 AutoCAD 设计中心(ADC)、多文档设计环境(MDE)、Internet 驱动、新的对象捕捉功能、增强的标注功能以及局部打开和局部加载的功能，从而使 AutoCAD 系统更加完善。

2. AutoCAD 的发展历程

Autodesk 企业成立于 1982 年 1 月，在近 20 年的发展历程中，该企业不断丰富和完善 AutoCAD 系统，并连续推出各个新版本，使 AutoCAD 由一个功能非常有限的绘图软件发展到了现在功能强大、性能稳定、市场占有率位居世界第一的 CAD 系统，在城市规划、建筑、测绘、机械、电子、造船、汽车等许多行业得到了广泛的应用。统计资料表明，目前世界上有 75% 的设计部门、数百万的用户应用此软件，大约有 50 万套 AutoCAD 软件安装在各企业中运行。

2.1.2　AutoCAD 使用的基础知识

1. AutoCAD 的界面

启动 AutoCAD 系统后，其主要界面如图 2-1 所示。

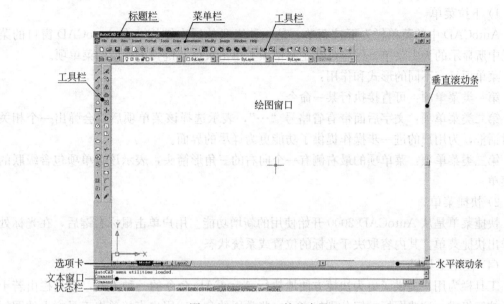

图 2-1　AutoCAD 的基本界面

AutoCAD 的界面主要由标题栏、菜单栏、工具栏、状态栏、绘图窗口以及文本窗口等几部分组成：

2. 命令输入方式

用户在 AutoCAD 系统中工作时，最主要的输入设备是键盘和鼠标，下面介绍如何在 AutoCAD 中使用键盘和鼠标。

（1）使用键盘

在 AutoCAD 系统中为用户提供了许多的命令，用户可以使用键盘在命令行中的提示符 "Command:" 后输入 AutoCAD 命令，并按回车键或空格键确认，提交给系统去执行。

此外，用户还可以使用 "Esc" 键来取消操作，用向上或向下的箭头使命令行显示上一个命令行或下一个命令行。

透明命令：通常是一些可以改变图形设置或绘图工具的命令，如 GRID、SNAP 和 ZOOM 等命令。在使用其他命令时，如果要调用透明命令，则可以在命令行中输入该透明命令，并在它之前加一个单引号（'）即可。执行完透明命令后，AutoCAD 自动恢复原来执行的命令。

（2）使用鼠标

1）鼠标左键：鼠标左键的功能主要是选择对象和定位，比如单击鼠标左键可以选择菜单栏中的菜单项，选择工具栏中的图标按钮，在绘图区选择图形对象等。

2）鼠标右键：鼠标右键的功能主要是弹出快捷菜单，快捷菜单的内容将根据光标所处的位置和系统状态的不同而变化。

此外，单击右键的另一个功能是等同于回车键，即用户在命令行输入命令后可按鼠标右键确定。

（3）使用菜单

除了在命令行键入命令以外，用户还可以通过菜单和工具栏来调用命令。

1）下拉菜单

AutoCAD 中的菜单栏为下拉菜单，是一种级联的层次结构。在 AutoCAD 窗口的菜单栏中所显示的为主菜单，用户可在主菜单项上单击鼠标左键弹出相应的菜单项。

菜单项具有不同的形式和作用：

第一类菜单项：可直接执行某一命令。

第二类菜单项：文字后面带有省略号"…"，表示选择该菜单项后将会弹出一个相关的对话框，为用户的进一步操作提供了功能更为详尽的界面。

第三类菜单项：菜单项的最右侧有一个向右的三角形箭头，表示该菜单项包含级联的子菜单。

2）快捷菜单

快捷菜单是从 AutoCAD 2000 开始使用的新增功能。用户单击鼠标右键后，在光标处将弹出快捷菜单，其内容取决于光标的位置或系统状态。

（4）使用工具栏

工具栏为用户提供了更为快捷方便地执行 AutoCAD 命令的一种方式，工具栏由若干图标按钮组成，这些图标按钮分别代表了一些常用的命令。用户直接单击工具栏上的图标按钮就可以调用相应的命令，然后根据对话框中的内容或命令行上的提示执行进一步的操作。

（5）使用文本窗口

AutoCAD 的文本窗口与 AutoCAD 窗口相对独立，用户可通过在 AutoCAD 中按 F2 键或选择菜单【View（视图）】→【Display（显示）】→【Text Window（文本窗口）】等方式显示文本窗口，文本窗口中的内容是只读的，但是可以将命令窗口中的文字进行选择和复制，或将剪贴板的内容粘贴到命令行中。

（6）使用对话框

对话框由各种控件组成，用户可通过这些控件来进行查看、选择、设置、输入信息或调用其他命令和对话框等操作。

3. AutoCAD 中的坐标系

（1）笛卡尔坐标系

笛卡尔坐标系又称为直角坐标系，由一个原点［坐标为（0，0）］和两个通过原点的、相互垂直的坐标轴构成（图 2-2）。其中，水平方向的坐标轴为 X 轴，以向右为其正方向；垂直方向的坐标轴为 Y 轴，以向上为其正方向。平面上任何一点 P 都可以由 X 轴和 Y 轴的坐标所定义，即用一对坐标值（x，y）来定义一个点。

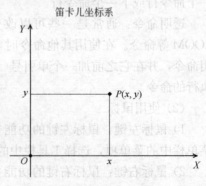

图 2-2 笛卡尔坐标系

例如，某点的直角坐标为(3，4)。

(2) 极坐标系

极坐标系是由一个极点和一个极轴构成(图2-3)，极轴的方向为水平向右。平面上任何一点 P 都可以由该点到极点的连线长度 $L(>0)$ 和连线与极轴的交角 α (极角，逆时针方向为正)所定义，即用一对坐标值 $(L\angle\alpha)$ 来定义一个点，其中"$\angle$"表示角度。

图2-3 极坐标系

例如，某点的极坐标为(5∠30)。

(3) 相对坐标

在某些情况下，用户需要直接通过点与点之间的相对位移来绘制图形，而不想指定每个点的绝对坐标。为此，AutoCAD 提供了使用相对坐标的办法。所谓相对坐标，就是某点与相对点的相对位移值，在 AutoCAD 中相对坐标用"@"标识。使用相对坐标时可以使用笛卡尔坐标，也可以使用极坐标，可根据具体情况而定。

例如，某一直线的起点坐标为(5，5)、终点坐标为(10，5)，则终点相对于起点的相对坐标为(@5，0)，用相对极坐标表示应为(@5∠0)。

4. 对象的捕捉与选择

(1) 使用对象捕捉

对象捕捉是 AutoCAD 中最为重要的工具之一，使用对象捕捉可以精确定位，使用户在绘图过程中可直接利用光标来准确地确定目标点，如圆心、端点、垂足等等。

在 AutoCAD 中，用户可随时通过如下方式进行对象捕捉模式：

1) 使用"Object Snap(对象捕捉)"工具条；

2) 按 Shift 键的同时单击右键，弹出快捷菜单；

3) 在命令中输入相应的缩写。

(2) 构造选择集

AutoCAD 必须先选中对象，才能对它进行处理，这些被选中的对象被称为选择集。在许多命令执行过程中都会出现"Select Object(s)(选择对象)"的提示。在该提示下，一个称为选择靶框(Pickbox)的小框将代替图形光标上的十字线，此时，用户可以使用多种选择模式来构建选择集。下面我们通过"select"命令来了解各种选择模式的使用。

在命令行中输入"select"，系统将提示用户：

Select Objects：

用户可在此提示下输入"?"，系统将显示所有可用的选择模式：

Expects a point or

Window/Last/Crossing/BOX/ALL/Fence/WPolygon/CPolygon/Group/Add/Remove/Multiple/Previous/Undo/AUto/SIngle

其中各种选择模式说明如下：

"Windows(窗口)"模式：在该模式下，用户可使用光标在屏幕上指定两个点来定义一个矩形窗口。如果某些可见对象完全包含在该窗口之中，则这些对象将被选中。

"Last(上一个)"：选择最近一次创建的可见对象。

"Crossing(窗交)"：与"Window"模式类似，该模式同样需要用户在屏幕上指定两个点来定义一个矩形窗口。不同之处在于，该矩形窗口显示为虚线的形式，而且在该窗口之中所有可见对象均将被选中，而无论其是否完全位于该窗口中。

"BOX(窗选)"："Window" 模式和 "Crossing" 模式的组合，如果用户在屏幕上以从左向右的顺序来定义矩形的角点，则为 "Window" 模式。反之，则为 "Crossing" 模式。

"ALL(全部)"：选择非冻结的图层上的所有对象。

"Fence(栏选)"：在该模式下，用户可指定一系列的点来定义一条任意的折线作为选择栏，并以虚线的形式显示在屏幕上，所有其相交的对象均被选中。

"WPolygon(圈围)"：在该模式下，用户可指定一系列的点来定义一个任意形状的多边形，如果某些可见对象完全包含在该多边形之中，则这些对象将被选中。注意，该多边形不能与自身相交或相切。

"CPlolygon(圈交)"：与 "Window" 模式类似，但多边形显示为虚线，而且在该多边形之中，所有可见对象均将被选中，而无论其是否完全位于该多边形中。

"Group(编组)"：选择指定组中的全部对象。

"Add(添加)"：在该模式下，可以通过任意对象选择方法将选定的对象添加到选择集中。该模式为缺省模式。

"Remove(删除)"：在该模式下，可以使用任何对象选择方式将对象从当前选择集中删除。

"Multi(多选)"：指定多次选择而不高亮显示对象，从而加快对复杂对象的选择过程。

"Previous(前一个)"：选择最近创建的选择集。如果图形中删除对象后将清除该选择集。

"Undo(放弃)"：放弃选择最近加到选择集中的对象。

"AUto(自动)"：在该模式下，用户可直接选择某个对象，或使用 "BOX" 模式进行选择。该模式为缺省模式。

"SIngle(单选)"：在该模式下，用户可选择指定的一个或一组对象，而不是连续提示进行更多的选择。

5. 基本图形设置

(1) "Units(单位)" 设置

Command：unit：在 Units 对话框中将进行 5 个步骤的设置，首先对 "Units(单位)" 设置，AutoCAD 提供了 5 种测量单位，见表 2-1。

测量单位的类型和说明　　　　　　　　　　　　　　　　表 2-1

类　　型	说　　明
Decimal	小数制，公制格式的小数形式，如 15.5000
Engineering	工程制，英制格式的小数形式，如 1'-3.5000"
Architecture	建筑制，英制格式的分数形式，如 1'-3 1/2"
Fractional	分数制，公制格式的分数形式，如 15 1/2
Scientific	科学制，科学格式，如 1.5500E+01

(2) "Angle(角度)" 设置

AutoCAD 也提供了 5 种类型的角度单位格式，如表 2-2 所示。

角度的类型和说明 表 2-2

类 型	说 明
Decimal Degrees	十进制数格式，如 45°
Deg/Min/Sec	度/分/秒格式，用 d 表示度，用′表示分，用″表示秒，如 45d0′0″
Grads	梯度格式，以 g 为后缀，如 90g
Radians	弧度格式，以 r 为后缀，如 0.7854r
Surveyor	勘测格式，以方位形式显示角度：N 表示正北，S 表示正南，E 表示偏向东，W 表示偏向西，偏角的大小用度/分/秒表示，例如：N45d0′0″E

对于一个已有的图形文件，用户可根据需要来改变其图形设置。

（3）图形界限（区域）的更改

菜单：【Format(格式)】→【Drawing Limits(图形界限)】

命令行：limits

使用"limits"命令后系统提示如下：

Reset Model space limits：

Specify lower left corner or[ON/OFF]<0.0000,0.0000>：Enter

//指定图形界限左下角点坐标

Specify upper right corner<420.0000,297.0000>：Enter

//指定图形界限右上角点坐标

用户可通过指定左下角和右上角两点坐标来确定图形的界限。

"limits"命令中的［ON/OFF］选择用于控制界限检查的开关状态：

ON(开)：打开界限检查。此时 AutoCAD 将检测输入点，并拒绝输入图形界限外部的点。

OFF(关)：关闭界限检查，AutoCAD 将不再对输入点进行检测。

"limits"命令可透明地使用。

由于 AutoCAD 中的界限检查只是针对输入点，因此在打开界限检查后，创建图形对象仍有可能导致图形对象的某部分绘制在图形界限之外。例如绘制圆时，在图形界限内部指定圆心点后，如果半径很大，则有可能部分圆弧将绘制在图形界限之外。

6. 草图设置(Drafting Settings)

AutoCAD 为用户提供了多种绘图的辅助工具，如栅格、捕捉、正交、极轴追踪和对象捕捉等，这些辅助工具类似于手工绘图时使用的方格纸、三角板，可以更容易、更准确地创建和修改图形对象。用户可通过"Drafting Settings(草图设置)"对话框，对这些辅助工具进行设置，以便能更加灵活、方便地使用这些工具来绘图。

打开"Drafting Settings(草图设置)"对话框的方式包括：

菜单：【Tools(工具)】→【Drafting Settings…(草图设置)】。

快捷菜单：在状态栏上的 SNAP 按钮、GRID 按钮、POLAR 按钮、OSNAP 按钮和 OTRACK 按钮上单击右键弹出快捷菜单，选择"Settings…(设置)"项。

命令行：dsettings(或别名 ds、se)、ddrmodes。

(1) 栅格(Grid)

栅格是绘图的辅助工具，虽然打开的栅格可以显示在屏幕上，但它并不是图形对象，因此不能从打印机中输出。

用户可以指定栅格在 X 轴方向和 Y 轴方向上的间距。在"Drafting Settings(草图设置)"对话框中，"Grid X spacing：(栅格 X 轴间距)"编辑框和"Grid Y spacing：(栅格 Y 轴间距)"编辑框分别用于指定栅格在 X 轴方向和 Y 轴方向上的间距。

打开或关闭栅格的方式有：

1) 在状态栏上使用 GRID 按钮；

2) 使用功能键 F7 进行切换；

3) 在状态栏中 GRID 按钮上使用快捷菜单；

4) 在"Drafting Settings(草图设置)"对话框中设置；

5) 在命令行中使用"grid"命令。

(2) 捕捉(Snap)

捕捉可以使用户直接使用鼠标快捷准确地定位目标点。捕捉模式有几种不同的形式：

1) Gird snap(栅格捕捉)：栅格捕捉又可分为"Rectangular snap(矩形捕捉)"和"Isometric snap(等轴测)"两种类型。缺省设置为矩形捕捉，即捕捉点的阵列类似于栅格，用户可以指定捕捉模式在 X 轴方向和 Y 轴方向上的间距，也可改变捕捉模式与图形界限的相对位置。与栅格不同之处在于：捕捉间距的值必须为正实数；另外捕捉模式不受图形界限的约束。

2) Polar snap(极轴捕捉)：用于捕捉相对于初始点、且满足指定的极轴距离和极轴角的目标点。用户选择极轴捕捉模式后，将激活"Polar spacing(极轴距离)"项，来设置捕捉增量距离。

打开或关闭捕捉的方式有：

① 在状态栏上使用 SNAP 按钮；

② 使用功能键 F9 进行切换；

③ 在状态栏中 SNAP 按钮上使用快捷菜单；

④ 在"Drafting Settings(草图设置)"对话框中设置；

⑤ 在命令行中使用"snap"命令。

(3) 极轴追踪(Polar Tracking)

使用极轴追踪的功能可以用指定的角度来绘制对象。用户在极轴追踪模式下确定目标点时，系统会在光标接近指定的角度方向上显示临时的对齐路径，并自动地在对齐路径上捕捉距离光标最近的点(即极轴角固定、极轴距离可变)，同时给出该点的信息提示，用户可据此准确地确定目标点。

用户在"Drafting Settings(草图设置)"对话框的"Polar Tracking(极轴追踪)"选项卡中可以对极轴角进行设置。

Increment angle(增量角)：在框中选择或输入某一增量角后，系统将沿与增量角成整倍数的方向上指定点的位置。例如，增量角为 45°，系统将沿着 0°、45°、90°、135°、180°、225°、270°和 315°方向指定目标点的位置。

Additional angles(附加角)：除了增量角以外，用户还可以指定附加角来指定追踪方向。注意，附加角的整数倍方向并没有意义。如用户需使用附加角，可单击 New 按钮在表中添加，最多可定义 10 个附加角。不需要的附加角可用 Delete 按钮删除。

Polar Angle measurement(极轴角测量单位)：极轴角的选择测量方法有两种：

Absolute(绝对)：以当前坐标系为基准计算极轴追踪角。

Relative to last segment(相对上一段)：以最后创建的两个点之间的直线为基准计算极轴追踪角。如果一条直线以其他直线的端点、中点或最近点等为起点，极轴角将相对该直线进行计算。

打开或关闭极轴追踪的方式包括：

1）在状态栏上使用 POLAR 按钮；

2）使用功能键 F10 进行切换；

3）在状态栏中 POLAR 按钮上使用快捷菜单；

4）在 "Drafting Settings(草图设置)" 对话框中设置。

（4）对象捕捉(Object Snap)

由于在绘图中需要频繁地使用对象捕捉功能，因此 AutoCAD 中允许用户将某些对象捕捉方式缺省设置为打开状态，这样当光标接近捕捉点时，系统会产生自动捕捉标记、捕捉提示和磁吸供用户使用。

打开或关闭对象捕捉的方式包括：

1）在状态栏上使用 OSNAP 按钮；

2）使用功能键 F3 进行切换；

3）在状态栏中 OSNAP 按钮上使用快捷菜单；

4）在 "Drafting Settings(草图设置)" 对话框中设置。

（5）对象捕捉追踪(Object Snap Tracking)

在 AutoCAD 中还提供了 "对象捕捉追踪" 功能，该功能可以看作是 "对象捕捉" 和 "极轴追踪" 功能的联合应用。即用户先根据 "对象捕捉" 功能确定对象的某一特征点(只需将光标在该点上停留片刻，当自动捕捉标记中出现黄色的 "+" 标记即可)，然后以该点为基准点进行追踪，来得到准确的目标点。

对象捕捉追踪功能有两种形式，在 "Drafting Settings(草图设置)" 对话框的 "Polar Tracking(极轴追踪)" 选项卡中，包含有 "Object Snap Tracking Settings(对象捕捉追踪设置)" 栏，其中提供两种选择：

1）Track orthogonally only(仅正交追踪)：只显示通过基点的水平和垂直方向上的追踪路径。

2）Track using all polar angle settings(用所有极轴角设置追踪)：将极轴追踪设置应用到对象捕捉追踪，即使用增量角、附加角等方向显示追踪路径。

打开或关闭对象捕捉追踪的方式包括：

1）在状态栏上使用 OTRACK 按钮；

2）使用功能键 F11 进行切换；

3）在状态栏中 OTRACK 按钮上使用快捷菜单；

4）在 "Drafting Settings(草图设置)" 对话框中设置。

（6）正交(Ortho)

正交(Ortho)模式用于约束光标在水平或垂直方向上的移动。如果打开正交模式，则使用光标所确定的相邻两点的连线必须垂直或平行于坐标轴。因此，如果要绘制的图形完全由水平或垂直的直线组成时，那么使用这种模式是非常方便的。

打开或关闭正交的方式：

1）在状态栏上使用 ORTHO 按钮；

2）使用功能键 F8 进行切换；

3）在状态栏中 ORTHO 按钮上使用快捷菜单；

4）在命令行中使用"ortho"命令。

（7）草图设置选项

对于上述各种绘图辅助工具，AutoCAD 可根据草图设置选项进行控制。草图设置包含在"Options(选项)"对话框中，用户可选择菜单【Tools(工具)】→【Options…(选项)】显示该对话框。

在"Drafting(草图)"选项卡中，可以控制多个 AutoCAD 绘图辅助工具。例如，自动捕捉可精确定位对象上的点；自动追踪可以以特定的角度或与其他对象的特定关系来绘制图形对象。

7. 图形的显示控制

AutoCAD 提供了 ZOOM(缩放)、PAN(平移)、VIEW(视图)、AERIAL VIEW(鸟瞰视图)和 VIEWPORTS(视口)命令等一系列图形显示控制命令，可以用来任意的放大、缩小或移动屏幕上的图形显示，或者同时从不同的角度、不同的部位来显示图形。AutoCAD 还提供了 REDRAW(重画)和 REGEN(重新生成)命令来刷新屏幕、重新生成图形。

【注意】 这里所提到了诸如放大、缩小或移动的操作，仅仅是对图形在屏幕上的显示进行控制，图形本身并没有任何改变。

（1）"zoom"命令类似于照相机的镜头，可以放大或缩小屏幕所显示的范围，但对象的实际尺寸并不发生变化。

"zoom"命令的调用方法有：

1）菜单：【View(视图)】→【Zoom(缩放)】→子菜单；

2）命令行：zoom(或别名 z)；

3）快捷菜单：执行"zoom"命令后单击右键。

"zoom"命令可透明地使用。

（2）"Pan"命令用于在不改变图形的显示大小的情况下通过移动图形来观察当前视图中的不同部分。其调用方法有：

1）工具栏："standard(标准)"工具栏→ ；

2）菜单：【View(视图)】→【Pan(平移)】→【Realtime(实时)】；

3）命令行：pan(或别名 p)。

"pan"命令可以透明地使用。

8. 其他图形设置命令

（1）FILL 命令：该命令用于控制多线、宽线、二维填充、所有图案填充和宽多段线的填充，其调用格式为：

命令行：fill

调用该命令后，AutoCAD 提示：

Enter mode[ON/OFF]<ON>：

选项 "ON(开)" 用于打开填充模式，使对象填充可见。

选项 "OFF(关)" 关闭填充模式，只显示和打印对象的轮廓。

修改填充模式会在图形重生成之后影响现存的对象，但不影响有线宽对象的显示。

"fill" 命令可透明地使用。

(2) 图形特性的设定。

绝大多数图形对象有一些共同的特性，如图层(Layer)、颜色(Color)、线型(Line-type)、线宽(Lineweight)以及打印样式(Plot Style)等。在 "Object Properties(对象特性)" 工具栏中显示了这些特性的当前设置，在用户创建图形对象时，其特性与当前设置保持一致。如果用户选中了某一图形对象，则 "Object Properties(对象特性)" 工具栏中各项显示为该图形对象的特性设置。如果用户需要改变某一图形对象的特性，则应先选中它，然后在 "Object Properties(对象特性)" 工具栏的相关项目中进行重新设定。

2.1.3 二维绘图

1. Line(直线)命令

"line" 命令用于绘制直线。确定直线端点的方法有两种：一是直接在提示行输入点的坐标。二是使用鼠标在绘图区内选择某一点。

用户可以连续输入若干点，在绘制过程中发现错误时，可以使用命令提供中的 "Un-do(放弃)" 选项依次取消已经确定了的端点，然后重新指定。

当用户利用连续画线功能绘制两条以上的直线后，可输入 "c" 选项，AutoCAD 将自动连接用户确定的第一个和最后一个端点，形成一个封闭的环。

2. Circle(圆)命令

在 AutoCAD 中，"circle" 命令提供了多种绘制圆的方法，具体介绍如下：

方法 1：圆心、半径法，用户指定圆心坐标和圆的半径值即可确定一个圆。

方法 2：圆心、直径法，与方法 1 类似，用户指定圆心坐标和圆的直径值即可确定一个圆。

方法 3：三点(3P)法，只要用户指定圆上任意三个点即可确定一个圆。

方法 4：两点(2P)法，用户指定圆的任意一条直径的两个端点即可确定一个圆。

方法 5：相切、相切、半径法，用户需要先选择两个与圆相切的图形对象，然后再指定圆的半径，从而确定一个圆。

方法 6：相切、相切、相切法，用户需要选择三个与圆相切的图形对象来确定一个圆。

上述 6 种方法如图 2-4 所示。

在菜单【Draw(绘图)】→【Circle(圆)】中包括了以上六种方法的选项。但用户在命令行直接输入 "circle" 命令或使用 ◎ 图标时，系统并没有直接给出第六种方法的提示，用户使用时应先选择 3P 法，然后利用 "切点捕捉" 功能来分别指定三个相切对象。

AutoCAD 系统为常用命令提供了更为快捷的别名，例如 "line" 命令的别名为 "l"，"circle" 命令的别名为 "c"，这样用户在操作时只需输入一个字符即可激活相应的命令。

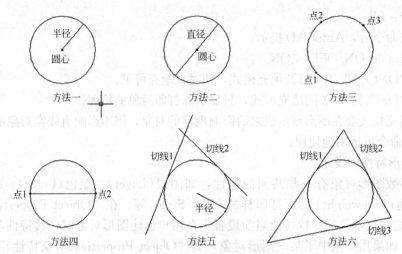

图 2-4 AutoCAD 中绘制圆的方法示意图

在绘制直线时，如果不直接指定其起点坐标而直接回车，则 AutoCAD 系统将自动选择在此之前最后一次绘制的线段(包括直线、圆弧、多段线等)的结束点为当前直线的起点。

3. Polygon(正多边形)命令

在 AutoCAD 中可使用"polygon"命令来绘制正多边形，其边数最小为 3，即正三角形，最多可取 1024。

调用该命令的方式有：

(1) 工具栏："Draw(绘图)"→ ◇ ；

(2) 菜单："Draw(绘图)"→"Polygon(正多边形)"；

(3) 命令行：polygon(或别名 pol)。

AutoCAD 系统提供了两种方式来绘制正多边形，一种通过其外接圆(Inscribed in circle)或内切圆(Circumscribed about circle)来确定。另一种方式如下：

Command：polygon
POLYGON Enter number of sides<4>：   //指定边数
Specify center of polygon or[Edge]：e   //选择"e"选项来指定第一条边的端点
Specify first endpoint of edge：   //指定第一条边的起点
Specify second endpoint of edge：   //指定第一条边的终点

---

4. Arc(圆弧)命令

在 AutoCAD 中可使用"arc"命令来绘制圆弧。根据圆弧的几何性质，AutoCAD 提供了多种方法来绘制圆弧。首先来了解一下圆弧的几何构成，如图 2-5 所示。圆弧的几何元素除了起点(Start)、端点(End)和圆心(Center)外，还可由这三点得到半径(Radius)、角度(Angle)和弦长(Length)。

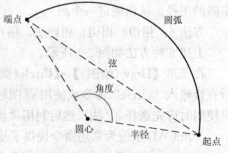

图 2-5 圆弧的几何构成

当用户掌握了其中某些几何元素的数据后，就可用来创建圆弧对象，具体方法见表 2-3。

圆弧的绘制方法一览表 　　　　　　　　　　　　　　　　表 2-3

方　式	说　明
3 Points	三点法，依次指定起点、圆弧上一点和端点来绘制圆弧
Start、Center、End	起点、圆心、端点法，依次指定起点、圆心和端点来绘制圆弧
Start、Center、Angle	起点、圆心、角度法，依次指定起点、圆心角和端点来绘制圆弧，其中圆心角逆时针方向为正(缺省)
Start、Center、Length	起点、圆心、弦长法，依次指定起点、圆心和弦长来绘制圆弧
Center、Start、End	圆心、起点、端点法，依次指定起点、圆心和端点来绘制圆弧
Center、Start、Angle	圆心、起点、角度法，依次指定起点、圆心角和端点来绘制圆弧，其中圆心角逆时针方向为正(缺省)
Center、Start、Length	圆心、起点、弦长法，依次指定起点、圆心和弦长来绘制圆弧
Start、End、Angle	起点、端点、角度法，依次指定起点、端点和圆心角来绘制圆弧，其中圆心角逆时针方向为正(缺省)
Start、End、Direction	起点、端点、方向法，依次指定起点、端点和切线方向来绘制圆弧。向起点和端点的上方移动光标将绘制上凸的圆弧，向下方移动光标将绘制下凸的圆弧
Start、End、Radius	起点、端点、半径法，依次指定起点、端点和圆弧半径来绘制圆弧
Continue	AutoCAD 将把最后绘制的直线或圆弧的端点作为起点，并要求用户指定圆弧的端点，由此创建一条与最后绘制的直线或圆弧相切的圆弧

调用该命令的方式有：

(1) 工具栏："Draw(绘图)"→ ；

(2) 菜单："Draw(绘图)"→"Arc(圆弧)"→子菜单；

(3) 命令行：arc(或别名 a)。

5. Rectangle(矩形)命令

在 AutoCAD 中矩形是一种封闭的多段线对象。和绘制多段线类似，用户在绘制矩形时可以指定其宽度(Width)；此外还可以在矩形的边与边之间绘制圆角(Fillet)和倒角(Chamfer)。

调用该命令的方式有：

(1) 工具栏："Draw(绘图)"→ ；

(2) 菜单：【Draw(绘图)】→【Rectangle(矩形)】；

(3) 命令行：rectangle(或别名 rec)、rectang。

6. Ellipse(椭圆)命令

椭圆(Ellipse)的几何元素包括圆心、长轴和短轴，但在 AutoCAD 中绘制椭圆时并不区分长轴和短轴的次序。AutoCAD 提供了两种绘制椭圆的方法：

(1) 中心点(Center)法：分别指定椭圆的中心点、第一条轴的一个端点和第二条轴的一个端点来绘制椭圆。

(2) 轴(Axis)、端点(End)法：先指定两个点来确定椭圆的一条轴，再指定另一条轴的端点(或半径)来绘制椭圆。

在 AutoCAD 中还可以绘制椭圆弧。其绘制方法是在绘制椭圆的基础上再分别指定圆弧的起点角度和端点角度(或起点角度和包含角度)。注意,指定角度时长轴角度定义为 0 度,并以逆时针方向为正(缺省)。

调用该命令的方式有:

(1) 工具栏:"draw(绘制)"→◯;

(2) 菜单:【Draw(绘图)】→【Ellipse(椭圆)】→子菜单;

(3) 命令行:ellipse(或别名 el)。

7. Donut(圆环)命令

在 AutoCAD 中圆环是由宽弧线段组成的封闭多段线对象,圆环内的填充图案显示与否取决于 FILL 命令的设置。

调用该命令的方式有:

(1) 菜单:【Draw(绘图)】→【Donut(圆环)】;

(2) 命令行:donut(或别名 do)。

8. Polyline(多段线)命令

多段线(Polyline)是 AutoCAD 中较为重要的一种图形对象。多段线由彼此首尾相连的、可具有不同宽度的直线段或弧线组成,并作为单一对象使用。使用 "rectang"、"pol-ygon"、"donut" 等命令绘制的矩形、正多边形和圆环等均属于多段线对象。

调用绘制多段线命令的方式有:

(1) 工具栏:"Draw(绘图)"→↪;

(2) 菜单:【Draw(绘图)】→【Polyline(多段线)】;

(3) 命令行:pline(或别名 pl)。

调用该命令后,系统首先提示指定多段线的起点:

Specify start point:

然后显示当前的线宽,并提示用户指定下一点或选择如下选项:

Current line-width is 0.0000

Specify next point or[Arc/Halfwidth/Length/Undo/Width]:

"Arc(圆弧)":该选项可以用来绘制多段线的圆弧段,系统进一步提示:

[Angle/CEnter/CLose/Direction/Halfwidth/Line/Radius/Second pt/Undo/Width]:

"Angle(角度)":指定从起点开始的弧线段的包含角。

"CEnter(圆心)":指定弧线段的圆心。

"CLose(闭合)":使一条带弧线段的多段线闭合。

"Direction(方向)":指定弧线段的起点方向。

"Halfwidth(半宽)":指定弧线段的半宽值。

"Line(直线)":退出 "arc" 选项并返回上一级提示。

"Radius(半径)":指定弧线段的半径。

"Second Pt(第二点)":指定三点圆弧的第二点和端点。

"Undo(放弃)":删除最近一次添加到多段线上的弧线段。

"Width(宽度)":指定弧线的宽度值。

"Halfwidth(半宽)":该选项可分别指定多段线每一段起点的半宽和端点的半宽值。

所谓半宽是指多段线的中心到其一边的宽度，即宽度的一半。改变后的取值将成为后续线段的缺省宽度。

"Length(长度)"：以前一线段相同的角度并按指定长度绘制直线段。如果前一线段为圆弧，AutoCAD 将绘制一条直线段与弧线段相切。

"Undo(放弃)"：删除最近一次添加到多段线上的直线段。

"Width(宽度)"：该选项可分别指定多段线每一段起点的宽度和端点的宽度值。改变后的取值将成为后续线段的缺省宽度。

在指定多段线的第二点之后，还将增加一个"Close(闭合)"选项，用于在当前位置到多段线起点之间绘制一条直线段以闭合多段线，并结束多段线命令。

9. 多线设置命令

多线(Multiline)是一种复合型的对象，它由 1~16 条平行线(称为元素)构成，因此也叫多重平行线。多线可具有不同的样式(Multiline Style)，在创建新图形时，AutoCAD 自动创建一个"Standard(标准)"多线样式作为缺省值。用户也可定义新的多线样式。

设置多线样式的方式有：

(1) 菜单：【Format(格式)】→【Multiline Style…(多线样式)】；

(2) 命令行：mlstyle。

调用该命令后，弹出"Multiline Styles(多线样式)"对话框。

该对话框中的"Multiline Style(对象样式)"栏用于对多线样式进行管理。

10. Mline(多线)命令

完成对多线样式的设置后，可调用"mline"命令来绘制多线。该命令的调用方式有：

(1) 工具栏："Draw(绘图)"→✐；

(2) 菜单：【Draw(绘图)】→【Multiline(多线)】；

(3) 命令行：mline(或别名 ml)。

调用该命令后，AutoCAD 显示当前的多线设置，并提示：

Current settings:Justification=Top,Scale=1.00,Style=STANDARD

Specify start point or[Justification/Scale/STyle]：

用户可直接指定多线的起点或选择如下选项：

"Justification(对正)"：指定绘制多线的方式，系统进一步提示：

Enter justification type[Top/Zero/Bottom]<top>：

"Top(上)"：以多线中具有最大的正偏移值的元素为准绘制多线。

"Zero(零)"：以多线的中心(偏移值为 0)为准绘制多线。

"Bottom(下)"：以多线中具有绝对值最大的负偏移值的元素为准绘制多线。

"Scale(比例)"：指定多线的全局宽度比例因子。这个比例只改变多线的宽度，而不影响多线的线型比例。

"STyle(样式)"：指定多线的样式。

11. Point(点)命令

在 AutoCAD 中点对象(Point)只需指定其坐标即可。AutoCAD 提供了多种绘制方式：

单点法(Single Point)：调用一次命令只绘制一个点。

多点法(Multiple Point)：调用一次命令可绘制多个点。

定数等分法(Divide)：将指定的对象等分为指定的段数，并用点进行标记。

定距等分法(Measure)：将指定的对象按指定的距离等分，并用点进行标记。

绘制点命令的调用方式有：

(1) 工具栏："Draw(绘图)"→ · ；

(2) 菜单：【Draw(绘图)】→【Point(点)】→子菜单；

(3) 命令行：point(或别名 po)。

12. 点的设置

在 AutoCAD 中点的属性有两种，点的样式和点的大小。设置点属性的命令调用方式有：

(1) 菜单：【Format(格式)】→【Point Style…(点样式)】；

(2) 命令行：ddptype。

调用该命令后，AutoCAD 弹出 "Point Style(点样式)" 对话框。该对话框中提供了 20 种点样式，用户可根据需要来选择其中一种。

13. Spline(样条曲线)命令

AutoCAD 使用的样条曲线是一种称为非均匀有理 B 样条曲线(NURBS)的特殊曲线。通过指定的一系列控制点，AutoCAD 可以在指定的允差(Fit tolerance)范围内把控制点拟合成光滑的 NURBS 曲线。所谓允差(Fit tolerance)是指样条曲线与指定拟合点之间的接近程度。允差越小，样条曲线与拟合点越接近。允差为 0，样条曲线将通过拟合点。

该命令的调用方式有：

(1) 工具栏："Draw(绘图)"→ ~ ；

(2) 菜单：【Draw(绘图)】→【Spline(样条曲线)】；

(3) 命令行：spline(或别名 spl)。

调用该命令后，系统提示如下：

Specify first point or[Object]：

如果用户选择 "Object(对象)" 选项，可将二维或三维的二次或三次样条拟合多段线转换成等价的样条曲线并删除多段线。

如果用户指定样条曲线的起点，系统则进一步提示用户指定下一点，并从第三点开始可选择如下选项：

Specify next point：

Specify next point or[Close/Fit tolerance]<start tangent>：

"Close(闭合)"：自动将最后一点定义为与第一点相同，并且在连接处相切，以此使样条曲线闭合。

"Fit tolerance(拟合公差)"：修改当前样条曲线的拟合公差。样条曲线重新定义，以使其按照新的公差拟合现有的点。注意，修改后所有控制点的公差都会相应发生变化。

"start tangent(起点切向)"：定义样条曲线的第一点和最后一点的切向，并结束命令。

2.1.4 图形编辑命令

对于大部分的 AutoCAD 命令，用户通常可使用两种编辑方法：一种是先启动命令，后选择要编辑的对象；另一种则是先选择对象，然后再调用命令进行编辑。

1. erase(删除)命令

删除命令可以在图形中删除用户所选择的一个或多个对象。对于一个已删除的对象，虽然用户在屏幕上看不到它，但在图形文件还没有被关闭之前该对象仍保留在图形数据库中，用户可利用"undo"或"oops"命令进行恢复。当图形文件被关闭后，则该对象将被永久性地删除。

调用该命令的方式如下：

(1) 工具栏："modify(修改)"→ ✍ ；

(2) 菜单：【Modify(修改)】→【Erase(删除)】；

(3) 快捷菜单：选定对象后单击右键，弹出快捷菜单，选择"Erase(删除)"项；

(4) 命令行：erase(或别名 e)。

调用该命令后，系统将提示用户选择对象：

Select objects：

用户可在此提示下构造对象选择集，并回车确定。

2. move(移动)命令

移动命令可以将用户所选择的一个或多个对象平移到其他位置，但不改变对象的方向和大小。

调用该命令的方式如下：

(1) 工具栏："modify(修改)"→ ✛ ；

(2) 菜单：【Modify(修改)】→【Move(移动)】；

(3) 快捷菜单：选定对象后单击右键，弹出快捷菜单，选择"Move(移动)"项；

(4) 命令行：move(或别名 m)。

调用该命令后，系统将提示用户选择对象：

Select objects：

用户可在此提示下构造要移动的对象的选择集，并回车确定，系统进一步提示：

Specify base point or displacement：

要求用户指定一个基点(base point)，用户可通过键盘输入或鼠标选择来确定基点，此时系统提示为：

Specify second point of displacement or<use first point as displacement>：

这时用户有两种选择：

指定第二点：系统将根据基点到第二点之间的距离和方向来确定选中对象的移动距离和移动方向。在这种情况下，移动的效果只与两个点之间的相对位置有关，而与点的绝对坐标无关。

直接回车：系统将基点的坐标值作为相对的 x、y、z 位移值。在这种情况下，基点的坐标确定了位移矢量(即原点到基点之间的距离和方向)，因此，基点不能随意确定。

3. copy(复制)命令

复制命令可以将用户所选择的一个或多个对象生成一个副本，并将该副本放置到其他位置。

调用该命令的方式如下：

(1) 工具栏："modify(修改)"→ ✇ ；

（2）菜单：【Modify(修改)】→【Copy(复制)】；

（3）快捷菜单：选定对象后单击右键，弹出快捷菜单，选择"Copy(复制)"项；

（4）命令行：copy(或别名co、cp)。

调用该命令后，系统将提示用户选择对象：

Select objects：

用户可在此提示下构造要复制的对象的选择集，并回车确定，系统进一步提示：

Specify base point or displacement，or[Multiple]：

此时用户可选择"Multiple(重复)"选项来进行多次复制而不必退出当前的复制命令。除此之外，其他的操作过程同移动命令完全相同。不同之处仅在于操作结果，即移动命令是将原选择对象移动到指定位置，而复制命令则将其副本放置在指定位置，而原选择对象并不发生任何变化。

4. rotate(旋转)命令

旋转命令可以改变用户所选择的一个或多个对象的方向(位置)。用户可通过指定一个基点和一个相对或绝对的旋转角来对选择对象进行旋转。

调用该命令的方式如下：

（1）工具栏："modify(修改)"→🔄 ；

（2）菜单：【Modify(修改)】→【Rotate(旋转)】；

（3）快捷菜单：选定对象后单击右键，弹出快捷菜单，选择"Rotate(旋转)"项；

（4）命令行：rotate(或别名ro)。

调用该命令后，系统首先提示UCS当前的正角方向，并提示用户选择对象：

Current positive angle in UCS：ANGDIR＝counterclockwise ANGBASE＝0

Select objects：

用户可在此提示下构造要旋转的对象的选择集，并回车确定，系统进一步提示：

Specify base point：

Specify rotation angle or[Reference]：

用户首先需要指定一个基点，即旋转对象时的中心点；然后指定旋转的角度，这时有两种方式可供选择：

（1）直接指定旋转角度：即以当前的正角方向为基准，按用户指定的角度进行旋转。

（2）选择"Reference(参照)"：选择该选项后，系统首先提示用户指定一个参照角，然后再指定以参照角为基准的新的角度。

Specify the reference angle<0>：

Specify the new angle：

5. scale(比例)命令

比例命令可以改变用户所选择的一个或多个对象的大小，即在X、Y和Z方向等比例放大或缩小对象。

调用该命令的方式如下：

（1）工具栏："modify(修改)"→🔲 ；

（2）菜单：【Modify(修改)】→【Scale(比例)】；

（3）快捷菜单：选定对象后单击右键，弹出快捷菜单，选择"Scale(比例)"项；

(4) 命令行：scale(或别名 sc)。

调用该命令后，系统首先提示用户选择对象：

Select objects：

用户可在此提示下构造要比例缩放的对象的选择集，并回车确定，系统进一步提示：

Specify base point：

Specify scale factor or[Reference]：

用户首先需要指定一个基点，即进行缩放时的中心点；然后指定比例因子，这时有两种方式可供选择：

(1) 直接指定比例因子：大于 1 的比例因子使对象放大，而介于 0 和 1 之间的比例因子将使对象缩小。

(2) 选择"Reference(参照)"：选择该选项后，系统首先提示用户指定参照长度(缺省为 1)，然后再指定一个新的长度，并以新的长度与参照长度之比作为比例因子。

Specify reference length<1>：

Specify new length：

6. undo(放弃)命令

放弃命令可以取消用户上一次的操作，该命令的调用方式有：

(1) 工具栏："Standard(标准)"→ ↶ ；

(2) 菜单：【Edit(编辑)】→【Undo(放弃)】；

(3) 快捷菜单：无命令运行和无对象选定的情况下，在绘图区域单击右键弹出快捷菜单，选择"Undo(放弃)"项；

(4) 命令行：u。

调用该命令后，系统将自动取消用户上一次的操作。用户可连续调用该命令，逐步返回到图形最初载入时的状态。

如果某项操作不能放弃，AutoCAD 将显示该命令名但不执行其他操作。该命令不能放弃当前图形的外部操作(例如打印或写入文件等)。如果放弃使用过模式切换或透明命令的命令，这些命令的效果将与主命令一起被取消。

7. redo(重做)命令

重做命令用于恢复执行放弃命令所取消的操作，该命令必须紧跟着放弃命令执行。其调用方式有：

(1) 工具栏："Standard(标准)"→ ↷ ；

(2) 菜单：【Edit(编辑)】→【Redo(重做)】；

(3) 快捷菜单：无命令运行和无对象选定的情况下，在绘图区域单击右键弹出快捷菜单，选择"Redo(重做)"项；

(4) 命令行：redo。

8. oops(恢复)命令

该命令用于恢复已被删除的对象，其调用方式为：

命令行：oops。

调用该命令后，系统将恢复被最后一个"erase"命令删除的对象。

9. trim(修剪)命令

"trim"命令用来修剪图形实体。该命令的用法很多，不仅可以修剪相交或不相交的二维对象，还可以修剪三维对象。其调用方式为：

(1) 工具栏："Modify(修改)"→ ✄ ；

(2) 菜单：【Modify(修改)】→【Trim(修剪)】；

(3) 命令行：trim(或别名 tr)。

调用该命令后，系统首先显示"trim"命令的当前设置，并提示用户选择修剪边界：

Current settings:Projection=UCS,Edge=None

Select cutting edges...

Select objects:

用户确定修剪边界后，系统进一步提示如下：

Select object to trim or shift-select to extend or[Project/Edge/Undo]：

此时，用户可选择如下操作：

直接用鼠标选择被修剪的对象；

按 Shift 键的同时来选择对象，这种情况下可作为"Extend(延伸)"命令使用。用户所确定的修剪边界即作为延伸的边界；

"Project(投影)"选项：指定修剪对象时是否使用的投影模式。

"Edge(边)"选项：指定修剪对象时是否使用延伸模式，系统提示如下：

Enter an implied edge extension mode[Extend/No extend]<No extend>：

其中"Extend"选项可以在修剪边界与被修剪对象不相交的情况下，假定修剪边界延伸至被修剪对象并进行修剪。而同样的情况下，使用"No Extend"模式则无法进行修剪。两种模式的比较如图 2-6 所示。

"Undo(放弃)"选项：放弃由"trim"命令所作的最近一次修改。

使用"trim"命令时必须先启动命令，后选择要编辑的对象；启动该命令时已选择的对象将自动取消选择状态。

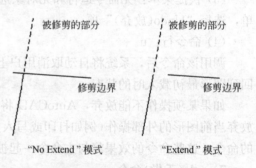

图 2-6　修剪模式的比较

10. extend(延伸)命令

"extend"命令用来延伸图形实体。该命令的用法与"trim"命令几乎完全相同。其调用方式有：

(1) 工具栏："Modify(修改)"→ ✂ ；

(2) 菜单：【Modify(修改)】→【Extend(延伸)】；

(3) 命令行：extend(或别名 ex)。

调用该命令后，系统首先显示"extend"命令的当前设置，并提示用户选择延伸边界：

Current settings:Projection=UCS,Edge=None

Select boundary edges...

Select objects：

用户确定延伸边界后，系统进一步提示如下：

Select object to extend or shift-select to trim or[Project/Edge/Undo]：

此时，用户可选择如下操作：

直接用鼠标选择被延伸的对象。

按 Shift 键的同时来选择对象，这种情况下可作为"trim(修剪)"命令使用。用户所确定的延伸边界即作为修剪的边界。

其他选项同"trim"命令。

同"trim"命令一样，使用"extend"命令时必须先启动命令，后选择要编辑的对象；启动该命令时已选择的对象将自动取消选择状态。

11. offset(偏移)命令

"offset"命令可利用两种方式对选中对象进行偏移操作，从而创建新的对象：一种是按指定的距离进行偏移；另一种则是通过指定点来进行偏移。该命令常用于创建同心圆、平行线和平行曲线等。其调用方式有：

(1) 工具栏："Modify(修改)"→ 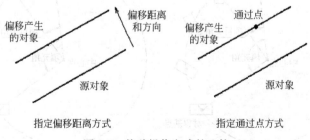；

(2) 菜单：【Modify(修改)】→【Offset(偏移)】；

(3) 命令行：offset(或别名 o)。

调用该命令后，系统首先要求用户指定偏移的距离或选择"Through(通过)"选项指定"通过点"方式：

Specify offset distance or[Through]<Through>：

然后系统提示用户选择需要进行偏移操作的对象或选择"exit"项结束命令：

Select object to offset or<exit>：

选择对象后，如果是按距离偏移，系统提示用户指定偏移的方向(在进行偏移的一侧任选一点即可)：

Specify point on side to offset：

而如果是按"通过点"方式进行偏移，则系统将提示用户指定"通过点"：

Specify through point：

偏移操作的两种方式如图 2-7 所示。

图 2-7 偏移操作方式的比较

使用"offset"命令时必须先启动命令，后选择要编辑的对象；启动该命令时已选择的对象将自动取消选择状态。

"offset" 命令不能用在三维面或三维对象上。

系统变量 OFFSETDIST 存储当前偏移值。

12. array(阵列)命令

"array" 命令可利用两种方式对选中对象进行阵列操作，从而创建新的对象：一种是环形阵列(Polar Array)；另一种是矩形阵列(Rectangular Array)。

(1) 环形阵列

该命令调用方式有：

1) 工具栏："Modify(修改)"→ ▦ ；

2) 菜单：【Modify(修改)】→【Array…(阵列)】；

3) 命令行：array(或别名 ar)。

调用该命令后，系统弹出 "Array(阵列)" 对话框，用户可参看图 2-8，该对话框中各项说明如下。

1) "Center point(中心点)"：指定环形阵列的中心点。

2) "Total number of items(项目总数)"：指定阵列操作后源对象及其副本对象的总数。

3) "Angle to fill(填充角)"：指定分布了全部项目的圆弧的夹角。该夹角以阵列中心点与源对象基点之间的连线所成的角度。

4) "Angle between items(项目夹角)"：指定两个相邻项目之间的夹角。即阵列中心点与任意两个相邻项目基点的连线所成的角度。

5) "Method(方法)"：指定上述三项中任意两项即可确定阵列操作，因此这三项两两组合可形成三种阵列方法，用户可根据实际情况任选一种。

6) "Rotate items as copied(旋转作为副本的项目)"：如果选择该项，则阵列操作所生成的副本进行旋转时，图形上的任一点均同时进行旋转。如果不选择该项，则阵列操作所生成的副本保持与源对象相同的方向不变，而只改变相对位置。

7) "Object base point(对象基点)"：在阵列操作中使用对象缺省状态下的基点或由用户指定对象的基点。

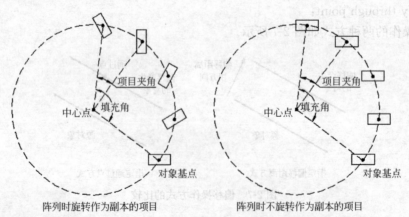

图 2-8 环形阵列示意图

(2) 矩形阵列

利用 "array" 命 令 还 可 创 建 矩 形 阵 列
(Rectangular Array)。调用该命令后，系统弹出
"Array(阵列)" 对话框，用户选择矩形阵列，可参
见 2-9 图。该对话框中各项说明如下：

"Rows(行)"：指定矩形阵列的行数。

"Columns(列)"：指定矩形阵列的列数。

"Row offset(行偏移)"：指定矩形阵列中相邻
两行之间的距离。

"Columns offset(列偏移)"：指定矩形阵列中相
邻两列之间的距离。

"Angle of array(阵列角度)"：指定矩形阵列与
当前基准角之间的角度。

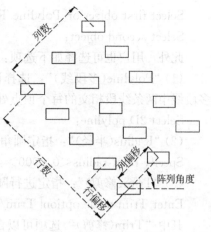

图 2-9　矩形阵列示意图

13. mirror(镜像)命令

"mirror" 命令可围绕用两点定义的镜像轴线来创建选择对象的镜像。该命令调用方
式有：

(1) 工具栏："Modify(修改)"→ ⚤ ；

(2) 菜单：【Modify(修改)】→【Mirror(镜像)】；

(3) 命令行：mirror(或别名 mi)。

调用该命令后，系统首先提示用户选择进行镜像操作的对象：

Select objects：

然后系统提示用户指定两点来定义的镜像轴线：

Specify first point of mirror line：

Specify second point of mirror line：

最后用户可选择是否删除源对象：

Delete source objects？[Yes/No]<N>：

如果在进行镜像操作的选择集中包括文字对象，则文字对象的镜像效果取决于系统变
量 MIRRTEXT，如果该变量取值为 1(缺省值)，则文字也镜像显示；而如果取值为 0，则
镜像后的文字仍保持原方向。

14. fillet(圆角)命令

"fillet" 命令用来创建圆角，可以通过一个指定半径的圆弧来光滑地连接两个对象。
可以进行圆角处理的对象包括直线、多段线的直线段、样条曲线、构造线、射线、圆、圆
弧和椭圆等。其中，直线、构造线和射线在相互平行时也可进行圆角。该命令的调用方
式有：

(1) 工具栏："Modify(修改)"→ ⌐ ；

(2) 菜单：【Modify(修改)】→【Fillet(圆角)】；

(3) 命令行：fillet(或别名 f)。

调用该命令后，系统首先显示 "fillet" 命令的当前设置，并提示用户选择进行圆角操
作的对象：

Current settings：Mode＝TRIM，Radius＝0.0000

Select first object or[Polyline/Radius/Trim]：

Select second object：

此外，用户也可选择如下选项：

（1）"Polyline(多段线)"：选择该选项后，系统提示用户指定二维多段线，并在二维多段线中两条线段相交的每个顶点处插入圆角弧。

Select 2D polyline：

（2）"Radius(半径)"：指定圆角的半径，系统提示如下：

Specify fillet radius＜0.0000＞：

（3）"Trim(修剪)"：指定进行圆角操作时是否使用修剪模式，系统提示如下：

Enter Trim mode option[Trim/No trim]＜Trim＞：

其中"Trim(修剪)"选项可以自动修剪进行圆角的对象，使之延伸到圆角的端点。而使用"No Trim(不修剪)"选项则不进行修剪。两种模式的比较如图 2-10 所示。

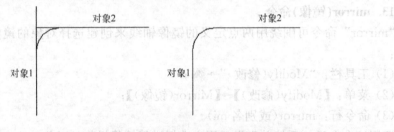

在"No Trim"模式下创建圆角　　　在"Trim"模式下创建圆角

图 2-10　圆角命令的修剪模式

使用"fillet"命令时必须先启动命令，后选择要编辑的对象；启动该命令时已选择的对象将自动取消选择状态。

如果要进行圆角的两个对象都位于同一图层，那么圆角线将位于该图层。否则，圆角线将位于当前图层中。此规则同样适用于圆角颜色、线型和线宽。

系统变量 TRIMMODE 控制圆角和倒角的修剪模式，如果取值为 1(缺省值)，则使用修剪模式；如果取值为 0 则不修剪。

15. chamfer(倒角)命令

"chamfer"命令用来创建倒角，即将两个非平行的对象，通过延伸或修剪使它们相交或利用斜线连接。用户可使用两种方法来创建倒角，一种是指定倒角两端的距离；另一种是指定一端的距离和倒角的角度，如图 2-11 所示。该命令的用法与"fillet"命令类似。其调用方式有：

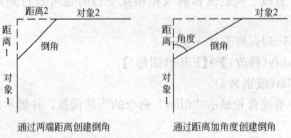

通过两端距离创建倒角　　　通过距离加角度创建倒角

图 2-11　倒角的两种创建方法

（1）工具栏："Modify（修改）"→ ；

（2）菜单：【Modify（修改）】→【Chamfer（倒角）】；

（3）命令行：chamfer（或别名 cha）。

调用该命令后，系统首先显示"chamfer"命令的当前设置，并提示用户选择进行倒角操作的对象：

(TRIM mode)Current chamfer Dist1＝0.0000，Dist2＝0.0000

Select first line or[Polyline/Distance/Angle/Trim/Method]：

Select second line：

此外，用户也可选择如下选项：

（1）"Polyline（多段线）"：该选项用法同"fillet"命令。

（2）"Distance（距离）"：指定倒角两端的距离，系统提示如下：

Specify first chamfer distance＜0.0000＞：

Specify second chamfer distance＜0.0000＞：

（3）"Angle（角度）"：指定倒角一端的长度和角度，系统提示如下：

Specify chamfer length on the first line＜0.0000＞：

Specify chamfer angle from the first line＜0＞：

（4）"Trim（修剪）"：该选项用法同"fillet"命令。

（5）"Method（方法）"：该选项用于决定创建倒角的方法，即使用两个距离的方法或使用距离加角度方法。

使用"chamfer"命令时必须先启动命令，后选择要编辑的对象；启动该命令时已选择的对象将自动取消选择状态。

同圆角一样，如果要进行倒角的两个对象都位于同一图层，那么倒角线将位于该图层。否则，倒角线将位于当前图层中。此规则同样适用于倒角颜色、线型和线宽。

16. stretch（拉伸）命令

使用拉伸命令时，必须用交叉多边形或交叉窗口的方式来选择对象。如果将对象全部选中，则该命令相当于"move"命令。如果选择了部分对象，则"stretch"命令只移动选择范围内的对象的端点，而其他端点保持不变（图 2-12）。可用于"stretch"命令的对象包括圆弧、椭圆弧、直线、多段线线段、射线和样条曲线等。

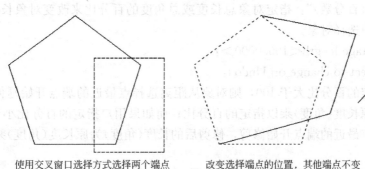

使用交叉窗口选择方式选择两个端点　　　改变选择端点的位置，其他端点不变

图 2-12　"stretch"命令示意图

调用该命令的方式如下：

(1) 工具栏："modify(修改)"→ ▣ ；

(2) 菜单：【Modify(修改)】→【Stretch(拉伸)】；

(3) 命令行：stretch(或别名 s)。

调用该命令后，系统提示用户交叉窗口或交叉多边形的方式来选择对象：

Select objects to stretch by crossing-window or crossing-polygon...

Select objects：

然后提示用户进行移动操作，操作过程同"move"命令：

Specify base point or displacement：

Specify second point of displacement or<use first point as displacement>：

17. lengthen(拉长)命令

拉长命令用于改变圆弧的角度，或改变非闭合对象的长度，包括直线、圆弧、非闭合多段线、椭圆弧和非闭合样条曲线等。

调用该命令的方式如下：

(1) 工具栏："modify(修改)"→ ◢ ；

(2) 菜单：【Modify(修改)】→【Lengthen(拉长)】；

(3) 命令行：lengthen(或别名 len)。

调用该命令后，系统将提示用户选择对象：

Select an object or[DElta/Percent/Total/DYnamic]：

当用户选择了某个对象时，系统将显示该对象的长度，如果对象有包含角，则同时显示包含角度：

Current length：included angle：

其他选项则给出了四种改变对象长度或角度的方法(图2-13)。

(1)"DElta(增量)"：指定一个长度或角度的增量，并进一步提示用户选择对象：

Enter delta length or[Angle]<0.0000>：

Select an object to change or[Undo]：

如果用户指定的增量为正值，则对象从距离选择点最近的端点开始增加一个增量长度(角度)；而如果用户指定的增量为负值，则对象从距离选择点最近的端点开始缩短一个增量长度(角度)。

(2)"Percent(百分数)"：指定对象总长度或总角度的百分比来改变对象长度或角度，并进一步提示用户选择对象：

Enter percentage length<100.0000>：

Select an object to change or[Undo]：

如果用户指定的百分比大于100，则对象从距离选择点最近的端点开始延伸，延伸后的长度(角度)为原长度(角度)乘以指定的百分比；而如果用户指定的百分比小于100，则对象从距离选择点最近的端点开始修剪，修剪后的长度(角度)为原长度(角度)乘以指定的百分比。

(3)"Total(全部)"：指定对象修改后的总长度(角度)的绝对值，并进一步提示用户选择对象：

Specify total length or[Angle]<1.0000)>：

Select an object to change or[Undo]:

用户指定的总长度（角度）值必须是非零正值，否则系统给出提示并要求用户重新指定：

Value must be positive and nonzero.

Specify total length or[Angle]<1.0000)>:

（4）"DYnamic（动态）"：指定该选项后，系统首先提示用户选择对象：

Select an object to change or[Undo]:

然后打开动态拖动模式，并可动态拖动距离选择点最近的端点，然后根据被拖动的端点的位置改变选定对象的长度（角度）。

用户在使用以上四种方法进行修改时，均可连续选择一个或多个对象实现连续多次修改，并可随时选择"Undo（放弃）"选项来取消最后一次的修改。

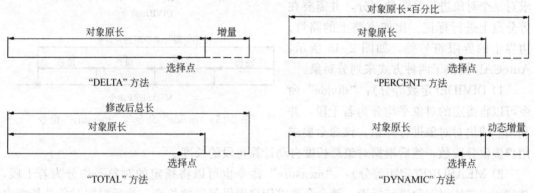

图 2-13　"lengthen"命令的四种方法

18. break（打断）命令

打断命令可以把对象上指定两点之间的部分删除，当指定的两点相同时，则对象分解为两个部分（图 2-14）。这些对象包括直线、圆弧、圆、多段线、椭圆、样条曲线和圆环等。

调用该命令的方式如下：

（1）工具栏："modify（修改）"→；

（2）菜单：【Modify（修改）】→【Break（打断）】；

（3）命令行：break（或别名 br）。

调用该命令后，系统将提示用户选择对象：

Select object:

用户选择某个对象后，系统把选择点作为第一断点，并提示下用户选择第二断点：

Specify second break point or[First point]:

如果用户需要重新指定第一断点，则可选择"First point（第一点）"选项，系统将分别提示用户选择第一、第二断点：

Specify first break point:

Specify second break point:

【说明】　如果用户希望第二断点和第一断点重合，则可在指定第二断点坐标时输入 "@" 即可。也可直接使用 "modify(修改)" 工具栏中的 ▱ 图标。

19. explode(分解)命令

分解命令用于分解组合对象，组合对象即由多个 AutoCAD 基本对象组合而成的复杂对象，例如多段线、多线、标注、块、面域、多面网格、多边形网格、三维网格以及三维实体等等。分解的结果取决于组合对象的类型，将在后面的相关章节中具体介绍。

调用该命令的方式如下：

(1) 工具栏："modify(修改)"→ ✎ ；

(2) 菜单：【Modify(修改)】→【Explode(分解)】。

20. divide(等分点)命令

(1) 等分点的定义：有些时候用户要求对某个对象进行等距的划分，并需要在等分点上进行标记。比如道路上的路灯、边界上的界限符号等。如图 2-15 所示，AutoCAD 提供了两种方式来划分对象。

图 2-15　"divide" 命令与 "measure" 命令

1) DIVIDE(定数等分)："divide" 命令可以将指定的对象平均分为若干段，并利用点或块对对象进行标识。该命令要求用户提供分段数，然后根据对象总长度自动计算每段的长度。

2) MEASURE(定距等分)："measure" 命令也可以将指定的对象平均分为若干段，并利用点或块对对象进行标识。该命令要求用户提供每段的长度，然后根据对象总长度自动计算分段数。

在 AutoCAD 中可以被等分的对象包括 LINE(直线)、ARC(圆弧)、SPLINE(样条曲线)、CIRCLE(圆)、ELLIPSE(椭圆)和 POLYLINE(多段线)等，而间距点的标识则可使用 POINT(点)和 BLOCK(块)。

(2) 等分点的创建

1) "divide" 命令的调用方式有：

① 菜单：【Draw(绘图)】→【Point(点)】→【Divide(定数等分)】；

② 命令行：divide(或别名 div)。

调用该命令后，系统将提示用户选择被等分的对象：

Select object to divide：

然后提示用户指定等分的段数或选择 "block(块)" 选项来使用块对象进行等分：

Enter the number of segments or[Block]：

2) "measure" 命令的调用方式为：

① 菜单：【Draw(绘图)】→【Point(点)】→【Measure(定距等分)】；

② 命令行：measure(或别名 me)。

调用该命令后，系统提示用户选择被等分的对象：

Select object to measure：

然后提示用户指定等分后每段的长度或选择 "block(块)" 选项来使用块对象进行

等分：

Specify length of segment or[Block]：

等分对象的类型不同，则按间距等分或按段数等分的起点也不同。对于直线或多段线，分段开始于距离选择点最近的端点。闭合多段线的分段开始于多段线的起点。圆的分段起点是：以圆心为起点、当前捕捉角度为方向的捕捉路径与圆的交点。

21. Hatch(图案填充)命令

(1) 调用图案填充命令的方式有：

1) 工具栏："Draw(绘图)"→ ；

2) 菜单：【Draw(绘图)】→【Hatch…(图案填充)】；

3) 命令行：bhatch(或别名 bh、h)。

(2) AutoCAD 中的填充图案具有三种类型，在"Boundary Hatch(边界图案填充)"对话框的"Type(类型)"下拉列表框中给出了这三种类型：

1) "Predefined(预定义)"

预定义填充图案是由 AutoCAD 系统提供的，包括 69 种填充图案(8 种 ANSI 图案，14 种 ISO 图案和 47 种其他预定义图案)。

选择"Predefined"项后，系统将在"Pattern(图案)"和"Swatch(样例)"下拉列表框中分别给出预定义填充图案的名称和相应的图案。用户也可单击"Pattern(图案)"下拉列表框右侧的 按钮，弹出"Hatch Pattern Palette(填充图案调色板)"对话框来查看所有预定义的预览图像。

对于"Predefined"选项，用户还可以通过"Angle(角度)"和"Scale(比例)"项来改变填充图案的角度(相对于 UCS 的 X 轴)和比例大小，从而得到更多样式的图案。

如果用户选择了 ISO 类的预定义填充图案，则系统激活"ISO pen width(ISO 笔宽)"下拉列表，来确定 ISO 图案的笔宽。

2) "User defined(用户定义)"

该类型是基于图形的当前线型创建的直线填充图案。选择"User defined"项后，用户可以通过"Angle(角度)"和"Spacing(间距)"项来控制用户定义图案中的角度和直线间距。

此外，选择该项后，开关"Double(双向)"将被激活。如果选择该开关，则将在用户定义的填充图案中绘制第二组直线，这些直线相对于初始直线成 90 度，从而构成交叉填充。

3) "Custom(自定义)"：使用自定义的填充图案。

(3) 使用 HATCH 命令创建填充图案

在 AutoCAD 中还提供了"hatch"命令，用来创建非关联的填充图案。该命令的调用方式为：

命令行：hatch(或别名-h)

调用该命令后，系统要求用户指定填充图案名称、比例和角度：

Enter a pattern name or[? /Solid/User defined]<ANSI31>：

Specify a scale for the pattern<1. 0000>：

Specify an angle for the pattern<0>：

　　然后提示用户选择用于定义填充边界的对象，或选择"direct hatch(直接填充)"选项来指定一个多段线的填充边界进行填充：

Select objects to define hatch boundary or<direct hatch>：

Select objects：

　　如果用户选择了直接填充的方式，则用户需要确定是否需要保留多段线边界，并可通过指定一系列多段线顶点的方式来定义一个填充边界：

Retain polyline boundary? [Yes/No]<N>：

Specify start point：

Specify next point or[Arc/Length/Undo]：

Specify next point or[Arc/Close/Length/Undo]：

　　当用户结束某个多段线边界的定义后，还可继续定义新的多段线边界。在完成全部的边界定义后，可选择"apply hatch(应用图案填充)"选项来创建非关联的填充图案：

Specify start point for new boundary or<apply hatch>：

22. 块

　　AutoCAD 将一些经常重复使用的对象组合在一起，形成一个块对象，并按指定的名称保存起来，以后可随时将它插入到图形中而不必重新绘制。

　　虽然一个块可以由多个对象构成，但却是作为一个整体来使用。用户可以将块看作是一个对象来进行操作，如"move"、"copy"、"erase"、"rotate"、"array"和"mirror"等命令。当然，如果有必要，也可以使用"explode"命令将块分解为相对独立的多个对象。

　　(1) 创建块命令的调用方式有：

　　1) 工具栏："Draw(绘图)"→ ▣ ；

　　2) 菜单：【Draw(绘图)】→【Block(块)】→【Make…(创建)】；

　　3) 命令行：block(或别名 b)。

　　调用该命令后，系统将弹出"Block Definition(块定义)"对话框，指定块"Name(名称)"、"Base point(基点)"、选择"Objects(对象)"等操作。

　　(2) 插入块命令的调用方式为：

　　1) 工具栏："Draw(绘图)"→ ▣ ；

　　2) 菜单：【Insert(插入)】→【Block…(块)】；

　　3) 命令行：insert(或别名 i)、inserturl。

　　调用该命令后，系统将弹出"Insert(插入)"对话框，指定要插入的块名，指定块的插入点(即块的基点位置)，指定插入块在 X、Y、Z 轴向上的比例(以块的基点为准)，指定插入块的旋转角度(以块的基点为中心)。

23. 外部块

　　"wblock"命令和"block"命令的主要区别在于前者可以将对象输出成一个新的、独立的图形文件，并且这张新图会将图层、线型、样式以及其他特性如系统变量等设置作为当前图形的设置。该命令的调用方式为：

　　命令行：wblock(或别名 w)

　　调用"wblock"命令后，系统弹出"Write Block(写块)"对话框，该对话框各部分说明如下：

(1)"Block(块)"：如果当前图形中存在块定义，则该项被激活。用户可选择该选项，并在其右侧的列表框中指定某个块对象，并由该对象来创建外部块。

(2)"Entire drawing(整个图形)"：选择该项后，用户可利用当前的全部图形来创建外部块。

(3)"Objects(对象)"：选择该项后，用户必须指定一个或者多个对象来创建外部块。

(4)"Base point(基点)"和"Objects(对象)"栏的作用与定义内部块操作相同。

(5)"File name(文件名称)"：指定保存外部块的图形文件名称。

(6)"Location(位置)"：指定保存图形文件的路径。

(7)"Insert(插入单位)"：指定新文件插入为块时所使用的单位。

当用户选择"Entire drawing(整个图形)"项，利用当前图形中所有对象来创建外部块时，缺省情况下块的基点为(0，0，0)。如果用户想改变基点的坐标，则需要定义"base"命令，该命令的调用方式有：

(1) 菜单：【Draw(绘图)】→【Block(块)】→【Base(基点)】；

(2) 命令行：base。

调用该命令后，系统将显示当前基点设置，并提示用户输入新的基点坐标：

Enter base point<0.0000,0.0000,0.0000>：

"wblock"命令也具有相应的"-wblock"形式，调用该命令后，系统首先弹出"Create Drawing File"对话框，用于指定保存外部块的图形文件名称和路径，然后进一步提示：

Enter name of existing block or

[=(block=output file)/ * (whole drawing)]<define new drawing>：

这时用户可以输入一个已有块的名称将把该块写入到文件；或输入等号"="指定现有块和输出文件的名称相同；或输入星号" * "将整个图形写入新的输出文件；或直接按Enter 键，AutoCAD 将先提示用户指定块文件的插入基点，然后提示用户选取要写入到块文件的对象：

Specify insertion base point：

Select objects：

创建输出文件后，AutoCAD 将删除选定的对象，使屏幕更加清晰明了。这时可使用"oops"命令恢复这些对象。

24. 点坐标查询

"id"命令用于查询指定点的坐标值。该命令的调用方法有：

(1) 工具栏："Inquiry(查询)"→ ；

(2) 菜单：【Tool(工具)】→【Inquiry(查询)】→【ID Point(点坐标)】；

(3) 命令行：id。

使用"id"命令后 AutoCAD 将给出指定点的 x、y 和 z 坐标值。

"id"命令可透明地使用。

25. 距离查询

"dist"命令用于计算空间中任意两点间的距离和角度。该命令的调用方法有：

（1）工具栏："Inquiry(查询)"→ 🖳；

（2）菜单：【Tool(工具)】→【Inquiry(查询)】→【Distance(距离)】；

（3）命令行：dist(或别名 di)。

【说明】 "dist"命令可透明地使用。

系统变量 DISTANCE 中存储了"dist"命令最后一次的测量结果。

26. 面积查询

AutoCAD 中的面积查询命令可以计算一系列指定点之间的面积和周长，或计算多种对象的面积和周长。此外，该命令还可使用加模式和减模式来计算组合面积。

"area"命令的调用方法有：

（1）工具栏："Inquiry(查询)"→ 🖳；

（2）菜单：【Tool(工具)】→【Inquiry(查询)】→【Area(面积)】；

（3）命令行：area(或别名 aa)。

AutoCAD 通过两种形式来使用"area"命令，如图 2-16 所示。

（1）调用"area"命令后，根据提示指定一系列角点，AutoCAD 将其视为一个封闭多边形的各个顶点，并计算和报告该封闭多边形的面积和周长。

（2）调用"area"命令后，根据提示某个对象，AutoCAD 将计算和报告该对象的面积和周长；可被"area"命令所使用的对象包括圆、椭圆、样条曲线、多段线、正多边形、面域和实体等。

在计算某对象的面积和周长时，如果该对象不是封闭的，则系统在计算面积时认为该对象的第一点和最后一点间通过直线进行封闭；而在计算周长时则为对象的实际长度，而不考虑对象的第一点和最后一点间的距离。

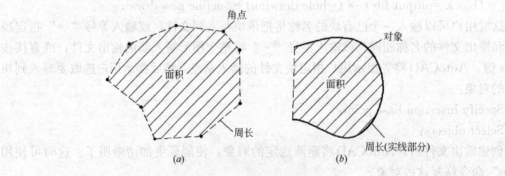

图 2-16　面积计算示意图

(a)计算指定点的面积和周长；(b)计算指定对象的面积和周长

在通过上述两种方式进行计算时，均可使用"加(Add)"模式和"减(Subtract)"模式进行组合计算。

（1）Add(加)：使用该选项计算某个面积时，系统除了报告该面积和周长的计算结果之外，还在总面积中加上该面积。

（2）Subtract(减)：使用该选项计算某个面积时，系统除了报告该面积和周长的计算结果之外，还在总面积中减去该面积。

如图 2-17 中所示，图 2-17(a)中在加模式下选择对象一，在减模式下选择对象二，则总面积为对象一和对象二之间部分。图 2-17(b)中分别在加模式下选择对象一和对象二，则总面积为面积一和面积二之和。

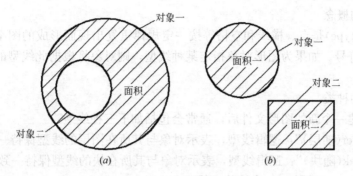

图 2-17　计算组合面积
(a)使用减模式计算组合面积；(b)使用加模式计算组合面积

27. 质量特性查询

AutoCAD 中的质量特性查询命令可以计算并显示面域(Region)或实体(Solids)的质量特性，如面积、质心和边界框等。该命令的调用方法有：

(1) 工具栏："Inquiry(查询)"→ ◢；

(2) 菜单：【Tool(工具)】→【Inquiry(查询)】→【Region/Mass Properties(质量特性)】；

(3) 命令行：massprop。

调用"massprop"命令后，根据提示可指定一个或多个面域对象，报告结果包括表 2-4 中所示各项。

MASSPROP 命令查询内容　　　　　　　　　　　　　　表 2-4

项　　目	含　　义
Area(面积)	面域的封闭面积
Perimeter(周长)	面域的内环和外环的总长度
Bounding box(边界框)	边界框是包含所选对象的最小的矩形，系统将给出边界框左下角和右上角的坐标
Centroid(质心)	面域质量中心点坐标
Moments of inertia(惯性矩)	计算公式为：面积惯性矩＝面积×半径×半径
Product of inertia(惯性积)	面域的面积惯性积
Radii of gyration(旋转半径)	旋转半径也用于表示实体的惯性矩，计算公式为：旋转半径＝(惯性积/物体质量)$^{1/2}$
Principal moments and X-Y-Z directions about centroid（主力矩和质心的 X、Y、Z 轴）	面积的主力矩和质心的 X、Y、Z 轴

AutoCAD 还允许用户将 MASSPROP 命令的查询结果写入到文本文件中，显示查询结果的最后系统将给出提示：

Write analysis to a file? [Yes/No]<N>：

如果用户选择 Yes，则系统进一步提示输入一个文件名，并将结果保存在该文件中。

对于一个没有处于 XY 平面上的面域对象，"massprop"命令将不显示惯性矩、惯性积、旋转半径以及主力矩和质心的 X、Y、Z 轴等信息。

28. 线型的概念与应用

（1）线型的概念

线型（Linetype）是点、横线和空格等按一定规律重复出现而形成的图案，复杂线型还可以包含各种符号。如果为图形对象指定某种线型，则对象将根据此线型的设置进行显示和打印。

（2）线型的种类

当用户创建一个新的图形文件后，通常会包括如下三种线型：

1）"ByLayer(随层)"：逻辑线型，表示对象与其所在图层的线型保持一致；

2）"ByBlock(随块)"：逻辑线型，表示对象与其所在块的线型保持一致；

3）"Continuous(连续)"：连续的实线。

当然，用户可使用的线型远不只这几种。AutoCAD 系统提供了线型库文件，其中包含了数十种的线型定义。用户可随时加载该文件，并使用其定义各种线型。如果这些线型仍不能满足用户的需要，则用户可以自行定义某种线型，并在 AutoCAD 中使用。

（3）线型的设置

用户可通过"linetype"命令来进行线型设置，该命令的调用方式有：

1）工具栏："Object Properties(对象特性)" ；

2）菜单：【Format(格式)】→【Linetype…(线型)】；

3）命令行：linetype(或别名 lt、ltype、ddltype)。

调用该命令后，系统将弹出"Linetype Manager(线型管理器)"对话框。

29. 图层

AutoCAD 中的图层就相当于完全重合在一起的透明纸，用户可以任意的选择其中一个图层绘制图形，而不会受到其他层上图形的影响。例如在建筑图中，可以将基础、楼层、水管、电气和冷暖系统等放在不同的图层进行绘制。在 AutoCAD 中每个图层都以一个名称作为标识，并具有颜色、线型、线宽等各种特性和开、关、冻结等不同的状态。

（1）调用图层命令的方式有：

1）工具栏："Object properties(对象特性)" ；

2）菜单：【Format(格式)】→【Layer…(图层)】；

3）命令行：layer(或别名 la、ddlmodes)。

调用该命令后，系统将弹出"Layer Properties Manager(图层特性管理器)"对话框。

（2）在该对话框中，用户通过设置"Named layer filters(命名图层过滤器)"栏来控制图层列表中所显示的图层项目。

类似于"Linetype Manager(线型管理器)"对话框，用户可使用"Show all layers(显示全部图层)"、"Show all used layers(显示全部已使用图层)"和"Show all Xref dependent layers(显示全部依赖外部参照图层)"等过滤器，以及"Invert filter(反向过滤器)"选项，对图层列表的显示设置过滤条件。此外，用户还可以单击 按钮弹出"Named Layer Filters(命名图层过滤器)"对话框，根据图层的特性来创建图层过滤器。

如果用户选中了"Apply to Object Properties toolbar(应用到对象特性工具栏)"选

项，则"Object Properties(对象特性)"工具栏中的图层控件列表仅显示与当前过滤器匹配的图层("0"层除外)。

（3）图层用名称(Name)来标识，并具有各种特性和状态：

1）如果某个图层被设置为"On(关闭)"状态，则该图层上的图形对象不能被显示或打印，但可以重新生成。

2）如果某个图层被设置"Freeze(冻结)"状态，则该图层上的图形对象不能被显示、打印或重新生成。

3）如果某个图层被设置为"Lock(锁定)"状态，则该图层上的图形对象不能被编辑或选择，但可以查看。

4）如果某个图层的"Plot(打印)"状态被禁止，则该图层上的图形对象可以显示但不能打印。

30. 文字的创建

（1）在 AutoCAD 中有两种方法来创建文字对象，其中之一为创建多行文字命令，该命令的调用方式有：

1）工具栏："Draw(绘图)"→ **A** 或 "Text(文字)"→ **A** ；

2）菜单：【Draw(绘图)】→【Text(文字)】→【Multiline Text…(多行文字)】；

3）命令行：mtext(或别名 mt、t)。

调用该命令后，AutoCAD 将弹出"Multiline Text Editor(多行文字编辑器)"对话框，下面分别介绍其中的各项功能：

1）"Character(字符)"选项卡，在该选项卡中除了可以进行一些常规的设置，如字体、高度、颜色等，还包括其他一些特殊设置。

2）"Insert symbol(插入符号)"：通过该选项可以在文字中插入度数(Degrees)、正/负(Plus/Minus)、直径(Diameter)和不间断空格(Non-breaking Space)等特殊符号。

3）"Style(样式)"：用于改变文字样式。在应用新样式时，应用于单个字符或单词的字符格式(粗体、斜体、堆叠等)并不会被覆盖。

4）"Justification(对正)"：用于选择不同的对正方式。对正方式基于指定的文字对象的边界。注意，在一行的末尾输入的空格也是文字的一部分并影响该行文字的对正。

5）"Width(宽度)"：指定文字段落的宽度。如果选择了"No wrap(不换行)"选项，则多行文字对象将出现在单独的一行上。

6）"Rotation(旋转)"：指定文字的旋转角度。

（2）对于一些简短文字的创建，使用"mtext"命令往往过于繁琐。为此 AutoCAD 提供了创建单行文字的命令，该命令的调用方式有：

1）工具栏："Text(文字)"→ **A** ；

2）菜单：【Draw(绘图)】→【Text(文字)】→【Single Line Text(单行文字)】；

3）命令行：text、dtext(或别名 dt)。

调用该命令后，AutoCAD 将在命令行中显示当前文字设置，并提示用户指定文字的起始点：

Current text style:"Standard"Text height:0.2000

Specify start point of text or[Justify/Style]:j

此时用户可以进行如下几种选择：

直接指定文字的起始点，系统进一步提示用户指定文字的高度、旋转角度和文字内容：

Specify height<0.2000>：

Specify rotation angle of text<0>：

Enter text：

只有在当前文字样式没有固定高度时才提示用户指定文字高度。此外，用户可以连续输入多行文字，每行文字将自动放置在上一行文字的下方。但这种情况下每行文字均是一个独立的对象，其效果等同于连续使用多次"dtext"命令。

如果用户选择"Style(样式)"项，系统将提示用户指定文字样式：

Enter style name or[?]<Standard>：

用户可选择"?"选项查看所有样式，并选择其中一种，然后将返回上一层提示。

如果用户选择"Justify(对正)"项(缺省方式是左对齐)，系统将给出如下选项：

Enter an option[Align/Fit/Center/Middle/Right/TL/TC/TR/ML/MC/MR/BL/BC/BR]：

1)"Align(对齐)"：通过指定基线的两个端点来绘制文字。文字的方向与两点连线方向一致，文字的高度将自动调整，以使文字布满两点之间的部分，但文字的宽度比例保持不变。

2)"Fit(调整)"：通过指定基线的两个端点来绘制文字。文字的方向与两点连线方向一致。文字的高度由用户指定，系统将自动调整文字的宽度比例，以使文字充满两点之间的部分，但文字的高度保持不变。

3)"Center(中心)"、"Middle(中间)"和"Right(右)"：这三个选项均要求用户指定一点，并分别以该点作为基线水平中点、文字中央点或基线右端点，然后根据用户指定的文字高度和角度进行绘制。

(3)用户在输入文字时可使用特殊文字字符，如直径符号"ϕ"、角度符号"°"和加/减符号"±"等。这些特殊文字字符可用控制码来表示，使用户可以在文字中加入特殊符号或格式。所有的控制码用双百分号(%%)起头，随后跟着的是要转换的特殊字符，这些特殊字符调用相应的符号。这些特殊文字字符简介如下。

下划线(%%U)：用双百分号跟随字母"U"来给文字加下划线。

直径符号(%%C)：双百分号后跟字母C将建立直径符号。

加/减符号(%%P)：双百分号后跟字母P建立加/减符号。

角度符号(%%D)：双百分号后跟字母D建立角度符号。

上划线(%%O)：与下划线相似，双百分号后跟字母"O"在文字对象上加上划线。

特殊文字字符的组合方式：使用控制码来打开或关闭特殊字符。如第一个"%%U"表示为下划线方式，第二个"%%U"则关闭下划线方式。

31. 文字编辑命令

该命令对多行文字、单行文字以及尺寸标注中的文字均可适用，其调用方式有：

(1)工具栏："Text(文字)"→ **A⁄** ；

(2)菜单：【Modify(修改)】→【Object(对象)】→【Text(文字)】→【Edit…(编辑)】；

（3）命令行：ddedit（或别名 ed）。

调用该命令后，如果选择多行文字对象或标注中的文字，则出现"Multiline Text Editor（多行文字编辑器）"对话框，来改变全部或部分文字的高度、字体、颜色和调整位置等。

32. 尺寸标注

（1）线性标注用于测量并标记两点之间连线在指定方向上的投影距离，该命令的调用方式有：

1）工具栏："Dimension（标注）"→🖿；

2）菜单：【Dimension（标注）】→【Linear（线性）】；

3）命令：dimlinear（或别名 dli、dimlin）。

调用该命令后，系统提示用户指定两点，或选择某个对象：

Specify first extension line origin or<select object>：

然后给出如下选项：

Specify dimension line location or

[Mtext/Text/Angle/Horizontal/Vertical/Rotated]：

此时，用户可直接在指定标注的位置，或使用其他选项进一步设置：

1）"Mtext（多行文字）"：利用多行文本编辑器（Multiline Text Editor）来改变尺寸标注文字的字体、高度等。缺省文字为"<>"码，表示度量的关联尺寸标注文字。

2）"Text（文字）"：直接在命令行中指定标注文字。

3）"Angle（角度）"：改变尺寸标注文字的角度。

4）"Horizontal（水平）"：创建水平尺寸标注。

5）"Vertical（垂直）"：创建垂直尺寸标注。

6）"Rotated（旋转）"：建立指定角度方向上的尺寸标注。

（2）对齐标注用于测量和标记两点之间的实际距离，两点之间连线可以为任意方向。该命令的调用方式有：

1）工具栏："Dimension（标注）"→🖾；

2）菜单：【Dimension（标注）】→【Aligned（对齐）】；

3）命令：dimaligned（或别名 dal、dimali）。

该命令用法与线性标注相同，但没有"Horizontal"、"Vertical"和"Rotated"选项。

（3）半径标注用于测量和标记圆或圆弧的半径，该命令的调用方式有：

1）工具栏："Dimension（标注）"→🖾；

2）菜单：【Dimension（标注）】→【Aligned（半径）】；

3）命令：dimradius（或别名 dra、dimrad）。

调用该命令后，系统提示选择圆或圆弧对象，其他选项同线性标注命令。

Select arc or circle：

Dimension text=Current

Specify dimension line location or[Mtext/Text/Angle]：

生成的尺寸标注文字以 R 引导，以表示半径尺寸。圆形或圆弧的圆心标记可自动绘出。

（4）直径标注用于测量和标记圆或圆弧的直径，该命令的调用方式有：

1）工具栏："Dimension(标注)"→ ；

2）菜单：【Dimension(标注)】→【Diameter(直径)】；

3）命令：dimdiameter(或别名 ddi、dimdia)。

该命令用法与半径标注相同。生成的尺寸标注文字以 ∅ 引导，以表示直径尺寸。

（5）角度标注用于测量和标记角度值，该命令调用方式有：

1）工具栏："Dimension(标注)"→ ；

2）菜单：【Dimension(标注)】→【Angular(角度)】；

3）命令：dimangular(或别名 dan、dimang)。

调用该命令后，系统提示如下：

Select arc, circle, line, or <specify vertex>：

1）如果选择两条非平行直线，则测量并标记直线之间的角度。

2）如果选择圆弧，则测量并标记圆弧所包含的圆心角。

3）如果选择圆，则以圆心作为角的顶点，测量并标记所选的第一个点和第二个点之间包含的圆心角。

4）选择"specify vertex(指定顶点)"项，则需分别指定角点、第一端点和第二端点来测量并标记该角度值。

（6）引线标注用于通过引线将注释与对象连接。该命令的调用方式有：

1）工具栏："Dimension(标注)"→ ；

2）菜单：【Dimension(标注)】→【Leader(引线)】；

3）命令：qleader(或别名 le)。

调用该命令后，系统提示用户指定引线的起点：

Specify first leader point, or[Settings]<Settings>：

如果用户选择"Settings"选项，则弹出"Leader Settings(引线设置)"。

在该对话框中，"Annotation(注释)"选项卡中可设置注释的类型、多行文字的样式以及注释。复用选择；"Leader Line & Arrow(引线和箭头)"选项卡用于设置引线与箭头的样式；"Attachment(附着)"选项卡则用于设置引线和多行文字注释的位置。

完成设置后，用户需指定一个或多个引线点：

Specify next point：

Specify next point：

下面的提示与"Leader Settings(引线设置)"对话框所指定的注释类型有关：

除了"qleader"命令以外，AutoCAD 还提供了"leader"命令来创建引线标注。该命令与"qleader"命令功能相同，区别在于前者是在命令行中进行设置而不是使用对话框进行设置。该命令调用方式为：

命令行：leader(或别名 lead)。

（7）基线标注用于以第一个标注的第一条界线为基准，连续标注多个线性尺寸。每个新尺寸线会自动偏移一个距离以避免重叠。该命令调用方式有：

1）工具栏："Dimension(标注)"→ ；

2）菜单：【Dimension(标注)】→【Baseline(基线)】；

3）命令：dimbaseline(或别名 dba、dimbase)。

调用该命令后，系统将自动以最后一次标注的第一条界线为基准来创建标注，并提示用户指定第二条界线：

Specify second extension line origin or<select object>：

此时用户也可以选择"select object"项，来重新指定基准界线。该命令可连续进行多个标注，系统会自动按间隔绘制。

（8）连续标注用于以前一个标注的第二条界线为基准，连续标注多个线性尺寸。该命令调用方式有：

1）工具栏："Dimension(标注)"→▥ ；

2）菜单：【Dimension(标注)】→【Continue(连续)】；

3）命令：dimcontinue(或别名 dco、dimcont)。

该命令的用法与基线标注类似，区别之处在于该命令是从前一个尺寸的第二条尺寸界线开始标注而不是固定于第一条界线。此外，各个标注的尺寸线将处于同一直线上，而不会自动偏移。

（9）圆心标记用于标记圆或椭圆的中心点，该命令的调用方式有：

1）工具栏："Dimension(标注)"→⊕ ；

2）菜单：【Dimension(标注)】→【CenterMark(圆心标记)】；

3）命令：dimcenter(或别名 dce)。

调用该命令后系统将提示用户选择圆或圆弧对象，并以"＋"的形式来标记该圆心。

（10）坐标标注用于测量并标记当前 UCS 中的坐标点。该命令的调用方式有：

1）工具栏："Dimension(标注)"→▥ ；

2）菜单：【Dimension(标注)】→【Ordinate(坐标)】；

3）命令：dimordinate(或别名 dor、dimord)。

调用该命令后，系统提示用户指定一点：

Specify feature location：

系统将自动沿 X 轴或 Y 轴放置尺寸标注文字(x 或 y 坐标)，并提示用户确定引线的端点：

Specify leader endpoint or[Xdatum/Ydatum/Mtext/Text/Angle]：

在缺省情况下，系统自动计算指定点与引线端点之间的差。如果 X 方向差值较大，则标注 y 坐标，否则将标注 x 坐标。用户也可以通过选择"Xdatum"或"Ydatum"明确地指定采用 x 坐标还是 y 坐标来进行标注。

（11）快速标注命令用于同时标注多个对象。调用该命令的方式有：

1）工具栏："Dimension(标注)"→▨ ；

2）菜单：【Dimension(标注)】→【Quick Dimension(快速标注)】；

3）命令：qdim。

调用该命令后，系统提示用户选择对象：

Select geometry to dimension：

用户可同时选择多个对象，确认后系统进一步提示如下：

Specify dimension line position，or

[Continuous/Staggered/Baseline/Ordinate/Radius/Diameter/datumpoint/Edit]<continuous>：

各项意义如下：

1）"Continuous(连续)"：同时创建多个连续标注。

2）"Staggered(相交)"：同时创建多个相交标注。

3）"Baseline(基线)"：同时创建多个基线标注。

4）"Ordinate(坐标)"：同时创建多个坐标标注。

5）"Radius(半径)"：同时创建多个半径标注。

6）"Diameter(直径)"：同时创建多个直径标注。

7）"datumpoin(基准点)"：为基线和坐标标注设置新的基准点。

8）"Edit(编辑)"：从现有标注中添加或删除点。

33. 尺寸标注样式

通过标注样式，用户可进行如下定义：

（1）尺寸线、尺寸界线、箭头和圆心标记的格式和位置。

（2）标注文字的外观、位置和行为。

（3）AutoCAD 放置文字和尺寸线的管理规则。

（4）全局标注比例。

（5）主单位、换算单位和角度标注单位的格式和精度。

现在通过"Dimension Style Manager(标注样式管理器)"对话框来详细介绍标注样式的组成元素及其作用。

启动标注样式管理器的方式有：

（1）工具栏："Dimension(标注)"→ ；

（2）菜单：【Dimension(标注)】→【Style…(样式)】；

（3）命令行：dimstyle(或别名 d、dst、dimsty)。

调用该命令后，弹出"Dimension Style Manager(标注样式管理器)"对话框。

（1）"Lines and Arrows(直线和箭头)"选项卡：设置尺寸线、尺寸界线、箭头和圆心标记的格式和特性。标注中各部分元素的含义如图 2-18 所示。

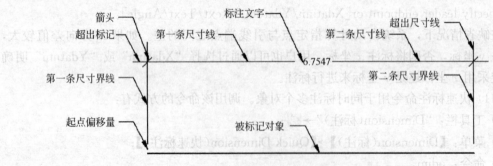

图 2-18 标注组成元素示意图

1）"Dimension Lines(尺寸线)"栏：

"Color(颜色)"：设置尺寸线的颜色；

"Lineweight(线宽)"：设置尺寸线的线宽；

"Extend beyond ticks(超出标记)"：设置超出标记的长度。该项在箭头被设置为

"oblique"、"Architectural tick"、"Dot small"、"Integral" 和 "None" 等类型时才被激活。

"Baseline spacing(基线间距)"：设置基线标注中各尺寸线之间的距离。

"Suppress(隐藏)"：分别指定第一、二条尺寸线是否被隐藏。

2) "Extension Lines(尺寸界线)" 栏：

"Color(颜色)"：设置尺寸界线的颜色。

"Lineweight(线宽)"：设置尺寸界线的线宽。

"Extend beyond dim(超出尺寸线)"：指定尺寸界线在尺寸线上方伸出的距离。

"Offset from origin(起点偏移量)"：指定尺寸界线到定义该标注的原点的偏移距离。

"Suppress(隐藏)"：分别指定第一、二条尺寸界线是否被隐藏。

3) "Arrowheads(箭头)" 栏：

"1st(第一个)"：设置第一条尺寸线的箭头类型；当改变第一个箭头的类型时，第二个箭头自动改变以匹配第一个箭头。

"2nd(第二个)"：设置第二条尺寸线的箭头类型。改变第二个箭头类型不影响第一个箭头的类型。

"Leader(引线)"：设置引线的箭头类型。

"Arrow size(箭头大小)"：设置箭头的大小。

4) "Center Marks for Circles(圆心标记)" 栏：

"Type(类型)"：设置圆心标记类型为 "None(无)"、"Mark(标记)" 和 "Line(直线)" 三种情况之一。其中 "Line" 选项可创建中心线。

"Size(大小)"：设置圆心标记或中心线的大小。

(2) "Text(文字)" 选项卡：设置标注文字的格式、放置和对齐。

1) "Text Appearance(文字外观)" 栏：

"Text style(文字样式)"：设置当前标注文字样式。

"Text color(文字颜色)"：设置标注文字样式的颜色。

"Text height(文字高度)"：设置当前标注文字样式的高度。注意，只有在标注文字所使用的文字样式中的文字高度设为 0 时，该项设置才有效。

"Fraction height scale(分数高度比例)"：设置与标注文字相关部分的比例。

"Draw frame around text(绘制文字边框)"：在标注文字的周围绘制一个边框。

2) "Text Placement(文字位置)" 栏：

"Vertical(垂直)"：设置文字相对尺寸线的垂直位置，见表 2-5。

文字相对尺寸线的垂直位置　　　　　　　　　　表 2-5

Centered(置中)	放在两条尺寸线中间
Above(上方)	放在尺寸线的上面
Outside(外部)	放在距离标注定义点最远的尺寸线一侧
JIS	按照日本工业标准放置

"Horizontal(水平)"：设置文字相对于尺寸线和尺寸界线的水平位置，见表 2-6。

文字相对尺寸线的水平位置 表 2-6

Centered(置中)	沿尺寸线放在两条尺寸界线中间
At Ext Line 1 (第一条尺寸界线)	沿尺寸线与第一条尺寸界线左对齐
At Ext Line 2 (第二条尺寸界线)	沿尺寸线与第二条尺寸界线右对齐
Over Ext Line 1 (第一条尺寸界线上方)	沿着第一条尺寸界线放置标注文字或放在第一条尺寸界线之上
Over Ext Line 2 (第二条尺寸界线上方)	沿着第二条尺寸界线放置标注文字或放在第二条尺寸界线之上

"Offset from dim line(从尺寸线偏移)"：设置文字与尺寸线之间的距离。

3)"Text Alignment(文字对齐)"栏：

"Horizontal(水平)"：水平放置文字，文字角度与尺寸线角度无关。

"Aligned with dimension line(与尺寸线对齐)"：文字角度与尺寸线角度保持一致。

"ISO Standard(ISO 标准)"：当文字在尺寸界线内时，文字与尺寸线对齐。当文字在尺寸界线外时，文字水平排列。

(3)"Fit(调整)"选项卡：设置文字、箭头、引线和尺寸线的位置。

1)"Fit Options(调整选项)"：根据两条尺寸界线间的距离确定文字和箭头的位置。如果两条尺寸界线间的距离够大时，AutoCAD 总是把文字和箭头放在尺寸线之间。否则，按如下规则进行放置：

"Either the text or the arrows，whichever fits best(文字或箭头，取最佳效果)"：尽可能地将文字和箭头都放在尺寸界线中，容纳不下的元素将放在尺寸界线外。

"Arrows(箭头)"：尺寸界线间距离仅够放下箭头时，箭头放在尺寸界线内而文字放在尺寸界线外。否则文字和箭头都放在尺寸界线外。

"Text(文字)"：尺寸界线间距离仅够放下文字时，文字放在尺寸界线内而箭头放在尺寸界线外。否则文字和箭头都放在尺寸界线外。

"Both text and arrows(文字和箭头)"：当尺寸界线间距离不足以放下文字和箭头时，文字和箭头都放在尺寸界线外。

"Always keep text between ext line(文字始终保持在尺寸界线之间)"：强制文字放在尺寸界线之间。

"Suppress arrows if they don't fit in the extension lines(若不能放在尺寸界线内，则隐藏箭头)"：如果尺寸界线内没有足够的空间，则隐藏箭头。

2)"Text Placement(文字位置)"：设置标注文字非缺省的位置。

"Beside the dimension line(尺寸线旁边)"：把文字放在尺寸线旁边。

"Over the dimension line，with a leader(尺寸线上方，加引线)"：如果文字移动到距尺寸线较远的地方，则创建文字到尺寸线的引线。

"Over the dimension line，without a leader(尺寸线上方，不加引线)"：移动文字时不改变尺寸线的位置，也不创建引线。

3)"Scale for Dimension Features(标注特征比例)"：设置全局标注比例或图纸空间

比例。

"Use overall scale of(使用全局比例)"：设置指定大小、距离或包含文字的间距和箭头大小的所有标注样式的比例。

"Scale dimension to layout(按布局缩放标注)"：根据当前模型空间视口和图纸空间的比例确定比例因子。

4) "Fine Tuning(调整选项)"：设置其他调整选项：

"Place text manually when dimenisioning(标注时手动放置文字)"：忽略所有水平对正设置，并把文字放在指定位置。

"Always draw dim line between ext line(始终在尺寸界线之间绘制尺寸线)"：无论AutoCAD 是否把箭头放在测量点之外，都在测量点之间绘制尺寸线。

（4）"Primary Units(主单位)"选项卡：设置主标注单位的格式和精度，设置标注文字的前缀和后缀。

1) "Linear Dimensions(线性标注)"：设置线性标注的格式和精度。

"Unit format(单位格式)"：设置标注类型的当前单位格式(角度除外)。

"Precision(精度)"：设置标注的小数位数。

"Fraction format(分数格式)"：设置分数的格式。

"Decimal(小数分隔符)"：设置十进制格式的分隔符。

"Round off(舍入)"：设置标注测量值的四舍五入规则(角度除外)。

"Prefix(前缀)"：设置文字前缀，可以输入文字或用控制代码显示特殊符号。如果指定了公差，AutoCAD 也给公差添加前缀。

"Suffix(后缀)"：设置文字后缀。可以输入文字或用控制代码显示特殊符号。如果指定了公差，AutoCAD 也给公差添加后缀。

"Measurement Scale(测量单位比例)"：设置线性标注测量值的比例因子(角度除外)。如果选择 "Apply to layout dimensions only(仅应用到布局标注)"项，则仅对在布局里创建的标注应用线性比例值。

"Zero Suppression(消零)"：设置前导(Leading)和后续(Trailing)零是否输出。

2) "Angular Dimension(角度标注)"：显示和设置角度标注的格式和精度。

"Units format(单位格式)"：设置角度单位格式。

"Precision(精度)"：设置角度标注的小数位数。

"Zero Suppression(消零)"：设置前导(Leading)和后续(Trailing)零是否输出。

（5）"Alternate Units(换算单位)"选项卡：设置换算测量单位的格式和比例。

1) "Linear Dimensions（线性标注）"：设置换算单位的格式和精度，与 "Primary Units"选项卡中基本相同，不同的项目为：

"Multiplier for alt(换算单位乘法器)"：设置主单位和换算单位之间的换算系数。

2) "Zero Suppression(消零)"：设置前导(Leading)和后续(Trailing)零是否输出。

3) "Placement(位置)"：设置换算单位的位置。

"After primary value(主单位后)"：放在主单位之后。

"Below primary value(主单位下)"：放在主单位下面。

（6）"Tolerances(公差)" 选项卡：控制标注文字中公差的格式。

1）"Tolerance Format(公差格式)"：设置公差格式。

"Method(方式)"：设置计算公差的方式，见表 2-7，包括：

计算公差的方式　　　　　　　　　　　　　　　　　　表 2-7

None(无)	无公差
Symmetrical(对称)	添加公差的加/减表达式，把同一个变量值应用到标注测量值
Deviation(极限偏差)	添加加/减公差表达式，把不同的变量值应用到标注测量值
Limits(极限尺寸)	创建有上下限的标注，显示一个最大值和一个最小值
Basic(基本尺寸)	创建基本尺寸，AutoCAD 在整个标注范围四周绘制一个框

"Precision(精度)"：设置小数位数。

"Upper value(上偏差)"：显示和设置最大公差值或上偏差值。当在 "Method" 里选择上了 "Symmetrical" 时，AutoCAD 把该值作为公差。

"Lower value(下偏差)"：显示和设置最小公差值或下偏差值。

"Scaling for height(高度比例)"：显示和设置公差文字的当前高度。

"Vertical(垂直位置)"：控制对称公差和极限公差的文字对齐方式。

"Zero Suppression(消零)"：设置前导(Leading)和后续(Trailing)零是否输出。

2）"Alternate Unit Tolerance(换算单位公差)"：与 "Alternate Unit" 选项卡中相同。

(7) "dimstyle" 命令可透明地使用，并具有相应的命令行形式 "-dimstyle"。

34. 编辑尺寸标注

AutoCAD 中提供了如下几种用于编辑标注的命令。

(1) DIMEDIT 命令

"dimedit" 命令可以同时改变多个标注对象的文字和尺寸界线，其调用格式为：

命令行：dimedit(或别名 ded、dimed)

调用该命令后，系统提示用户选择编辑选项：

Enter type of dimension editing[Home/New/Rotate/Oblique]＜Home＞：

1）"Home(缺省)"：用于将指定对象中的标注文字移回到缺省位置。

2）"New(新建)"：选择该项将调用多行文字编辑器，用于修改指定对象的标注文字。

3）"Rotate(旋转)"：用于旋转指定对象中的标注文字，选择该项后系统将提示用户指定旋转角度，如果输入 0 则把标注文字按缺省方向放置：

Specify angle for dimension text：45

4）"Oblique(倾斜)"：调整线性标注尺寸界线的倾斜角度，选择该项后系统将提示用户选择对象并指定倾斜角度：

Select objects：

Enter obliquing angle(press ENTER for none)：

(2) DIMTEDIT 命令

"dimtedit" 命令用于移动和旋转标注文字，其调用格式为：

命令行：dimtedit(或别名 dimted)

调用该命令后，系统提示用户选择对象并给出编辑选项：

Select dimension：

Specify new location for dimension text or[Left/Right/Center/Home/Angle]：

用户可直接指定文字的新位置：

1）"Left(左)"：沿尺寸线左移标注文字。本选项只适用于线性、直径和半径标注。

2）"Right(右)"：沿尺寸线右移标注文字。本选项只适用于线性、直径和半径标注。

3）"Center(中心)"：把标注文字放在尺寸线的中心。

4）"Home(缺省)"：将标注文字移回缺省位置。

5）"Angle(角度)"：指定标注文字的角度。输入零度角将使标注文字以缺省方向放置。

2.2　AutoCAD 与高级语言的接口

在工程设计中，经常采用高级语言（如 FORTRAN、C 等）编程进行计算，然后根据计算的结果进行绘图工作。但由于 AutoCAD 的命令不能由这些语言的程序来直接调用，而且在实际应用中，经常遇到将图形数据传输到高级语言程序中和从高级语言程序向绘图系统传输数据的问题。为了实现科学计算与计算机绘图的一体化，需要掌握 AutoCAD 与高级语言的接口技术。

AutoCAD 与高级语言最常用的接口形式是采用脚本文件（SCR 文件）和图形交换文件（DXF 文件）。

2.2.1　脚本文件的格式及执行

1. 脚本文件的格式

把一系列的 AutoCAD 命令和参数组合在一起构成一命令序列，相当于一个程序，调用它，就可按指定顺序执行这些命令（类似于 DOS 中的批处理功能），这个命令序列称为脚本（或命令组）。把脚本以文件的形式存储在磁盘上，就称为脚本文件，其文件类型为".SCR"，是一种 ASCII 码文本文件。

下面是一个画矩形并写出字符"RECTANGLE"的命令组文件，文件名为 RE-CT.SCR。

LINE 10,10 80,10 80,60 10,60 C

TEXT 15,65 7.0 0 RECTANGLE

上述文件第一行的"LINE"为 AutoCAD 的画线命令，其后跟矩形四个顶点的坐标。各点的坐标之间用空格分开。行末的"C"表示直线封闭（Close）并结束画线命令。第二行的"TEXT"是写文字命令，其后跟文字起点坐标、字高和写文字的角度，最后的"RECTANGLE"是要写的文字内容。该文件的执行结果如图 2-19 所示。

命令组文件可以用任意编辑器编写，例如记事本，只要把文件存为 SCR 后缀即可，也可以用高级语言生成。文件中的空格要求很严格，每一个空格起一个回车作用。AutoCAD 在执行命令组文件时，在每行结束处会自动加一回车。

为了加深对命令组文件的理解，建议读者用交互方式完成

图 2-19　RECT.SCR 文件所绘图形

该图，并记录操作过程与该命令组文件对照。

下面是用全屏幕编辑程序建立一个画 A3 图框的命令组文件，文件名为 A3. SCR。

文件建立过程如下：

打开记事本文件，编辑如下内容并存储为：A3. SCR

LIMITS 0,0 430,307

ZOOM A

LINE 0,0 420,0 420,297 0,297 C

PLINE 25,5 W 0.5 0.5 415,5 415,292 25,292 C

以上内容输入后存盘退出。该文件的执行结果如图 2-20 所示。

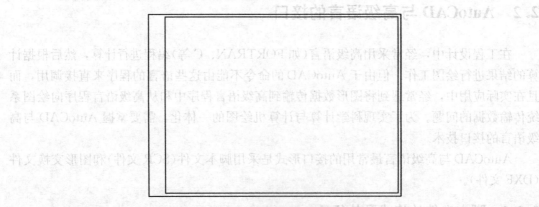

图 2-20　A3. SCR 文件所绘图形

例 2-2：绘制桥梁墩帽的脚本文件。

;绘制桥墩帽梁

;输入命令

pline

;输入起点坐标

100,200

;定义线宽

W

0.3

0.3

;绘制梁顶

102.2,200 102.2,197.6 214.5,197.6 214.5,200 216.7,200 216.7,192.2 196.4,187.6

120.3,187.6 100,192.2 C

;绘制梁底和侧面

;显示全图

Zoom A

在 AutoCAD 系统外，用任一文本编辑软件输入上述文件内容，然后将其存入名为 x. SCR 的文件中，退出，需要特别注意的是，所有文本行左侧不能留空格，所有标点符号均用半角字符格式，绘图如图 2-21 所示。

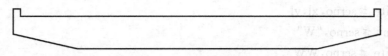

图 2-21 x. SCR 文件所绘图形

2. 脚本文件的执行

调用该脚本文件绘图的方法为：在 AutoCAD 提示符"命令(Commnd)："状态下，键入 SCRIPT 将显示选择脚本文件对话框，在对话框中根据路径找到存储的 x. SCR 文件即可绘制出图形。

2.2.2 用高级语言生成脚本文件

下面是利用 Visual Basic6.0 编制的各种基本图形绘制、文字注解、尺寸标注、格式定义的子程序。由这些程序形成的中间文件 * . SCR 被 AutoCAD 调用后可以直接得到系统界面的设计图形。虽然它不如程序类开发的自动化程度高，但是由于它使用方便，思路清晰：可以作为二次开发人员的入门学习素材，也可以完成路桥设计图的绘制。

根据上节所述的脚本文件格式，可以编写生成脚本文件的接口子程序。下面给出一些生成 AutoCAD 常用命令的子程序：

1. 多义线绘制子程序

（1）多义线起点绘制子程序

```
Sub Plinestart(scrno,xianxing $ ,xl,yl,WW,xxbl)
If xianxing $ = "hidden"Or xianxing $ = "HIDDEN"Then
                Print ♯scrno,"linetype"
                Print ♯scrno,"set"
                Print ♯scrno,"hidden"
Else
    If xianxing $ = "center"Or xianxing $ = "CENTER"Then
        Print ♯scrno,"linetype"
        Print ♯scrno,"set"
        Print ♯scrno,"center"
    Else
        Print ♯scrno,"linetype"
        Print ♯scrno,"set"
        Print ♯scrno,"continuous"
    End If
End If
    Print ♯scrno,""
    Print ♯scrno,"ltscale"
    Write ♯scrno,xxbl
    Print ♯scrno,"PLINE"
```

```
        Write #scrno,xl,yl
        Print #scrno,"W"
        Write #scrno,WW
        Write #scrno,WW
    End Sub
```

（2）多义线中间点子程序

```
Sub Plinemid(scrno,x2,y2)
        Write #scrno,x2,y2
    End Sub
```

（3）多义线结束绘制子程序

```
Sub Plineend(scrno)
        Print #scrno,""
    End Sub
```

（4）多义线圆弧绘制子程序

```
Sub Plarc(scrno,dx,dy,jiaodu)
        Print #scrno,"arc"
        Print #scrno,"angle"
        Write #scrno,jiaodu
        Print #scrno,"@";
        Write #scrno,dx,dy '相对坐标
    End Sub
```

（5）采用相对直角坐标绘制多义线中间点的子程序

```
Sub Plinexdmid(scrno,dx,dy)
        Print #scrno,"@";
        Write #scrno,dx,dy
    End Sub
```

2. 画弧子程序

```
Sub Arcplot(scrno,k,xa,ya,xb,yb,xc,yc)
    Print #scrno,"ARC"
    If k=1 Then
        Write #scrno,xa,ya
        Write #scrno,xb,yb
        Write #scrno,xc,yc
    ElseIf k=2 Then
        Write #scrno,xa,ya
        Print #scrno,"C"
        Write #scrno,xb,yb
        Write #scrno,xc,yc
    ElseIf k=3 Then
```

```
        Write ♯scrno,xa,ya
        Print ♯scrno,"C"
        Write ♯scrno,xb,yb
        Print ♯scrno,"A"
        Write ♯scrno,xc
    ElseIf k=4 Then
        Write ♯scrno,xa,ya
        Print ♯scrno,"E"
        Write ♯scrno,xb,yb
        Print ♯scrno,"A"
        Write ♯scrno,xc
    ElseIf k=5 Then
        Write ♯scrno,xa,ya
        Print ♯scrno,"E"
        Write ♯scrno,xb,yb
        Print ♯scrno,"R"
        Write ♯scrno,xc
    End If
End Sub
```

该子程序生成画圆弧的 SCR 指令。其中(xa，ya)是圆弧的起点坐标，k 是画圆弧的方式代码：

k=1，按三点方式画圆弧，(xa，ya)和(xb，yb)分别是第二、第三点的坐标；

k=2，按起点、中心、终点方式画圆弧，(xb，xb)和(xc，xc)分别是中心和终点的坐标；

k=3，按起点、中心角度方式画圆弧，(xb，yb)是中心的坐标，xc 是角度值；

k=4，按起点、终点角度方式画圆弧，(xb，yb)是终点的坐标，xc 是角度值；

k=5，按起点、终点半径方式画圆弧，(xb，yb)是终点的坐标，xc 是半径值。

3. 画圆子程序

```
Sub Circlelplot(scrno,x0,y0,D,k)
    Print ♯scrno,"CIRCLE"
    Write ♯scrno,x0,y0
    If k=1 Then
        Write ♯scrno,D
    Else
        Print ♯scrno,"D"
        Write ♯scrno,D
    End If
End Sub
Sub Cirele3pplot(scrno,xa,ya,xb,yb,xc,yc)
    Print ♯scrno,"CIRCLE"
```

```
        Print #scrno,"3P"
        Write #scrno,xa,ya
        Write #scrno,xb,yb
        Write #scrno,xc,yc
    End Sub
```

该子程序生成画圆的 SCR 指令,其中(x0,y0)是圆心的坐标,k 是画圆的方式代码。
k=1 时 d 为半径值,否则 d 为直径值。

4. 圆环绘制子程序

```
    Sub Donutplot(scrno,INSIDE,OUTSIDE,xc,yc)
        Print #scrno,"DONUT"
        Write #scrno,INSIDE
        Write #scrno,OUTSIDE
        Write #scrno,xc,yc
        Print #scrno,""
    End Sub
```

5. 画点子程序

```
    Sub Pointplot(scrno,PDMODE,PDSIZE,xc,yc)
        Print #scrno,"PDMODE"
        Write #scrno,PDMODE
        Print #scrno,"PDSIZE"
        Write #scrno,PDSIZE
        Print #scrno,"Point"
        Write #scrno,xc,yc
    End Sub
```

6. 画剖面线子程序

```
    Sub hatch(scrno,PATTT,winx1,winy1,winx2,winy2,pat,d,angle)
        Print #scrno,"HATCH"
        Print #scrno,"PATTT"
        Write #scrno,d
        Write #scrno,angle
    If winx2=0 Then
        Write #scrno,winx1,winy1
    Else
        Print #scrno,"W"
        Write #scrno,winx1,winy1
        Write #scrno,winx2,winy2
    End If
        Print #scmo,""
    End Sub
```

该子程序生成画剖面线的 SCR 指令。其中(winx1，winy2)和(winx2，winy2)分别是窗选法选择填充区域的窗口两角点的坐标。如果 winx2＝0，则用点选法选择封闭轮廓。PATTT 用以制定所画剖面线的类型，d 是剖面线间距，angle 是剖面线角度。

7. 设置颜色子程序

```
Sub color(scrno,n)
    Print ♯scrno,"COLOR"
    Write ♯scrno,n
End Sub
```

该子程序设置绘图的颜色，其中参数 n 是 AUTOCAD 规定的颜色号。

8. 平移子程序

```
Sub movefl(scrno,xx1,yy1,xx2,yy2,xx0,yy0,xx3,yy3)
    Print ♯scrno,"MOVE W"
    Write ♯scrno,xx1,yy1
    Write ♯scrno,xx2,yy2
    Print ♯scrno,""
    Write ♯scrno,xx0,yy0
    Write ♯scrno,xx3,yy3
End Sub
```

该子程序生成平移的 SCR 指令。其中(xx1，yy1)和(xx2，yy2)分别是窗选法选择平移目标的窗口两角点的坐标，(xx0，yy0)是基点坐标，(xx3，yy3)是目标点坐标。

9. 旋转子程序

```
Sub rotate(scrno,x1,y1,x2,y2,x0,y0,D)
    Print ♯scrno,"ROTATE W"
    Write ♯scrno,x1,y1
    Write ♯scrno,x2,y2
    Print ♯scrno,""
    Write ♯scrno,x0,y0
    Write ♯scrno,D
End Sub
```

该子程序生成平移的 SCR 指令。其中(x1，y1)和(x2，y2)分别是窗选法选择旋转目标的窗口两角点的坐标，(x0，y0)是旋转基点坐标，D 是旋转角度值。

10. 删除实体子程序

```
Sub erasepl(scrno,x1,y1,x2,y2)
    Print ♯scrno,"ERASE W"
    Write ♯scrno,x1,y1
    Write ♯scrno,x2,y2
    Print ♯scrno,""
End Sub
```

该子程序生成删除实体的 SCR 指令。其中(x1，y1)和(x2，y2)分别是窗选法选择删除目标的窗口两角点的坐标。

11. 镜像反射子程序

```
Sub mirror(scrno,winx1,winy1,winx2,winy2,x0,y0,x1,y1,N)
    Print #scrno,"MIRROR W"
    Write #scrno,winx1,winy1
    Write #scrno,winx2,winy2
    Print #scrno,""
    Write #scrno,x0,y0
    Write #scrno,x1,y1
    If N=0 Then
       Print #scrno,"NO"
    Else
       Print #scrno,"YES"
    End If
End Sub
```

该子程序生成镜像反射的 SCR 指令。其中(winx1，winy1)和(winx2，winy2)分别是用窗选法选择反射目标的窗口两角点的坐标，(x0，y0)和(x1，y1)分别是反射线上两点坐标。如果 N＝0，则反射后不删除原有目标，否则删除原有目标。

12. 文字、标注子程序

(1) 多行文字绘制子程序

```
Sub Mutitext(scrno,xa,ya,xb,yb,texthighth,text$)
    Print #scrno,"-style"
    Print #scrno,""
    Print #scrno,"simsun. ttf"
    Write #scrno,texthighth
    Write #scrno,0. 7
    Write #scrno,0
    Print #scrno,""
    Print #scrno,""
    Print #scrno,"mtext"
    Write #scrno,xa,ya
    Write #scrno,xb,yb
    Print #scrno,text$
    Print #scrno,""
End Sub
```

(2) 单行文字绘制子程序

```
Sub text(scrno,xa,ya,texthighth,angle,text$)
    Print #scrno,"-style"
    Print #scrno,""
```

```
        Print #scrno,""
        Write #scrno,texthighth
        Write #scrno,0.7
        Write #scrno,0
        Print #scrno,"N"
        Print #scrno,"N"
        Print #scrno,"N"
        Print #scrno,"text"
        Write #scrno,xa,ya
        Write #scrno,angle
        Print #scrno,text$
End Sub
```

（3）线性标注子程序

```
Sub Biaozhu(scrno,xa,ya,xb,yb,xc,yc,text$)
        Print #scrno,"dimlinear"
        Write #scrno,xa,ya
        Write #scrno,xb,yb
        Print #scrno,"text"
        Print #scrno,text$
        Write #scrno,xc,yc
End Sub
```

（4）半径、直径、角度尺寸标注子程序

```
Sub Dima(scrno,xa,ya,xb,yb,xc,yc,text$,k)
        Print #scrno,"DIM"
     If k=1 Then
        Print #scrno,"RAD"
        Write #scrno,xa,ya
        Print #scrno,"R"
        Print #scrno,text$
     ElseIf k=2 Then
        Print #scrno,"DLA"
        Write #scrno,xa,ya
        Print #scrno,"%%C"
        Print #scrno,text$
     Else
        Print #scrno,"ANG"
        Write #scrno,xa,ya
        Write #scrno,xb,yb
        Write #scrno,xc,yc
```

```
      Print ＃scrno,text $
      Print ＃scrno,"％％D"
   End If
      Print ＃scrno,"exit"
End Sub
```

该子程序生成标注半径、直径和角度尺寸的 SCR 指令。其中（xa，ya）是圆、圆弧或形成一定夹角的两直线之一上的某坐标，（xb，yb）是形成夹角的另一直线上某点的坐标，（xc，yc）是夹角尺寸弧线上的某一点的坐标，text $ 是尺寸数值，k 是尺寸标注类型代码。如果 k＝1，则标注半径尺寸，若 k＝2 则标注直径尺寸，否则标注角度尺寸。

13. 延伸子程序

```
Sub extend(scrno,XA,YA,XB,YB)
      Print ＃scrno,"extend"
      Write ＃scrno,XA,YA
      Print ＃scrno,""
      Write ＃scrno,XB,YB
End Sub
```

14. 绘制直线子程序

```
Sub PLOTLINE(scrno,X5()As Double,Y5()As Double,N)
   Print ＃scrno,"LINE"
   For I＝1 To N
   Write ＃scrno,X5(I),Y5(I)
   Next I
Print ＃scrno,""
End Sub
```

2.2.3　脚本语言应用

本节中用到的子程序均来自上节。

1. 例 2-1 横断面图绘制

（1）已知数据

表 2-8 给出横断面数据。

横　断　面　数　据　　　　　　　　　　　表 2-8

桩号 (m)	中桩地 面标高 (m)	高差平距				中桩设 计高程 (m)	路基横坡		路基边坡	
		左　　侧		右　　侧			路面	路肩	路堤	路基
		相邻平距	高差	相邻平距	高差					
K12＋80	96.500	−3.75 −7.53	0.23 0.10	1.56 2.19 7.35	−0.35 −0.21 −1.29	98	2	3	1：1.5	1：1
K12＋120	96.000	−3.25 −7.34	−0.20 −1.20	2.5 10.9	3.6 5.2	98	2	3	1：1.5	1：1
K12＋160	100.500	−15.62	−3.35	16.8	3.50	98	2	3	1：1.5	1：1

（2）VB 程序编制和数据文件

1）VB 程序框图如图 2-22 所示。

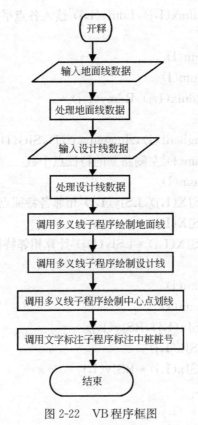

图 2-22 VB 程序框图

2）程序源代码

```
Private Sub COMMAND1_CLICK()
Dim I,j,hdmsj As Integer
    hdmsj=61
    Open"e:\横断面设计图文件.scr"For Output As #hdmsj
    Open"e:\hdmdmx.txt"For Input As #89
    Open"e:\hdmsjc.txt"For Input As #90
    '读入地面线数据
    Input #89,NuMdm '读入断面个数
    ReDim Ldmx(NuMdm,20),Ldmy(NuMdm,20),Rdmx(NuMdm,20),Rdmy
(NuMdm,20),zhanghao1(NuMdm),zhanghao2(NuMdm),DMG(NuMdm),Lnum
(NuMdm),Rnum(NuMdm)As Single
    ReDim ISJX(NuMdm,20),LSJy(NuMdm,20),RSJx(NuMdm,20),RSJy(NuM-
dm,20),SJG(NuMdm),Lsjnum(NuMdm),Rsjnum(NuMdm)As Single
    For I=1 To NuMdm
        Input #89,zhanghao1(I),zhanghao2(I),DMG(I)'读入桩号和地面高程
```

```
        Input ♯89,Lnum(I) '读入左侧的特征点个数
        For j=1 To Lnum(I)
            Input ♯89,Ldmx(I,j),Ldmy(I,j) '读入各点平距和高差
        Next j
        Input ♯89,Rnum(I)
        For j=1 To Rnum(I)
            Input ♯89,Rdmx(I,j),Rdmy(I,j)
    Next j
    Input ♯90,zhuanghao1(I),zhuanghao2(I),SJG(I) '读入桩号和中桩设计高程
    Input ♯90,Lsjnum(I) '左侧路基的特征点个数
    For j=1 To Lsjnum(I)
        Input ♯90,ISJX(I,j),LSJy(I,j) '相邻各特征点连线的平距和坡度
        ISJX(I,j)=ISJX(I,j)
        LSJy(I,j)=-ISJX(I,j)＊LSJy(I,j) '计算相邻特征点的高差
    Next j
    Input ♯90,Rsjnum(I)
    For j=1 To Rsjnum(I)
        Input ♯90,RSJx(I,j),RSJy(I,j)
        RSJx(I,j)=RSJx(I,j)
        RSJy(I,j)=RSJx(I,j)＊RSJy(I,j)
    Next j
Next I
'绘制横断面地面线
zzwz=0 '中桩的横向位置
For I=1 To NuMdm
Call Plinestart(hdmsj,"center",zzwz,(I-1)＊20+DMG(I),0,0.02)
Call Plinexdmid(hdmsj,zzwz,5)
Call Plineend(hdmsj)
Call Plinestart(hdmsj,"con",zzwz,(I-1)＊20+DMG(I),0.05,1)
For j=1 To Lnum(I)
        Call Plinexdmid(hdmsj,Ldmx(I,j),Ldmy(I,j))
Next j
Call Plineend(hdmsj)
Call Plinestart(hdmsj,"con",zzwz,(I-1)＊20+DMG(I),0.05,1)
For j=1 To Rnum(I)
        Call Plinexdmid(hdmsj,Rdmx(I,j),Rdmy(I,j))
Next j
Call Plineend(hdmsj)
Next I
```

```
'绘制横断面设计线
For I=1 To NuMdm
    Call Plinestart(hdmsj,"con",zzwz,(I - 1) * 20+SJG(I),0.1,1)
    For j=1 To Lsjnum(I)
        Call Plinexdmid(hdmsj,ISJX(I,j),LSJy(I,j))
    Next j
    Call Plineend(hdmsj)
    Call Plinestart(hdmsj,"con",zzwz,(I - 1) * 20+SJG(I),0.1,1)
    For j=1 To Rsjnum(I)
        Call Plinexdmid(hdmsj,RSJx(I,j),RSJy(I,j))
    Next j
    Call Plineend(hdmsj)
Next I
'标注桩号
For I=1 To NuMdm
    Call text(hdmsj,zzwz - 3.5,(I - 1) * 20+DMG(I)- 5,1,0,"K"+"+"+"+Str $
(zhuanghao1(I))+"+"+Str $ (zhuanghao2(I)))
    Next I
Close
End Sub
```

3) 数据文件

① 地面线数据文件 hdmdmx. txt

```
3
12,80,96.500
2
−3.75,0.23,−7.53,0.10
3
1.56,−0.35,2.19,−0.21,7.35,−1.29
12,120,96.000
2
−3.25,−0.20,−7.34,−1.20
2
2.5,3.6,10.9,5.2
12,160,100.500
1
−15.62,−3.35
1
16.8,3.50
```

② 设计线数据 hdmsjc. txt

```
12,80,98
3
-3.5,-0.02,-0.75,-0.03,-7.5,-0.667
3
3.5,-0.02,0.75,-0.03,7.5,-0.667
12,120,98
3
-3.5,-0.02,-0.75,-0.03,-7.5,-0.667
7
3.5,-0.02,0.75,-0.03,1,-1.0,1,0,1,1,1,0,5,2
12,160,98
7
-3.5,-0.02,-0.75,-0.03,-1,-1.0,-1,0,-1,1,-1,0,-5,2
7
3.5,-0.02,0.75,-0.03,1,-1.0,1,0,1,1,1,0,5,2
```

4）输出成果，在 AUTOCAD 中输入 SCRIPT 命令，在对话框中打开生成的"横断面设计 . SCR"文件，AUTOCAD 执行命令，生成如图 2-23 所示图形。

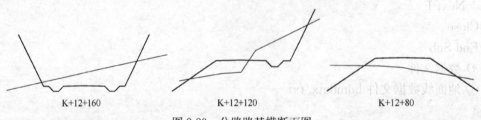

图 2-23　公路路基横断面图

2. 例 2-2 钢筋构造图的绘制

以直角弯钩钢筋的绘制为例，绘制钢筋所需的参数有：钢筋各段长度、弯钩处的半径、钢筋直径等。在程序中通过读取这些参数，形成绘制钢筋的文件，并在图形界面得到钢筋的设计图形。

1）VB 源程序

```
Private Sub COMMAND2_CLICK()
Dim I,j,gjhz As Integer
gjhz=62
Open"e:\钢筋绘制 . scr"For Output As #gjhz
XO=100;YO=100
Call Plinestart(gjhz,"con",XO,YO,1,1)
dx=0;dy=-6
Call Plinexdmid(gjhz,dx,dy)
dx=6;dy=-6
Call Plarc(gjhz,dx,dy,90)
```

```
Print #gjhz,"L"
dx=50:dy=0
Call Plinexdmid(gjhz,dx,dy)
Call Plineend(gjhz)
Call Biaozhu(gjhz,100,100,100,94,94,97,"6")
Call Biaozhu(gjhz,106,88,156,88,130,82,"50")
Call Dima(gjhz,100,90,xb,yb,xc,yc,"6",1)
Close #scrno
End Sub
```

2) 生成的脚本文件钢筋绘制 .scr：

```
linetype
set
continuous
ltscale
1
PLINE
100,100
W
1
1
@0,-6
arc
angle
90
@6,-6
L
@50,0
dimlinear
100,100
100,94
text
6
94,97
dimlinear
106,88
156,88
text
50
130,82
```

```
DIM
RAD
100,90
6
exit
```

3）在 AUTOCAD 中用 SCRIPT 命令输入脚本文件"钢筋绘制.scr"得到如图 2-24 所示的图形结果。

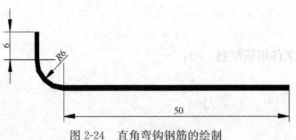

图 2-24　直角弯钩钢筋的绘制

3. 例 2-3 绘制轴的剖面

（1）VB 源程序

```
Private Sub COMMAND4_CLICK()
        Dim axsi As Integer
        axsi=64
        Open"e:\sanwie. scr"For Output As #axsi
        Open"e:\san. txt"For Input As #65
        Input #65,N,x0,y0
        For I=1 To N
        Input #65,k,D,l,C,R,B,L1,dx
        If k=−1 Then x0=x0+1
          Call AXIS(axsi,x0,y0,D,l,C,R,B,L1,dx,k)
          If k<>−1 Then x0=x0+1
        Next I
        Close
End Sub
        Sub AXIS(axsi,x0,y0,D,l,C,R,B,L1,dx,k)
        Dim X(6)As Double
        Dim Y(6)As Double
        x1=x0+1 * k
        y1=y0+D/2+R
        X(1)=x1−R * k
        Y(1)=y0+D/2
        X(2)=x0+C * k
        Y(2)=Y(1)
```

```
X(3)=x0
Y(3)=Y(2)-C
X(4)=x0
Y(4)=y0-D/2+C
X(5)=X(2)
Y(5)=y0-D/2
X(6)=X(1)
Y(6)=Y(5)
y2=y0-D/2-R
If k<>0 Then Call PLOTLINE(axsi,X(),Y(),6)
If R<>0 Then
    If k<>0 Then
    Call Arcplot(axsi,5,X(1),Y(1),x1,y1,R,0)
     Call Arcplot(axsi,5,x1,y2,X(6),Y(6),R,0)
    Else
    Call Arcplot(axsi,5,x1,y1,X(1),Y(1),R,0)
     Call Arcplot(axsi,5,X(1),Y(6),x1,y2,R,0)
    End If
End If
If C<>0 Then
    X(1)=X(2)
    X(2)=X(5)
    Y(1)=Y(2)
    Y(2)=Y(5)
Call PLOTLINE(axsi,X(),Y(),2)
End If
If B<>0 Then
    X(1)=x0+(dx+B/2)*k
    Y(1)=y0+B/2
    X(2)=X(1)+(L1-B)*k
    Y(2)=y0+B/2
    Call PLOTLINE(axsi,X(),Y(),2)
    Y(1)=y0-B/2
    Y(2)=Y(1)
    Call PLOTLINE(axsi,X(),Y(),2)
     Call Arcplot(axsi,4,X(1),y0+B/2,X(1),Y(1),180*k,0)
    Call Arcplot(axsi,4,X(2),Y(1),X(2),y0+B/2,180*k,0)
End If
If k=0 Then
```

$X(1)=x0+l$

$Y(1)=y0+D/2$

$X(2)=x0$

$Y(2)=Y(1)$

$X(3)=X(2)$

$Y(3)=y0-D/2$

$X(4)=X(1)$

$Y(4)=Y(3)$

$X(5)=X(1)$

$Y(5)=Y(1)$

Call PLOTLINE(axsi,X,Y,5)

End If

End Sub

(2) 数据文件

5,20,50

1,25,55,3,3,6,42,5

0,31,80,0,0,0,0,0,0

1,37,45,0,5,10,35,7

0,47,6,0,0,0,0,0,0

—1,31,30,3,0,0,0,0,0

(3) 在 AUTOCAD 中用 SCRIPT 命令输入脚本文件"sanwie. scr"得到如图 2-25 所示的图形结果。

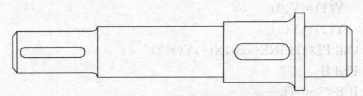

图 2-25　轴的剖面绘制结果

2.2.4　型文件

1. 型与型文件的概念

型是一种能用直线、圆弧和圆来定义的特殊实体，它可以很方便地绘制到图形中去，并且在绘入图形的时候，可以按需要指定比例系数及旋转角度，以获得不同的位置和大小。通常用于文字和符号的定义、建立文字库、符号库。

在 AutoCAD 中，型从定义到绘入图中必须经过以下步骤：

(1) 按型定义格式进行型的定义。

(2) 用文本编辑或字处理软件建立型文件，型文件类型为". shp："。

(3) 对已生成的型文件(. shp 类型)，进行编译，生成". shx"。

(4) 用 LOAD 命令装入型文件(. shx 类型)。

(5) 用 SHAPE 命令绘入图中。

"型"与"块"有某些相似之处，块提供了定义和使用图形零件库的主要方法。块在各方面都有其通用性，较型易学易用。但型本身占用空间小，被引用时，绘制速度快，故比块效率高。AUTOCAD 中的文字字型都是用型来定义的。

定义型的文件称为型文件，型文件类型为".shp;"它包括具有特殊格式的文本。

2. 型的定义

每个型文件包含两部分信息，一部分被称作标题行，另一部分被称作为描述码。

(1) 标题行

在型文件中，以一个"＊"号开始的行为标题行，表示一个型定义的开始，各式如下：

＊<型的编号>,<定义型所需字节数>,<型的名称>

【说明】　1)"型的编号"是型的惟一标记，它占一个字节，标号范围是 1~255 之间的整数，其中 1~129 是由系统占用的，因此用户定义型时所选取的编号范围应是 130~255 之间的整数。

2)"定义型所需字节数"是描述一个型定义所需的字节总数，最多为 2000 个字节。

3)"型名称"须用大写字母标记。

(2) 描述码

继标题行之后便是描述行，它是由以逗号隔开的若干描述码组成的。描述码描述了型的构成。

1) 标准直线段描述码

欲确定一条已知起点的直线段，须确定它的方向和长度。规定用一个字节的高 3 位描述该线段的长度，低 3 位描述它的方向。这样长度和方向的取值范围就都是 0~15(或十六进制的 0~f)。长度值 0~15 分别表示 0~15 个长度单位；方向值 0~15 分别对应于图 2-26 所示的十六个方向。在描述码中，无前导 0 的是十进制描述码，有前导 0 的为十六进制描述码，例如描述码 013 中的 0 代表十六进制描述码，1 代表线段的长度为 1 个长度单位，4 代表垂直向上。又如描述码 0EC，则表示在垂直向下画一长度为 14 个长度单位的线段。符合上述规则的描述码被称为标准描述码。

下面定义一个型名为 BOX 的矩形(图 2-27)，型编号为 135，占用 5 个字节，长和宽分为 2 和 15 个单位。

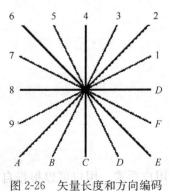

图 2-26　矢量长度和方向编码

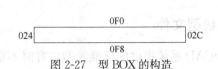

图 2-27　型 BOX 的构造

型定义的格式为：

＊135,5,BOX

024,0F0,02C,0F8,0

【说明】 ① 描述行中最后的 0 是一个特殊的描述码，用于标记一个型定义的结束。

② 每行的最大长度不得超过 128 个字符。

标准直线段描述码只能定义出 16 个固定方向，且最大长度为 115 个长度单位的线段，所以只能用来定义一些简单的型。

2）特殊描述码

当被定义的型不仅包含任意方向的线段，而且还包含圆弧以及抬笔、落笔等控制时，需要用到一些特殊描述码。具体可参阅 AutoCAD 有关手册。

（3）型文件的建立及使用

1）型文件的建立

型定义的描述码是由 ASCII 码表示，因而可以用任意纯文本编辑程序或字处理程序在磁盘上建立型文件，型文件的扩展名必须为 . shp。

2）编译型文件

一个型文件必须经过编译才能被 AutoCAD 调用，所谓编译是指由 ASCII 码描述的型文件转换成 AutoCAD 能够识别的格式。编译命令为 COMPILE。在"Command:"提示状态下键入该命令后，屏幕上出现一个对话框，用于选择被编译的型文件。型文件编译后，主文件名不变，扩展名改为 . shx。

3）型文件的使用

若使用一个型，必须把其编译后的型文件加载到 AutoCAD 系统中。在一个图形绘制过程中，若是首次使用一个型文件，必须进行加载。若下次对该图进行编译，则型文件自动被加载。具体使用过程如下：

① 加载型文件

在"Command:"提示下执行加载型文件命令 LOAD 以后，便出现一菜单要求用户输入加载的型文件名，其扩展名 . shx 可以省略。

② 插入型

当一个型文件被加载后，就可以使用 SHAPE 命令把需要的型插入到所绘制的图形中。型被插入时可以被放大、缩小或改变方向。

SHAPE 命令提示：

Command:SHAPE

Shape name(or?):   （输入型名）

Starting point: （型的插入点）

Height<1. 0>:   （型的高度）

Rotation angle<0. 0>:   （旋转角度）

2. 2. 5 线型文件

AutoCAD 系统提供的标准线型，有时不能满足用户要求，用户可以根据自己的需要建立新的线型，自己建立的若干线型存储在扩展名为 . LIN 的文件中，此文件即为线型文件。建立线型必须符合特定的格式要求。

1. 线型文件的格式

定义线型的文件格式如下：

＊<线形名>,<注释>

A,<描述1,描述2…,描述n>

格式说明：

(1) 线型名必须符合 AutoCAD 的命令规则。"注释"为任选项，一般用于解释线型。

(2) A 表示对齐方式。目前 AutoCAD 只提供了一种对齐方式。该方式可以保证自定义直线和弧的端点是短划线的起点和终点。

(3) 描述1，描述2，…描述n用于描述被定义的线型，它们可以是任意的正负数或零。整数为落笔距离，负数为抬笔距离，0表示一个点。例如有如下定义：

＊,LT1,………

A,0.5,−0.25,0,−0.25,0,−0.25,0,−0.25

描述的个数只需表达该线型的一个循环即可。该线型的含义如图 2-28 所示。

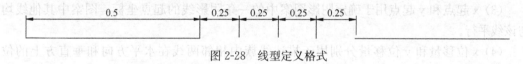

图 2-28　线型定义格式

一个线型文件可包括若干个线型定义。

2. 建立新线型文件的方法

在 AutoCAD 之外使用各种文本编辑软件，按线型文件的格式建立若干个新的线型定义，存储在扩展名为 .LIN 的线型库文件中，以备调用。

下面建立四个线型定义，存储在 XX.LIN 中。

＊LT,-····

A,0.5,−0.25,0,−0.25,0,−0.25,0,−0.25,0.5

＊XUX,-----

A,1,−0.4

＊SDHX,---- ----

A,5,−0.4,0.3,−0.4,0.3,−0.4

＊DHX,------

A,5,−0.4,0.3,−0.4,0.3,0.4

在 AUTOCAD 的 COMMAND 命令提示符下输入 LINETYPE，出现线型管理对话框，点击"加载"，点击文件，打开 XX.LIN 文件，线形显示在对话框中，选择线型加载即可。

2.2.6　图案文件

进行图案填充时，若标准图案文件(ACAD.PAT)中提供的图案不能满足用户要求时，可以将自己定义的图案追加到标准图案文件 ACAD.PAT 中或自己建立的其他 .PAT 为扩展名的图案文件中。

1. 图案文件的格式

用任意的文本编辑软件均可编辑 ACAD. PAT 文件，按照下面介绍的图案定义格式将自定义图案追加到 ACAD. PAT 中。若用户使用其他的图案文件，则新的图案文件的主文件名必须与定义的图案名字相同。

在需要使用图案文件时，首先从标准图案文件 ACAD. PAT 中寻找所要使用的图案，若未找到，则从磁盘文件寻找主文件名与所要使用的图案名相同的图案文件，若均未找到则报告错误信息。

图案定义的格式如下：

＊＜图案名【,说明性描述】＞

＜角度,x 起点,y 起点,x 位移量,y 位移量【,短划线描述】＞

【＜角度,x 起点,y 起点,x 位移量,y 位移量【,短划线描述】】＞

格式说明：

（1）图案文件中，每一图案的定义必须以"＊"开始，空行和逗号右边的内容均被忽略。

（2）角度是指构成图案阴影线与正右方向所成的角度。

（3）x 起点和 y 起点用于确定阴影图案中的一条阴影线的起点坐标，图案中其他线均与该线平行。

（4）x 位移量和 y 位移量分别用于描述线族中相邻两线在水平方向和垂直方上的位移量。

（5）短划线的描述与线型文件中自定义线型描述相同。

（6）图案定义格式中，图案名所在行以下，可以只有一个图案定义行，也可以有多个图案定义行。

2. 自定义图案实例

（1）定义图案名为 L45，阴影线为 45 度线，y 方向间距 0.5 个绘图单位的图案，填充结果如图 2-29(*a*)所示。

＊L45,45degree line

45,0,0,0,0.5

其中 45degree line 阴影线的方向与正方向成 45 度角，第二行的 45 用于定义线的方向，接下来的(0，0)为线的起点坐标，最后一个 0.5 为 y 向的位移量。

（2）修改图案 L45 中的线型，取名为 ASH45，填充结果如图 2-29(*b*)所示。

＊ASH45,Dashen line at 45 degree

45,0,0,0,0.5,0.5,－0.5

定义中最后增加的 0.5 和－0.5 用于描述所使用的线型为短划线。短划线长度为 0.5 个绘图单位，两短划线间的距离为 0.5 个绘图单位。其中负号表示抬笔。

（3）将 ASH45 中的角度为 0，再将 x 位移量由 0 改变为 0.5，则在两相邻线之间沿线方向产生 0.5 个单位的间距，填充结果如图 2-29(*c*)所示。

＊HHSH45,Dashen line at 0 degree

0,0,0,0.5,0.5,0.5,－0.5

（4）修改 ASH45 图案的线型，使之为点划线，填充结果如图 2-29(*d*)所示。其定义如下：

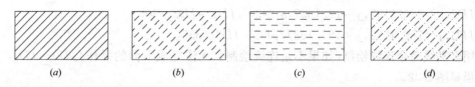

图 2-29　自定义图案(一)

＊PASH45，Dashen line at 45 degree

45,0,0,0,0.5,0.5,－0.25,0,－0.25

其中"－0.25，0，－0.25"用于产生两次 0.5 个绘图单位的空格，0 代表画出一个点。

(5) 六角形图案 [图 2-30(a)]

＊STAR45，Star of David

0,0,0,0,.866,.5,－.5

60,0,0,0,.866,.5,－.5

120,.25,.433,0,.866,.5,－.5

(6) 砖墙图案 [图 2-30(b)]

＊AR-B816，8x16 Block elevation stretcher bond

0,0,0,0,8

90,0,0,8,8,8,－8

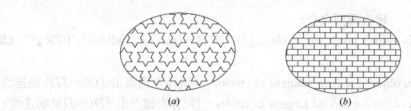

图 2-30　自定义图案(二)

2.3　AUTOCAD 的道路工程应用实例

2.3.1　路线平面设计图的绘制

1. 圆曲线的绘制

平曲线中的圆曲线在绘制以前已知若干曲线要素，绘制有许多方法，绘制的效果和效率最高的是 TTR 作圆法。具体的做法是先根据路线导线的交点坐标绘制路线导线，然后根据各交点的圆曲线半径作与两条导线相切的圆，裁剪圆曲线，从而得到圆曲线和路线设计线。

如图 2-31 所示，路线导线共有 2 个交点，加上起终点共有 4 个点，已知数据如下：

$JD0,x=40,y=80$

$JD1,x=256.5064,y=205.0000,\alpha_1=40°,JD0\sim JD1=250$

$JD2, x=486.3197, y=12.1637, \alpha_2=30°, JD1\sim JD2=300$

$JD3, x=789.4286, y=187.1637, JD2\sim JD3=350$

用多义线命令连续绘制（如果不是连续绘制，无法完成下面的操作）$JD0\sim JD3$，绘制的结果见图 2-32。

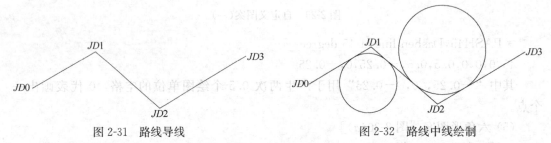

图 2-31 路线导线　　　　　　　　图 2-32 路线中线绘制

通过设计得知 $JD1$、$JD2$ 处的圆曲线半径依次为 $R_1=100$、$R_2=150$。按以下步骤操作，结果见图 2-33。

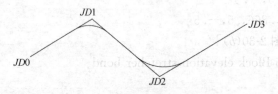

图 2-33 路线圆曲线绘制

Command:C↙　（输入画圆命令）

CIRCLE Specify center point for circle or[3P/2P/Ttr(tan tan radius)]:TTR↙　（输入 TTR 选项）

Specify point on object for first tangent of circle：（鼠标左键点击 $JD0\sim JD1$ 的连线）

Specify point on object for second tangent of circle：（鼠标左键点击 $JD1\sim JD2$ 的连线）

Specify radius of circle:100↙　（输入圆半径 100）

Command:↙　（回车继续执行画圆命令）

CIRCLE Specify center point for circle or[3P/2P/Ttr(tan tan radius)]:TTR↙　（输入 TTR 选项）

Specify point on object for first tangent of circle：（鼠标左键点击 $JD1\sim JD2$ 的连线）

Specify point on object for second tangent of circle：（鼠标左键点击 $JD2\sim JD3$ 的连线）

Specify radius of circle:150↙　（输入圆半径 150）

Command:Trim↙　（输入裁剪命令）

Current settings:Projection=UCS,Edge=None

Select cutting edges…（鼠标左键点击导线作为裁剪线）

Select objects:1 found(显示选中 1 个实体)

Select objects:↙　（回车）

Select object to trim or shift-select to extend or[Project/Edge/Undo]：（鼠标左键点击第一个圆）

Select object to trim or shift-select to extend or[Project/Edge/Undo]：（鼠标左键点

击第二个圆)

Select object to trim or shift-select to extend or[Project/Edge/Undo]:↙　（回车,结束）

如果导线是连续绘制的多义线，则上述方法得到的是三个图元，其中两个圆弧也是多义线，但不能与导线合并为一个图元。也有采用倒角方法绘制圆曲线的，因 Fillet 命令不能保留倒角圆弧以外的被倒角线，所以当倒角完成后，需要补上原导线，且因多义线不能延伸，需要重新绘制导线。倒角方法的优点是所绘制的路线为一个图元，但要注意导线必须是连续绘制的多义线，否则多义线的倒角无法完成。

2. 缓和曲线的绘制

有如图 2-34 所示的公路平曲线，偏角为左偏 $\alpha_{左}=36.114$ 度，缓和曲线长 $L_s=100$，切线长 $T=180.721$，外距 $E=21.816$，圆曲线半径 $R=400$，中间圆曲线长 L_Y：152.122，平曲线总长 $L=352.122$。试绘制该曲线。

【分析】　由于 AutoCAD 不能直接绘制缓和曲线，在 AutoCAD 中既可以用多义线命令绘制通过 ZH、HY、QZ、YH、HZ 五点的折线，然后再用 Pedit 命令选择"S"选项，也可以采用真样条曲线命令绘制。而 AutoCAD 中的真样条曲线最接近公路平曲线的形状，在常用比例尺的情况下，肉眼分辨不出两者在图纸上的区别，绘制通过 ZH、HY、QZ、YH、HZ 五点并与两路线导线分别相切于 ZH 和 HZ 点的真样条曲线即为所求。使用 Spline 命令的具体操作如下：

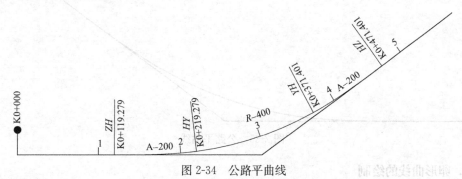

图 2-34　公路平曲线

（1）绘制路线导线：利用 Pline 命令绘制 1、2、3 各点，各点的对应坐标(以下数据仅供练习参考)为：

$$x_1=50,\qquad y_1=0$$
$$x_2=300,\qquad y_2=0$$
$$x_3=533.601,\quad y_3=170.431$$

（2）绘制通过 ZH、HZ、QZ、HY 和 YH 的与路线导线相切的含缓和曲线的平曲线。通过计算，五个主点的直角坐标为：

ZH：$x=119.2794\quad y=0.0000$

HY：$x=219.1232\quad y=4.1620$

QZ：$x=293.2379\quad y=20.7414$

YH：$x=362.8831\quad y=51.0303$

HZ：$x=445.9948\quad y=106.5151$

使用真样条曲线命令绘制含缓和曲线的平曲线的基本操作步骤如下：

Command：spline↙　（启动真样条曲线命令）

Specify first point or[Object]：119.2794，0　（通过 *ZH*）

Specify next point：219.1232，4.1620↙　（通过 *HY*）

Specify next point or[Close/Fit tolerance]＜start tangent＞：293.2379，20.7414　（通过 *QZ*）

Specify next point or[Close/Fit tolerance]＜start tangent＞：362.8831，51.0303　（通过 *YH*）

Specify next point or[Close/Fit tolerance]＜start tangent＞：445.9948，106.5151　（通过 *HZ*）

Specify next point or[Close/Fit tolerance]＜start tangent＞：　（选择输入切点的模式）

Specify start tangent：119.2794，0　（输入起点切点）

Specify end tangent：445.9948，106.5151　（输入终点切点）

（3）绘制五个特征点的位置线并标注各点文字、标注曲线要素。

此部分留给读者自己完成，结果见图 2-35。

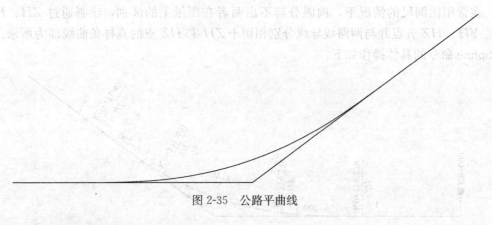

图 2-35　公路平曲线

3. 卵形曲线的绘制

利用平曲线上各点的坐标，用多义线命令绘制连续折线，然后用 PEDIT 命令的 "S" 选项进行修改即可。

4. 里程桩的标注和图形的文字注解

里程桩的标注如图 2-34 所示。从图中可以看出，里程桩的标注包括里程标注线、里程的文字注解和公里桩符号的绘制。

（1）绘制需要标注里程的中线的法线，以图 2-35 为基础，使用偏置命令作绘制法线的辅助线具体操作步骤如下，绘图结果见图 2-36：

Command：offset（启动偏置命令）

Specify offset distance or[Through]＜5.0000＞：5↙　（偏置的距离为 5）

Select object to offset or＜exit＞：　（用鼠标左键点击路线导线点"A"）

Specify point on side to offset：　（用鼠标左键点击"A"上方任一点）

Select object to offset or＜exit＞：↙　（结束,得到"B"）

Command：OFFSET（启动偏置命令）

Specify offset distance or[Through]<5.0000>:15↙ （偏置的距离为15）

Select object to offset or<exit>：（用鼠标左键点击路线导线点"A"）

Specify point on side to offset:（用鼠标左键点击"A"上方任一点）

Select object to offset or<exit>:↙ （结束,得到"c"）

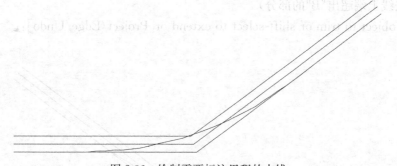

图 2-36　绘制需要标注里程的中线

（2）绘制直线路段公里桩、百米桩的标注线，如图 2-37 中左端路线法线和百米桩的法线，具体操作步骤如下：

Command:pl↙

Specify start point:（用鼠标左键点击中线"A"上的 K0+000 点）

Current line-width is 0.0000

Specify next point or[Arc/Halfwidth/Length/Undo/Width]:（用鼠标左键点击"C"的左端）

Specify next point or[Arc/Close/Halfwidth/Length/Undo/Width]:↙ （结束第一根法线绘制）

Command:_offset

Specify offset distance or[Through]<15.0000>:100↙ （向右平行移动 100 个单位）

Select object to offset or<exit>：（用鼠标左键点击刚绘出的法线）

Specify point on side to offset：（用鼠标左键点击法线右侧一点）

Select object to offset or<exit>:↙ （结束,得到右侧法线,结果见图 2-37）

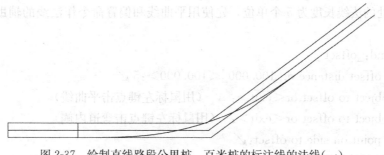

图 2-37　绘制直线路段公里桩、百米桩的标注线的法线（一）

以 B 为边界，剪切后一根法线，操作步骤如下：

Command:_trim

Current settings:Projection=UCS,Edge=None

Select cutting edges...(用鼠标左键点击"B")

Select objects:1 found

Select objects:

Select object to trim or shift-select to extend or[Project/Edge/Undo]：（用鼠标左键点击右侧法线上端超出"B"的部分）

Select object to trim or shift-select to extend or[Project/Edge/Undo]:↙ （结果见图2-38）

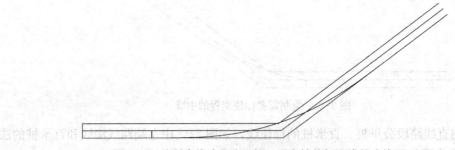

图 2-38 绘制直线路段公里桩、百米桩的标注线的法线(二)

使用删除命令删除"B"、"C"，得到图 2-39。

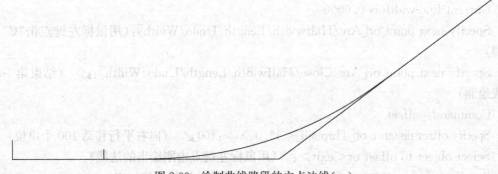

图 2-39 绘制曲线路段的主点法线(一)

（3）绘制曲线路段的主点法线。

ZH 点处的法线长度为 5 个单位，先使用平曲线和偏置命令作法线的辅助线，操作步骤如下：

Command:_offset

Specify offset distance or[100.000]<100.000>:5 ↙

Select object to offset or<exit>： （用鼠标左键点击平曲线）

Select object to offset or<exit>： （用鼠标左键点击弯道内侧）

Specify point on side to offset:↙

绘制 ZH 处法线的操作步骤：

Command:PL ↙

Specify start point:<Osnap on>打开对象捕捉,设置端点、垂足、曲中点捕捉等(用鼠标左键点击平曲线的 ZH 点)

Current line-width is 0.0000

Specify next point or[Arc/Halfwidth/Length/Undo/Width]:（用鼠标左键点击辅助线左端点）

Specify next point or[Arc/Close/Halfwidth/Length/Undo/Width]:↙

操作完成后得到图2-40。

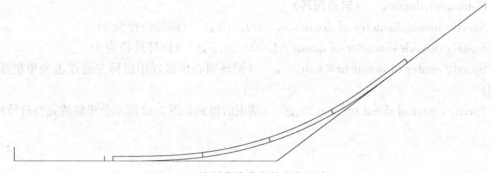

图 2-40　绘制曲线路段的主点法线（二）

使用类似的方法绘制其他主点的法线，法线起点可以直接输入对应主点的中线坐标即可。

去掉辅助线后得到图2-41。

Command:pl↙

Specify start point:219.1232,4.1620（输入 *HY* 点坐标）

Current line-width is 0.0000

Specify next point or[Arc/Halfwidth/Length/Undo/Width]:（用鼠标捕捉辅助线上垂足）

Specify next point or[Arc/Close/Halfwidth/Length/Undo/Width]:↙

Command:Pl↙

Specify start point:362.8831,51.0303（输入 *YH* 点坐标）

Current line-width is 0.0000

Specify next point or[Arc/Halfwidth/Length/Undo/Width]:（用鼠标捕捉辅助线上垂足）

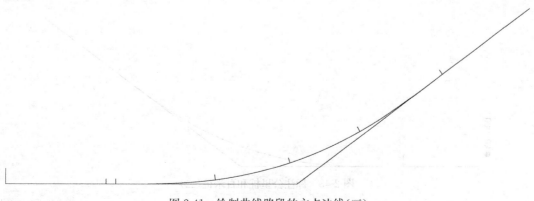

图 2-41　绘制曲线路段的主点法线（三）

Specify next point or[Arc/Close/Halfwidth/Length/Undo/Width]: ✓

曲线中点：捕捉曲线中点及辅助线上垂足连线即可。

HZ 点绘制：连接 *HZ* 点和辅助线端点即可。

(4) 标注公里桩和百米桩

1) 绘制公里桩符号，具体操作步骤如下：

Command:donut ✓ （启动圆环）

Specify inside diameter of donut<0.5000>:0 ✓ （圆环内径为 0）

Specify outside diameter of donut<1.0000>:5 ✓ （圆环外径为 5）

Specify center of donut or<exit>: ✓ （圆环圆心位置）（用鼠标左键点击公里桩法线上端）

Specify center of donut or<exit>: ✓ （结束后得到如图 2-42 所示公里桩的完整符号）

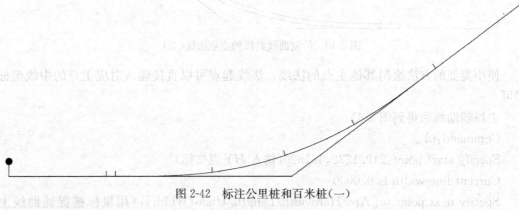

图 2-42 标注公里桩和百米桩(一)

2) 公里桩的里程标注(图 2-43)，操作步骤如下：

Command:text ✓

Current text style:"Standard" Text height:2.5000 ✓

Specify start point of text or[Justify/Style]: （在恰当位置点击左键）

Specify height<2.5000>:5 ✓

Specify rotation angle of text<0>:90 ✓ （输入角度,此处选择 90）

Enter text:k0+000

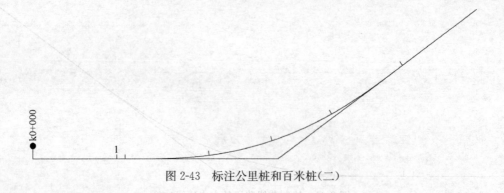

图 2-43 标注公里桩和百米桩(二)

3）百米桩的里程标注，操作步骤如下：

Command：text ↙

Current text style： "Standard" Text height：5.000 ↙

Specify start point of text or[Justify/Style]：（在恰当位置点击左键）

Specify height＜5.000＞：↙

Specify rotation angle of text＜0＞：0 ↙（输入角度，此处选择0）

Enter text：k0+000

（5）曲线主点桩的里程标注。以 HY 点桩号标注为例，具体操作步骤如下（图 2-44）：

Command：text ↙

Current text style： "Standard" Text height：5.000 ↙

Specify start point of text or[Justify/Style]：（在恰当位置点击左键）

Specify height＜5.000＞：↙

Specify rotation angle of text＜0＞：0 ↙（点击恰当的角度）

Enter text：k0+371.403

复制文字，并修改为 HY，画短直线。

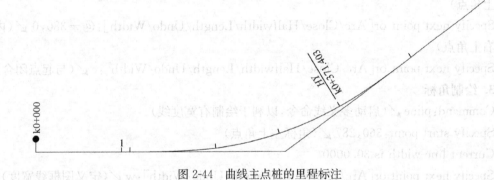

图 2-44 曲线主点桩的里程标注

2.3.2 挡土墙设计图的绘制

1. 绘制外图框

Command：limits ↙（启动图形界限命令）

Reset Model space limits：

Specify lower left corner or[ON/OFF]＜115.4893,43.8386＞：0,0 ↙ （A3 图纸左下角点）

Specify upper right corner＜594.7747,389.6089＞：420,297 ↙（A3 图纸右上角点）

Command：pline ↙（启动多义线命令，以利于绘制有宽度线）

Specify start point：0,0（外图框左下角点）

Current line-width is 0.0000

Specify next point or[Arc/Halfwidth/Length/Undo/Width]：@420,0 ↙（外图框右下角点）

Specify next point or[Arc/Close/Halfwidth/Length/Undo/Width]:@0,297 ↙（外图框右上角点）

Specify next point or[Arc/Close/Halfwidth/Length/Undo/Width]:@－420,0 ↙（外图框右上角点）

Specify next point or[Arc/Close/Halfwidth/Length/Undo/Width]:c↙（与起点闭合）

2. 绘制内图框

Command:pline ↙（启动多义线命令，以利于绘制有宽度线）

Specify start point:30,10 ↙（内图框左下角点）

Current line-width is 0.0000

Specify next point or[Arc/Halfwidth/Length/Undo/Width]:w ↙（定义图框线宽度）

Specify starting width＜0.0000＞:2 ↙（内图框线起点线宽定义为2mm）

Specify ending width＜2.0000＞:↙（内图框线终点定义为2mm）

Specify next point or[Arc/Halfwidth/Length/Undo/Width]:@380,0 ↙（内图框右下角点）

Specify next point or[Arc/Close/Halfwidth/Length/Undo/Width]:@0,277 ↙（内图框右上角点）

Specify next point or[Arc/Close/Halfwidth/Length/Undo/Width]:@－380,0 ↙（内图框右上角点）

Specify next point or[Arc/Close/Halfwidth/Length/Undo/Width]:c↙（与起点闭合）

3. 绘制角标

Command:pline ↙（启动多义线命令，以利于绘制有宽度线）

Specify start point:360,287 ↙（角标左上角点）

Current line-width is 30.0000

Specify next point or[Arc/Halfwidth/Length/Undo/Width]:w ↙（定义图框线宽度）

Specify starting width＜30.0000＞:0.25 ↙（角标框线起点线宽定义为0.25）

Specify ending width＜0.2500＞:↙（角标框线终点线宽定义为0.25）

Specify next point or[Arc/Halfwidth/Length/Undo/Width]:@0,－12 ↙（角标左下角点）

Specify next point or[Arc/Close/Halfwidth/Length/Undo/Width]:@50,0 ↙（角标右下角点）

Specify next point or[Arc/Close/Halfwidth/Length/Undo/Width]:↙

Command:pline ↙

Specify start point:＜Osnap on＞（启动对象捕捉）

Current line-width is 0.2500

Specify next point or[Arc/Halfwidth/Length/Undo/Width]:（捕捉角标左侧竖向短线中点，在内图框右边线上捕捉垂足，绘制角标内水平短线）

Specify next point or[Arc/Close/Halfwidth/Length/Undo/Width]:（捕捉角标下侧横向线中点，在内图框上边线上捕捉垂足，绘制角标内竖向短线）

4. 绘制图标

(1) Command：pline✓（启动多义线命令，以利于绘制有宽度线）

Specify start point：210,10✓（图标左下角点）

Current line-width is 0.2500

Specify next point or[Arc/Halfwidth/Length/Undo/Width]：w✓（定义图标线宽度）

Specify starting width<0.2500>：0.7✓（图标框线起点线宽定义为0.7）

Specify ending width<0.7000>：✓（图标框线终点线宽定义为0.7）

Specify next point or[Arc/Halfwidth/Length/Undo/Width]：@0,10✓（图标左上角点）

Specify next point or[Arc/Close/Halfwidth/Length/Undo/Width]：@200,0✓（图标右上角点）

Specify next point or[Arc/Close/Halfwidth/Length/Undo/Width]：✓

(2) 图标框内线绘制，线宽取0.25mm。

Command：pline

Specify start point：270,10✓

Current line-width is 0.7000

Specify next point or[Arc/Halfwidth/Length/Undo/Width]：w✓

Specify starting width<0.7000>：0.25✓

Specify ending width<0.2500>：✓

Specify next point or[Arc/Halfwidth/Length/Undo/Width]：@0,10✓

Specify next point or[Arc/Close/Halfwidth/Length/Undo/Width]：✓

Command：

PLINE

Specify start point：305,10✓

Current line-width is 0.2500

Specify next point or[Arc/Halfwidth/Length/Undo/Width]：@0,10✓

Specify next point or[Arc/Close/Halfwidth/Length/Undo/Width]：✓

Command：

PLINE

Specify start point：320,10✓

Current line-width is 0.2500

Specify next point or[Arc/Halfwidth/Length/Undo/Width]：@0,10✓

Specify next point or[Arc/Close/Halfwidth/Length/Undo/Width]：✓

Command：

PLINE

Specify start point：340,10✓

Current line-width is 0.2500

Specify next point or[Arc/Halfwidth/Length/Undo/Width]：@0,10✓

Specify next point or[Arc/Close/Halfwidth/Length/Undo/Width]：✓

Command：

PLINE

Specify start point：355,10 ✓

Current line-width is 0.2500

Specify next point or[Arc/Halfwidth/Length/Undo/Width]：✓

Command：

PLINE

Specify start point：355,10 ✓

Current line-width is 0.2500

Specify next point or[Arc/Halfwidth/Length/Undo/Width]：@0,10 ✓

Specify next point or[Arc/Close/Halfwidth/Length/Undo/Width]：✓

Command：

PLINE

Specify start point：375,10 ✓

Current line-width is 0.2500

Specify next point or[Arc/Halfwidth/Length/Undo/Width]：@0,10 ✓

Specify next point or[Arc/Close/Halfwidth/Length/Undo/Width]：✓

Command：

PLINE

Specify start point：390,10 ✓

Current line-width is 0.2500

Specify next point or[Arc/Halfwidth/Length/Undo/Width]：@0,10 ✓

Specify next point or[Arc/Close/Halfwidth/Length/Undo/Width]：✓

5. 文字书写

以图标框中"挡土墙（工程名称）"为例，其他文字均可将已有文字复制到适当位置，然后双击，出现文字对话框直接修改。

Command：mtext

Current text style： "Standard"   Text height：3.5

Specify first corner：

Specify opposite corner or[Height/Justify/Line spacing/Rotation/Style/Width]：

（鼠标十字线右下角出现写有 abc 的虚框，绘图者直接把鼠标移到合适位置，按住鼠标左键，拉出矩形框，定义书写文字的左上角点和右下角点，放松左键，出现文字编辑对话框，直接书写文字，在文字书写对话框中可以修改文字大小、字体等）

6. 绘制挡土墙立面图

(1) 定位（确定比例尺 1：200；根据挡土墙实际尺寸，经比例尺计算后在图纸的上部画挡土墙正面图，距离左边线 40 单位长，距离上边线 47 单位长）。

(2) 开始绘制挡土墙立面图。

Command：line ✓（启动画直线命令）

Specify first point：70,240 ✓（挡土墙顶面起点）

Specify next point or[Undo]：@300,0 ✓（挡土墙顶面终点）

Command：divide ↙（将直线等分为六段，每段 10m）

Select object to divide：（选择直线）

Enter the number of segments or[Block]：6 ↙

启动对象捕捉，启动正交 F8

Command：line ↙

Specify first point：（捕捉直线上两端点和各等分点，向下绘制垂直于直线的线段，线段长度超过挡土墙长度定为 50 单位）

Specify next point or[Undo]：<Ortho on>

Specify next point or[Undo]：↙

Command：OFFSET ↙（将中间五条垂直线分别向左右偏移 0.5，绘制伸缩缝示意）

Specify offset distance or[Through]<Through>：0.5

Select object to offset or<exit>：（点击一条垂直线）

Specify point on side to offset：<Osnap off>（点击左侧任一点）

Select object to offset or<exit>：↙

Command：

OFFSET

Specify offset distance or[Through]<0.5000>：↙

Select object to offset or<exit>：（点击同一条垂直线）

Specify point on side to offset：（点击右侧任一点）

Select object to offset or<exit>：↙

如图 2-45 所示挡土墙立面图的半结构。

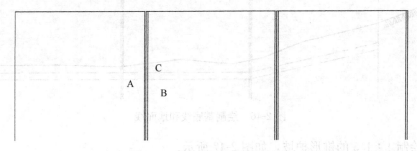

图 2-45　挡土墙立面图的半结构

（3）绘制伸缩缝（分别绘制中间五条伸缩缝，将水平直线在伸缩缝处以两条偏移出来的垂直线为边界剪断，在尺寸标注后删除中间垂直直线 C，下面以第一条伸缩缝为例，如图 2-45 所示左侧第一条伸缩缝左边直线为 A，中间直线为 B，右侧直线为 C）。

Command：trim ↙（启动修剪命令）

Current settings：Projection=UCS，Edge=None

Select cutting edges..

Select objects：1 found（点击左侧垂直线 A）

Select objects：1 found，2 total.（点击右侧垂直线 B）

Select objects：

Select object to trim or shift-select to extend or[Project/Edge/Undo]：(点击水平直线)

Select object to trim or shift-select to extend or[Project/Edge/Undo]：↙

(4) 绘制基底线(基底线绘制时改线形为虚线，或改当前层到新建的虚线层，用 PLINE 命令按照设计挡土墙基底标高绘制基底线，两条基底线相差 0.5m，绘制完墙踵线后，用偏移命令向上方偏移 2.5 个单位得到墙趾线，绘制基底线后用修剪命令将长出基底线的各段垂直线剪断)见图 2-46。

Command：pline ↙

Specify start point：70,210 ↙

Current line-width is 0.0000

Specify next point or[Arc/Halfwidth/Length/Undo/Width]：@50,-11 ↙

Specify next point or[Arc/Close/Halfwidth/Length/Undo/Width]：@200,0 ↙

Specify next point or[Arc/Close/Halfwidth/Length/Undo/Width]：@50,11 ↙

Specify next point or[Arc/Close/Halfwidth/Length/Undo/Width]：↙

Command：_offset ↙

Specify offset distance or[Through]<13.9960>：2.5 ↙

Select object to offset or<exit>：(点击墙踵线)

Specify point on side to offset：(在墙踵线上方任意一点点击)

Select object to offset or<exit>：↙

(5) 绘制地面线，地面线根据地面线高程用 PLINE 命令绘制，不再赘述，见图 2-46。

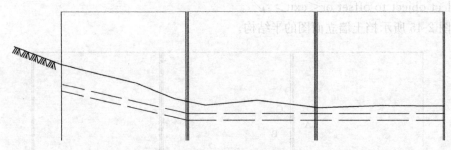

图 2-46　绘制基底线和地面线

(6) 绘制 1∶1.5 的锥形护坡，如图 2-47 所示。

1) Command：line ↙

Specify first point：(捕捉)

Specify next point or[Undo]：@50,-33.4

Specify next point or[Undo]：↙

Command：arc(绘制圆弧辅助线，等分圆弧，绘制护坡线)

Specify start point of arc or[Center]：(捕捉挡土墙左端垂直线上终点作为圆弧起点)

Specify second point of arc or[Center/End]：c(选择圆心方式)

Specify center point of arc：(捕捉挡土墙顶面左上角点)

Specify end point of arc or[Angle/chord Length](在已绘制的护坡线外侧点一点作为圆弧终点)

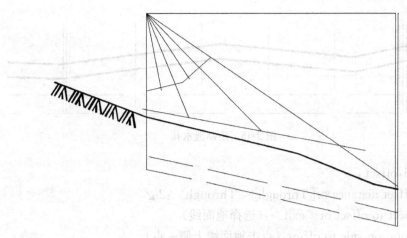

图 2-47 绘制锥形护坡

2) 用 TRIM 命令剪断超过已绘制护坡线的圆弧线

Command:DIVIDE(等分圆弧)

elect object to divide:(选择圆弧)

Enter the number of segments or[Block]:5 ↙

Command:LINE ↙

Specify first point:(捕捉挡土墙顶面左上角点)

Specify next point or[Undo]:(捕捉圆弧线上的等分单点)

Specify next point or[Undo]:↙

3) 适当延长绘制护坡线的长度:在圆弧线下方适当位置绘制一条直线作为辅助线,使需延长的护坡线延长至该直线。

Command:extend ↙

Current settings:Projection=UCS,Edge=None

Select boundary edges(选择直线辅助线)

Select objects:1 found

Select objects:(选择需延长的护坡线)

Select object to extend or shift-select to trim or[Project/Edge/Undo]:↙

4) 删除圆弧辅助线及直线辅助线。

5) 用镜像命令绘制右侧护坡线

Command:_mirror ↙

Select objects:Specify opposite corner:9 found(选择护坡线)

Select objects:↙

Specify first point of mirror line （捕捉挡土墙立面图对称中线顶端）

Specify second point of mirror line:(捕捉挡土墙立面图对称中线底端)

Delete source objects? [Yes/No]<N>:↙

(7) 绘制泄水孔,如图 2-48 所示。

1) 用偏置命令将地面线向上偏置 2 个单位(实际 0.4m)作为泄水孔的中心线:

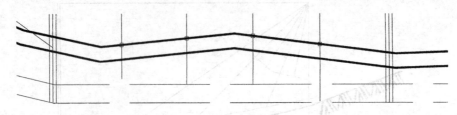

图 2-48 绘制泄水孔

Command：offset ↙

Specify offset distance or[Through]<Through>：2 ↙

Select object to offset or<exit>：(选择地面线)

Specify point on side to offset：(点击地面线上侧一点)

Select object to offset or<exit>：↙

2) 用等分命令将挡土墙顶面线(以其中第一段 10m 为例)等分为 5 份，实际泄水孔间距为 2m。

Command：divide ↙

Select object to divide：(选择挡土墙第一段顶面线)

Enter the number of segments or[Block]：5 ↙

3) 过各等分点作直线与地面线相交。取交点作为中心点用多边形命令绘制泄水孔。

Command：polygon ↙

Enter number of sides<4>：↙

Specify center of polygon or[Edge]：　(捕捉过等分点的直线与地面线的交点作为泄水孔中心点)

Enter an option[Inscribed in circle/Circumscribed about circle]<I>：

Specify radius of circle：0.353(输入泄水孔对角线长度的一半作为多边形内接圆半径) ↙(直接回车可绘制底边水平的正四边形)

4) 如上所述绘制所有泄水孔后删除辅助地面线及过等分点的各个辅助直线。

(8) 用修剪命令剪断伸缩缝处基底线，调整虚线线型，使其线型合适。

Command：ltscale ↙

Enter new linetype scale factor<1.000>：0.1 ↙

(9) 标注尺寸

1) Command：dimstyle(启动 "Dimension style manager")对话框，调整尺寸标注的各个参数直至合适，如图 2-49 所示。

在对话框中，点击 NEW 键建立新的标注风格，命名为 "Copy of ISO-25"，点击 "Continue"，进入风格设计对话框，具体见下述说明，全部风格设置之后，点击 "OK"，退回并选择出现在 Styles 栏中的 "Copy of ISO-25" 并点击 Set Current 设置为当前尺寸标注样式。

2) 进行尺寸标注

Command：dimlinear

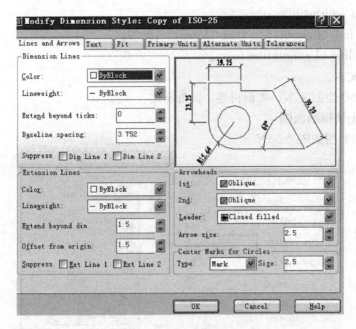

图 2-49 尺寸风格对话框

Specify first extension line origin or<select object>:(捕捉挡土墙顶面线起点)

Specify second extension line origin:(捕捉顶面线上第一段挡土墙与第二段挡土墙伸缩缝中点)

Specify dimension line location or[Mtext/Text/Angle/Horizontal/Vertical/Rotated]:t(写标注尺寸,此处可以选择多行文字、文字、文字书写角度、水平标注、垂直标注和带角度标注)

Enter dimension text<50>:10↙(一段挡土墙尺寸 10m)

Specify dimension line location or[Mtext/Text/Angle/Horizontal/Vertical/Rotated]:(点击确定尺寸标注位置)

Dimension text=50

利用 dimcontinue 命令继续沿上一段挡土墙的标注线标注下一段挡土墙。

Command:_dimcontinue

Specify a second extension line origin or[Undo/Select]<Select>:(点击挡土墙顶面线上第二段挡土墙与第三段挡土墙伸缩缝中间点。

Dimension text=50(利用 ddedit 文本编辑命令修改文本为 10)

同样方法标注所有尺寸。

3) 用引出线命令标注其他构造。

Command:_qleader

Specify first leader point,or[Settings]<Settings>:(点击引出线起点位置,选择 S 可以设置引出线的箭头、引出线及文字与引出线的相对位置等参数)

Specify next point:(点击引出线终点位置)

Specify next point:↙

Specify text width<0>:↙

Enter first line of annotation text<Mtext>:锥坡↙

Enter next line of annotation text:↙

（10）书写文本。

用 mtext 命令绘制文本，如前讲述，此处从略。

7. 绘制挡土墙横断面图

挡土墙横断面图如图 2-50 所示。

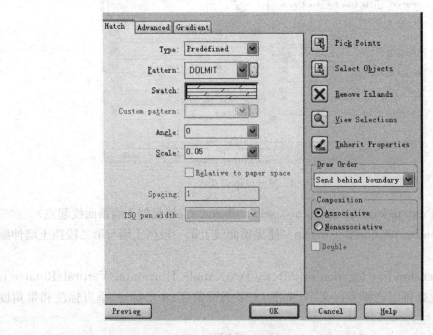

图 2-50　图案填充对话框

（1）确定比例尺、定位：根据挡土墙横断面的实际尺寸，确定比例尺为 1：100，根据挡土墙的墙高和墙宽及图幅布置情况确定挡土墙的左上角点位置。

（2）绘制挡土墙墙身

Command:PLINE↙

Specify start point:140,150 ↙（挡土墙横断面左上角点坐标,以下依次以相对坐标按逆时针方向绘制横断面图）

Current line-width is 0.1000

Specify next point or[Arc/Halfwidth/Length/Undo/Width]:w↙

Specify starting width<0.1000>:0 ↙

Specify ending width<0.0000>:

Specify next point or[Arc/Halfwidth/Length/Undo/Width]:@-21,-70 ↙

Specify next point or[Arc/Close/Halfwidth/Length/Undo/Width]:@-4.5,0 ↙

Specify next point or[Arc/Close/Halfwidth/Length/Undo/Width]:@-2.1,-7↙

Specify next point or[Arc/Close/Halfwidth/Length/Undo/Width]:@25.6,-5 ↙

Specify next point or[Arc/Close/Halfwidth/Length/Undo/Width]:@24.6,82 ↙

Specify next point or[Arc/Close/Halfwidth/Length/Undo/Width]:c ↙

（3）绘制地面线

利用 pl 命令绘制有宽度多义线通过地面线两点并延长，然后用绘制短线表示土壤。

（4）绘制泄水孔

1）Command：_ offset ↙（启动偏置命令）

Specify offset distance or[Through]<3.5000>:↙（向上偏移 3.5 个单位得到过墙面处泄水孔底边的一条直线）

Select object to offset or<exit>:（选择地面线）

Specify point on side to offset（点击其上一点）：

Select object to offset or<exit>:↙

2）Command：pedit（编辑偏移后所得直线）

Enter an option[Close/Join/Width/Edit vertex/Fit/Spline/Decurve/Ltypegen/Undo]:w（改变线宽）

Specify new width for all segments:0 ↙（定义线宽为 0）

Enter an option[Close/Join/Width/Edit vertex/Fit/Spline/Decurve/Ltypegen/Undo]:

3）Command：line ↙（启动画直线命令）

Specify first point:（捕捉偏移后的直线与挡土墙墙面线的交点）

Specify next point or[Undo]:@22.6,0.678 ↙（3%的坡度向挡土墙墙背方向绘制）

Specify next point or[Undo]:↙

4）Command：extend ↙（启动延伸命令）

Current settings:Projection=UCS,Edge=None

Select boundary edges.（选择挡土墙墙背线）

Select objects:1 found

Select objects:

Select object to extend or shift-select to trim or[Project/Edge/Undo]:↙（选择上步绘制之直线）

Select object to extend or shift-select to trim or[Project/Edge/Undo]:↙（延伸完成，使上步绘制直线与墙背线相交）

绘制 3%坡度的泄水孔底边完成后，删除从地面线偏移过来的辅助直线。

5）Command：offset ↙（启动偏移命令）

Specify offset distance or[Through]<3.5000>:10 ↙（上步绘制的泄水孔底边线向上偏移 10cm 绘制顶边线）

Select object to offset or<exit>:（选择泄水孔底边线）

Select object to offset or<exit>:↙

Specify point on side to offset:（点击其上一点）

Select object to offset or<exit>:↙

（5）绘制泄水孔后粘土隔水层及反滤层

Command：line ↙（启动直线命令）

Specify first point：(捕捉墙背上泄水孔与墙背交点）

Specify next point or[Undo]：@15,0.45 ✓(向后画一水平直线作为隔水层上边线）

Specify next point or[Undo]：@0,−3 ✓(向下画一段直线作为隔水层左端线）

Command：_offset ✓(启动偏移命令画隔水层的下边线）

Specify offset distance or[Through]<1.0000>：(捕捉最后画的隔水层左端线的顶端）

Specify second point：(捕捉最后画的隔水层左端线的底端，设置偏移距离）

Select object to offset or<exit>：(选择从墙背向后延伸隔水层上边线）

Specify point on side to offset：(点击其下一点）

Select object to offset or<exit>：✓

Command：_extend ✓(启动延伸命令使隔水层下边线与墙背相交）

Current settings：Projection=UCS,Edge=None

Select boundary edges. (选择墙背线）

Select objects：1 found

Select objects：✓

Select object to extend or shift-select to trim or[Project/Edge/Undo]：✓(选择隔水层下边线）

Select object to extend or shift-select to trim or[Project/Edge/Undo]：✓

Command：bhatch(启动填充命令，选择图案和比例，选择 "pick points" 在屏幕上隔水层及条形围成的区域中点击任一点，返回对话框，预览后确定，见图 2-50)

反滤层的绘制用圆弧命令将反滤层区域分成几层小的区域，用不同比例的合适图案填充，内层比例比外层比例大。

（6）文字及尺寸标注同前所述，此处略，最后挡土墙横断面图如图 2-51 所示。

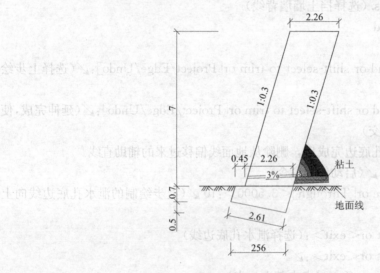

图 2-51 挡土墙横断面图

8. 挡土墙工程图

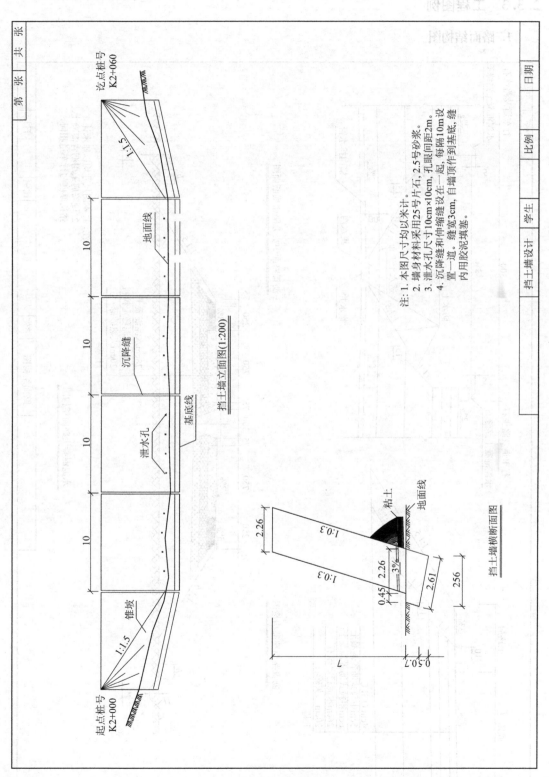

注: 1. 本图尺寸均以米计。
2. 墙身材料采用25号片石, 2.5号砂浆。
3. 泄水孔尺寸10cm×10cm, 孔眼间距2m, 每隔10m设置一道。缝宽3cm, 自墙顶作到基底, 缝内用胶泥填塞。
4. 沉降缝和伸缩缝设在一起, 每隔10m设置一道。缝宽3cm, 自墙顶作到基底, 缝内用胶泥填塞。

挡土墙立面图(1:200)

挡土墙横断面图

2.3.3 工程图例

1. 路面结构图

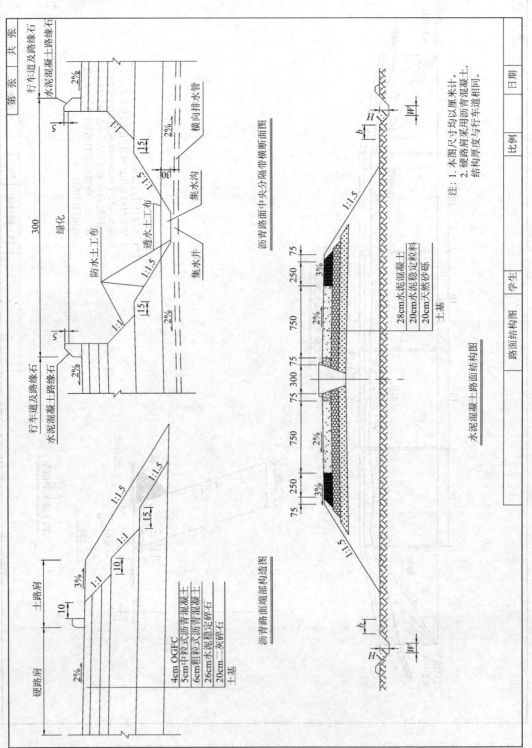

2. 涵洞结构图

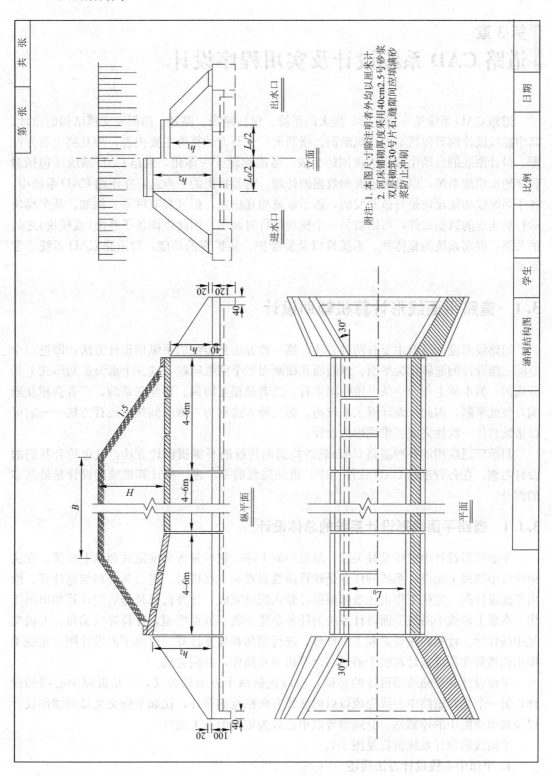

第 3 章
道路 CAD 系统设计及实用程序设计

    道路 CAD 系统是一套复杂、庞大的系统。包括路线、路基、路面和支挡结构的设计。其中路线设计内容包括平面、纵断面、横断面、土石方计算等主要内容，涉及到土石方调配、设计图表的自动生成、透视图的生成。考虑到设计一体化，道路 CAD 系统还包括对数字地面模型系统，以及地形原始数据的处理。需要指出的一点是，在道路 CAD 系统中，各子系统或功能模块是分散开发的，各子系统相互独立，但又具有联系。例如，某个模块运行后生成的数据文件，可以被另一个模块运行时调用。因此协调各子系统（或模块）之间的关系，提高系统的整体性、系统性以及易维护、易扩充的功能，对道路 CAD 系统非常重要。

3.1   道路平面线形计算机辅助设计

    道路线形设计目前主要有两种方法，第一种方法是传统的平纵横设计方法：即把一个空间三维设计问题转化为平面、纵断面和横断面三个两维问题，这三个部分虽然形式上是分离的，但本质上作为一条三维空间来看，三者是相互协调、相互联系的，三者会相互影响，彼此牵制，因此，设计返工率较高。第二种方法称为三维空间线形设计方法——它可以借助软件一次性完成三维线形的设计。

    目前广泛应用的各种道路 CAD 软件均遵循传统的平纵横设计方法，这也符合我们的设计习惯。在各种道路 CAD 软件当中，道路路线的平、纵、横计算机辅助设计是最基本的部分。

3.1.1   道路平面线形设计系统的总体设计

    平面线形设计中定线是最关键、最复杂的工作，它可分为实地定线和纸上定线，在实地定线中路线平面设计系统的任务是验算曲线要素和主点桩号、进行超高和加宽计算、绘出平面设计图。定线工作由选线师根据经验在现场完成，计算机只是作后期计算和出图工作。在纸上定线中路线平面设计系统的任务是建立数字地面模型、计算导线偏角、人机交互中线设计、计算曲线要素和主点桩号、进行超高和加宽计算、绘出平面设计图。定线工作由选线师在图纸或计算机中通过与计算机交互操作，共同完成。

    平面设计是道路线形设计的基础，应该包括两个方面的含义，一是道路中心线的设计，另一个是在道路中心线完成以后向法线方向拓宽的设计，比如平面交叉口的细部设计以及城市道路中的停靠站、分隔带等以中心线为依托的有关设计。

    平面线形设计系统流程见图 3-1。

1. 平面中心线设计方法简述

中心线设计是平面设计中的核心问题，目前各种道路 CAD 系统的中心线设计采用了

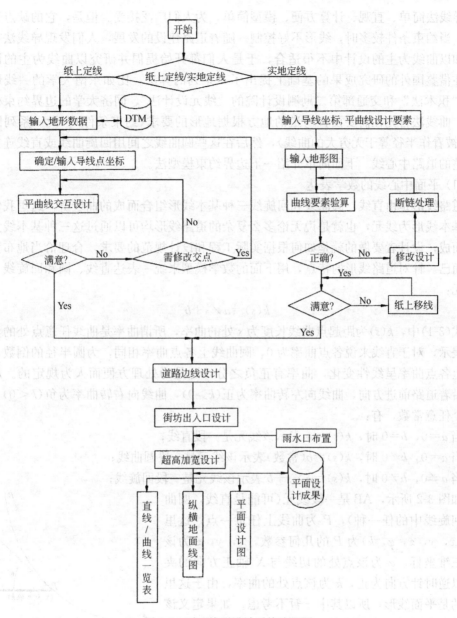

图 3-1 平面线形设计系统流程图

导线法、曲线法、边界约束模型等三种方法。

导线法首先确定一系列由直线组成的折线作为道路中线的导线(通过"以点定线,以线交点"的原则确定),然后对每个转折点(交点)敷设合适的平曲线,构成完整的道路中心线,这是传统的方法,目前在公路线形设计中仍然被广泛使用。导线法设计采用的平曲线模型如单交点对称型,即基本型($A+R+A$)、单交点不对称型(A_1+R+A_2)、双交点(两点虚交)、复曲线($A_1+R_1+A+R_2+A_2$)、S 型曲线、C 型曲线等线形。这些线形曲线的计算机辅助设计方法不但是当前各种道路 CAD 的常用方法,在路线的外业测设中也经常用到,这些程序我们在后面都有所列举。

　　导线法简单、直观、计算方便、模型简单，为人们广泛接受。但是，它的缺点是不够灵活，当约束条件较多时，线形不好控制。随着道路建设的发展，人们发现导线法在立交线形和以曲线为主的设计中不很适合，于是人们都开始提倡并研究以曲线为主的设计方法，在借鉴国外的研究成果的基础上提出了一系列的算法，比如东南大学的"线形单元法"、"积木法"和交通部第二勘测设计院的"线元设计法"、同济大学的边界约束模型法等等。曲线法首先在需要设置弯道的地方根据地形的要求(约束条件)布设一系列圆曲线(直线被看作半径等于无穷大的曲线)，然后在这些圆曲线之间用回旋曲线或直线连接，构成完整的道路中心线。下面简单介绍一下边界约束模型法。

　　(1) 平面中心线的数学表达

　　道路线形是由直线、圆曲线和回旋线三种基本线形组合而成的曲线链，这里我们称这三种基本线形为线元，也就是说无论多么复杂的道路线形均可以通过这三种基本线元任意组合而成，设计者要做的就是如何根据实际工程和设计规范的要求，合理恰当地布置这些线元而已。针对道路线形的特点，用下面的数学模型来统一表达直线、圆和回旋线三种基本线元：

$$k(s) = a \times s + b \tag{3-1}$$

　　式(3-1)中，$k(s)$ 为距起点曲线长度为 s 处的曲率，所谓曲率是曲线任意点处的弯曲程度的表示，对于直线来说各点曲率为 0，圆曲线上各点曲率相同，为圆半径的倒数，缓和曲线上各点曲率呈线性变化，曲率有正负之分，这是为处理方便而人为规定的。规定如下：沿着道路前进方向，曲线向左转曲率为正($k>0$)，曲线向右转曲率为负($k<0$)，a、b 为两个任意常数，有：

　　当 $a=0$，$b=0$ 时，$k(s)=0$ 表示该线元是一段直线；

　　当 $a=0$，$b\neq0$ 时，$k(s)=b$(常数)表示该线元是一段圆曲线；

　　当 $a\neq0$，$b\neq0$ 时，$k(s)=a\times s+b$ 表示该线元是一段回旋线；

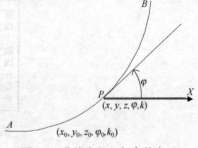

　　如图 3-2 所示，AB 是一段线元(可能是直线，圆曲线和回旋线中的任一种)，P 为曲线上任意一点，这里定义(x, y, z, φ, k) 为 P 的几何参数，x, y, z 为该点的三维坐标，φ 为该点处的切线与 X 轴正方向的夹角，以逆时针方向为正，k 为该点处的曲率，由于这里讨论的是平面线形，所以其中 z 暂不考虑。如果定义该段曲线起点的几何参数为$(x_0, y_0, z_0, \varphi_0, k_0)$，则任意点 P 的几何参数(x, y, z, φ, k)可以这样表达：

图 3-2　曲线点的几何参数表示

$$\left. \begin{aligned} k(s) &= a \times s + b \\ \varphi(s) &= \varphi_0 + \int_0^s k(s)\,\mathrm{d}s \\ x(s) &= x_0 + \int_0^s \cos\varphi(s)\,\mathrm{d}s \\ y(s) &= y_0 + \int_0^s \sin\varphi(s)\,\mathrm{d}s \end{aligned} \right\} \tag{3-2}$$

其中，s 为 P 点距起点的曲线长度，式(3-2)是道路中心线的一种几何样条数学表达式，以此为基础可以处理道路中心线中曲线的计算问题。

（2）道路中心线的边界约束模型

道路中心线是由一系列直线、圆曲线和回旋线依据一定的要求依次连接而成的，在这样的曲线链中每段曲线单元都可以通过该单元的两个端点的几何参数来表示，如果把曲线两端点的几何参数称为边界约束，那么，道路中心线中曲线之间的衔接问题就是各曲线端边界约束之间的关系问题，无论是"线形单元"、"积木法"还是"线元"都可以统一在边界约束模型中。根据边界约束的概念，道路中心线上任意一段曲线的两个端点都是有约束的，两条曲线的组合就成了曲线在端点处的衔接问题，如图 3-3 所示，曲线 S_1，S_2，在端点处衔接，设曲线 S_1 端点几何参数为 P_1（x_1，y_1，z_1，φ_1，k_1），曲线 S_2 端点几何参数为 P_2（x_2，y_2，z_2，φ_2，k_2），这两点有三种衔接方法：

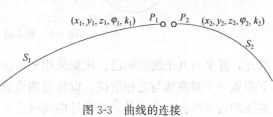

图 3-3　曲线的连接

1）$x_1 = x_2$，$y_1 = y_2$，$z_1 = z_2$，$\varphi_1 \neq \varphi_2$，$k_1 \neq k_2$，P_1 和 P_2 在此处连接成折点，如导线点；

2）$x_1 = x_2$，$y_1 = y_2$，$z_1 = z_2$，$\varphi_1 = \varphi_2$，$k_1 \neq k_2$，P_1 和 P_2 在此处满足一阶导数连续，如直线和圆曲线相连接的情况；

3）$x_1 = x_2$，$y_1 = y_2$，$z_1 = z_2$，$\varphi_1 \neq \varphi_2$，$k_1 = k_2$，P_1 和 P_2 在该点处满足二阶导数连续，如直线和缓和曲线相连接或圆曲线和缓和曲线相连接的情况。

这样曲线的设计就可以通过曲线端点一段一段地衔接下去，比如 n 个线元组合而成道路中心线，沿道路前进方向各端点几何参数分别为 P_1、P_2、……、P_n，在计算机中要储存的便是 P_1、P_2、……、P_n 依次各端点的约束资料，一般可以称之为 sk 模型（s 指桩距、k 指曲率）。由于道路中心线形无论多么复杂都是由三种线元组合而成，所以都可以用上述的边界约束模型来统一管理，这就使得应用计算机来处理中心线设计简捷方便，曲线上任意点的约束均可根据式(3-2)计算得到，在具体设计中，可以根据各端点的约束建立几何参数方程，最终落实到解方程组上面，解方程组对于计算机来说是非常方便的事。有了任意点的约束就可以进行后续设计，包括曲线的绘制等都将非常方便。

（3）用边界约束模型进行平面中心线曲线要素的计算

在导线法中平面中心线曲线要素计算就是计算出传统意义上的曲线长、切线长、外矢矩和主点桩号等元素。边界约束的中心线模型中所谓的中心线要素计算也就是各端点约束的求解过程，这些原本独立的方法均可归结到端点约束求解之中，包括习惯上采用并且确有其优点之处的导线法。

道路中心线是由三种基本线元任意组合而成的，共有六种组合情况，见图 3-4。即：①直线和直线；②直线和圆曲线；③直线和缓和曲线；④圆曲线和圆曲线；⑤圆曲线和缓和曲线；⑥缓和曲线和缓和曲线。

道路中心线的设计过程基本上都是在给定约束条件下布置一系列线元组合，所不同的是给定的约束可以是直线，也可能是圆曲线等，而布置的线元组合可以是一个线元、三个

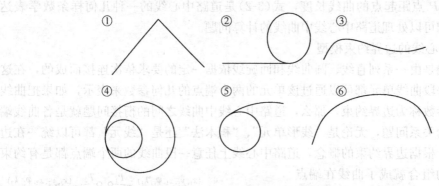

图 3-4　基本线元的几种组合

线元，甚至八九个线元而已。比如采用导线法设计单交点单曲线时就是在两条直线的约束下布置一个圆曲线与之相衔接。设计复曲线就是在三根直线约束下布置一段缓和曲线与圆曲线的衔接组合；采用单元法设计曲线时也是在圆曲线之间约束下布置一道圆曲线。由此看来，道路中心线的设计方法从根本上来讲就是在一定约束下布置线元的过程，有关学者提出来的种种方法只不过是解算这些约束的不同方法，其本质都是一致的。

路线平面中心线设计的过程就是在两边约束条件下布置 $1\sim n$ 个线元组合的过程，这之间可能布置一个线元，也可以布置两个线元、三个线元直至 n 个线元的组合，这要根据具体工程要求以及技术标准来确定，两边的约束可以是两段曲线，也可以是两个端点，因此，道路 CAD 必须支持这些基本算法才能满足实际应用的要求，下面通过几个具体的情况来说明如何操作。

1）两边约束，中间布置一段曲线的情况

这种情况目前在设计中经常遇到，最基本的组合情况就是在两直线之间布置一个圆曲线，还有可能在两个圆曲线之间布置一个回旋线等等。设所设计的曲线两个端点分别为 P_1 和 P_2，所要求的便是该两点的边界约束 $(x_1, y_1, z_1, \varphi_1, k_1)$，和 $(x_2, y_2, z_2, \varphi_2, k_2)$。

2）两边约束，中间布置两段曲线的情况

这种情况目前在设计中可能遇到，最基本的组合情况是在两直线之间布置两个圆曲线，还有可能在两个圆曲线之间布置两个回旋线等等。设所设计的曲线端点分别为 P_1，P_2 和 P_3，所要求的便是该三点的边界约束 $(x_1, y_1, z_1, \varphi_1, k_1)$，$(x_2, y_2, z_2, \varphi_2, k_2)$ 和 $(x_3, y_3, z_3, \varphi_3, k_3)$。

3）两边约束，中间布置三段曲线的情况

三个线元组合主要有两种情况：①"缓和曲线＋圆曲线＋缓和曲线"的组合；②"圆曲线＋缓和曲线＋圆曲线"的组合。①组合常用在交点法设计的单交点单曲线的情况，②组合则常用在复曲线的设计中。

4）三个以上线元组合

2. 平面法线模型及其应用

（1）平面法线模型

至此讨论的都是道路中心线的设计问题，实际上道路平面设计中的中心线部分只是其

中最基本的内容，单单中心线设计还不能构成完整
的道路平面设计，在此基础上还要考虑道路边线的
设计和管理，这就需要提出法线模型。所谓法线模
型就是沿着法线方向以中心线为基础计算点的方
法。如图 3-5 所示，AB 是中心线上的任意一个曲线
单元，A 的几何参数为 $(x_0，y_0，z_0，\varphi_0，k_0)$，边
线上任意一点 P 的平面坐标 $[x_P(S)，y_P(S)]$ 可以
这样求得：

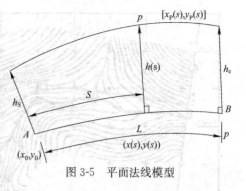

图 3-5 平面法线模型

$$x_P(S) = x(S) + h(S) \times \cos\left[\frac{\pi}{2} + \varphi(S)\right]$$

$$y_P(S) = y(S) + h(S) \times \sin\left[\frac{\pi}{2} + \varphi(S)\right]$$

$$\left.\varphi(S) = \varphi_0 + \int_0^S k(S)\mathrm{d}S, \quad k(S) = a \times S + b\right\} \quad (3\text{-}3)$$

$$x(S) = x_0 + \int_0^S \cos\varphi(S)\mathrm{d}S, \quad y(S) = y_0 + \int_0^S \sin\varphi(S)\mathrm{d}S$$

$$h(S) = h_S + \frac{S}{L} \times (h_e - h_S)$$

以上便是所谓的法线模型，模型虽然简单，然而在道路路线设计中起着很重要的作
用，所有偏离中心线一定距离的点的平面坐标均可以通过式(3-3)计算。

（2）平面法线模型的应用

在城市道路平面设计中，道路中心线计算好了以后，还有很重要的工作要做，这就是
平面其他内容的设计，比如设计分隔带、导流岛等，这些内容的设计不仅仅是要把平面图
绘制出来，而且必须反映在模型之中，也就是说只要在平面图上设置了类似于分隔带等对
象以后，可以通过桩号这样的关键字进行搜索得到有关的信息。

可以预先将要设计的对象定义成一系列参数模型，并且确定该参数模型的一或两个插
入点，在平面有关内容的设计应用中，根据需要选择相应的对象，根据法线模型确定以中
心线为基础的插入位置。

接着，可以利用法线模型绘制道路边线。利用法线模型可以计算距中心线任意距离点
的坐标，这是绘制道路各条边线的基础，依次计算出中心线上各桩号点所对应的各边线上
点的平面坐标，将这些坐标点连接起来就可以绘制出道路边线，在后面将要提出的道路平
面图的绘制就是利用法线模型进行处理的。

在实际应用中，除了依据中心线给定偏距、利用法线模型绘制边线外，还应该考虑反
向操作，也就是用户首先用自己熟悉的绘图命令绘出图形，然后为其指定所依据的中心
线，反算其中的有关法线参数，这一功能很有实用意义。

3. 道路平面图及平曲线一览表的绘制

图 3-6 是典型的道路平面图，包含以下内容：

（1）地形，这是由原始地形图提供的；

（2）路线线位图，这是设计的主要内容，包括中心线、道路各边线、桩号、填挖示坡

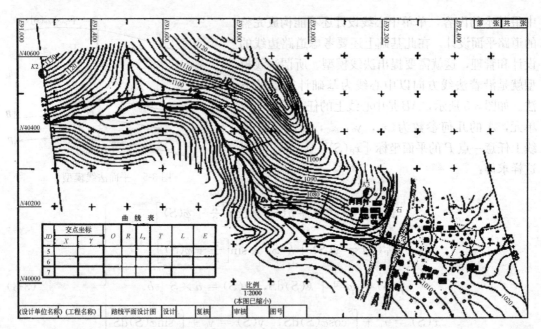

图 3-6 道路平面图

线（没有设计横断面此项就没有）等；

（3）平曲线一览表，包含同页的平曲线有关数据资料；

（4）指北针。

3.1.2 路线外业——中桩组曲线测设计算实用程序

路线外业测设计算机辅助设计就是利用计算机处理道路野外测设工作中遇到的各种设计、计算问题。外业测设工作分散性大，野外作业多，计算工具要求体积小、重量轻、携带方便，环境适应性强。外业计算机辅助设计较早广泛采用的是日本夏普公司生产的 PC—1500 袖珍计算机，后来逐渐被其升级换代产品 PC—E500 所取代，随着计算机价格的进一步降低，功能更加强大的笔记本型或掌上型 PC 机已在外业计算机辅助设计中展现风采。

路线外业测设一般分选线组、导线测角组、中桩组、水准组、断面组等作业组进行工作。其中选线组、中桩组的计算工作量比较大，其计算速度和计算精度，直接影响到整个测设工作的速度和质量。采用计算机技术改革传统的测设方法，变手算为电算，显著提高测设效率，保证测设质量。

中桩组的主要任务是：根据选线组选定的交点位置、曲线半径、缓和曲线长及导线测角组测得的路线偏角、交点链距、按一定桩距在实地用各种桩志标定出路线的具体位置。

路中线由直线和曲线组成，曲线组合类型多，占路线总长的比例较大，在山区公路和一些高等级公路中，曲线所占比例可达 70% 以上，曲线测设是中桩组的主要内容，而曲线测设计算则是影响曲线测设进度和质量的主要因素。

曲线测设有单交点的基本型、双交点的虚交、切基线、复曲线、卵形曲线等多种组合类型。本节只就常见的单交点平曲线计算敷设进行讲解。

如图 3-7 所示，只设一个 JD 点的平曲线称单交点的平曲线。平曲线由前缓和曲线

L_{S1}、中间圆曲线 L_Y、后缓和曲线 L_{S2} 组成。当 $L_{S1}=L_{S2}$，既前后缓和曲线等长时，称对称基本型平曲线，否则称为非对称基本型平曲线；当 $L_Y=0$，既整个平曲线由前后两段缓和曲线首尾相连时，还可构成所谓 S 形曲线或 C 形曲线。

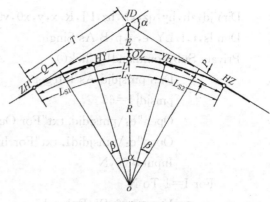

图 3-7　圆曲线几何要素

单交点对称基本型是最常见的平曲线形式，我们先介绍这种平曲线的计算敷设，然后扩展到非对称基本型平曲线的计算敷设，其余曲线类型则可视为基本型的变化形式。

（1）对称基本型平曲线

1）曲线要素计算及主点桩号计算

对于对称基本型，在图 3-7 中所示的各种几何元素，圆曲线半径 R，前后缓和曲线长 L_{S1}，L_{S2}（$L_{S1}=L_{S2}=L_S$）由选线组选定，路线偏角 α 由测角测定，交点桩号 JD 由前一平曲线递推而得，均可视为已知；而曲线要素包括切线长 T、外距 E、圆曲线长 L_Y、平曲线总长 L 以及五个主点桩号 ZH，HY，QZ，YH，HZ 则为未知变量；通过路线勘测设计及测量学等课程的分析推导，这些未知变量都可以通过对已知变量进行一些简单的运算得出，其计算公式罗列如下：

$$
\left.
\begin{aligned}
&T=(R+P)\tan(\alpha/2)+Q \\
&E=(R+P)\sec(\alpha/2)-R \\
&L_Y=(\alpha-2\beta)\times R \\
&L=L_Y+2L_S \\
&ZH=JD-T \\
&HY=ZH+L_S \\
&QZ=HY+L_Y/2 \\
&YH=HY+L_Y \\
&HZ=YH+L_S
\end{aligned}
\right\} \tag{3-4}
$$

式中　P——圆曲线内移值，$P=L_S^2/24R$；

　　　　Q——切线增长值，$Q=L_S/2-L_S^3/240R^2$；

　　　　B——缓和曲线旋转角，$B=L_S/2R$(弧度)。

据此写出程序框图如图 3-8 所示，程序中 α、β 分别用 PJ、B 表示。

① VB 源程序：

'单交点对称基本型平曲线要素、主点桩号计算
'定义下列变量为全局变量

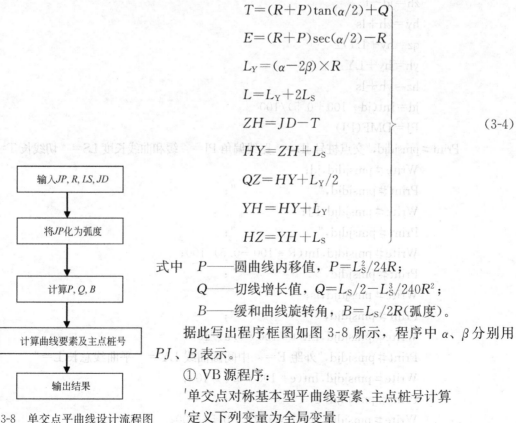

图 3-8　单交点平曲线设计流程图

```
Dim jd,zh,hy,qz,yh,hz,PJ,R,x,y,x0,y0,pl,f1 As Single
Dim ls,t,l,LY,e,q,p,B As Single
Private Sub Command1_Click()
        Dim pmsjdjd As Integer
        pmsjdjd=65
        Open"e:\pmsjdjd.txt"For Output As#pmsjdjd
        Open"e:\pmsjdjd1.txt"For Input As#66
        Input#66,N
    For I=1 To N
        Input#66,PJ,R,ls,jd
        Call JP(PJ)
        p=(ls*ls)/(24*R)
        q=ls/2-(ls^3)/(240*R*R)
        B=ls/(2*R)
        t=(p+R)*Tan(PJ/2)+q
        e=(p+R)/(Cos(PJ/2))-R
        LY=(PJ-2*B)*R
        l=LY+2*ls
        zh=jd-t
        hy=zh+ls
        qz=hy+LY/2
        yh=hy+LY
        hz=yh+ls
        jd=Int(jd*100+0.5)/100
        PJ=DMF(PJ)
    Print#pmsjdjd,"交点桩号 JD=    路线偏角 PJ=    缓和曲线长度 LS=    切线长 T="
        Write#pmsjdjd,jd;
        Print#pmsjdjd,"                ";
        Write#pmsjdjd,PJ;
        Print#pmsjdjd,"              ";
        Write#pmsjdjd,Int(R*100+0.5)/100;
        Print#pmsjdjd,"              ";
        Write#pmsjdjd,ls;
        Print#pmsjdjd,"              ";
        Write#pmsjdjd,Int(t*100+0.5)/100
        Print#pmsjdjd,"外距 E=    中间圆曲线 LY=    平曲线总长 L="
        Write#pmsjdjd,Int(e*100+0.5)/100;
        Print#pmsjdjd,"              ";
        Write#pmsjdjd,Int(LY*100+0.5)/100;
```

```
        Print♯pmsjdjd,"                  ";
        Write♯pmsjdjd,Int(l*100+0.5)/100
        Print♯pmsjdjd,"ZH=  HY=  QZ=  YH=  HZ="
        Write♯pmsjdjd,Int(zh*100+0.5)/100;
        Print♯pmsjdjd,"                    ";
        Write♯pmsjdjd,Int(hy*100+0.5)/100;
        Print♯pmsjdjd,"                    ";
        Write♯pmsjdjd,Int(qz*100+0.5)/100;
        Print♯pmsjdjd,"                    ";
        Write♯pmsjdjd,Int(yh*100+0.5)/100;
        Print♯pmsjdjd,"                    ";
        Write♯pmsjdjd,Int(hz*100+0.5)/100
    Call FSJS(pmsjdjd,zh,hz,ls,R,q,p,t,qz)
    Next I
Close
End Sub
'度、分、秒化弧度子程序
Sub JP(x)
    pI=3.1415926
    N=Int(x)
    M=Int(x*100)-N*100
    S=x*10000-N*10000-M*100
    PJ=N+M/60+S/(60*60)
    x=PJ*pI/180
End Sub
```

② 流程图

2) 曲线敷设计算

曲线敷设常用切线支距法和偏角法。钉设曲线上某一中桩时，该桩里程桩号 *PL* 为已知而对应的 *x*、*y* 支距或弦偏角、弦长为未知。

① 以切线支距法为例，其计算问题可表述如下：

如图 3-9 所示，以 *ZH* 点（或 *HZ* 点）为坐标原点，*ZH* 点（或 *HZ* 点）切线方向为 *X* 轴，法线方向为 *Y* 轴，求曲线上桩号为 *PL* 的任意一点 *M* 在该坐标系中的坐标 (x, y)。

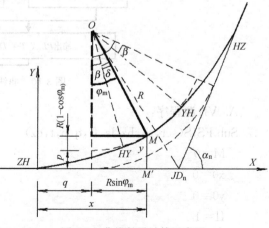

图 3-9 曲线敷设计算示意图

解：由于整个曲线是由缓和曲线和圆曲线组成的。因而首先应判断点 M 是位于缓和曲线段，还是位于圆曲线段，以便采用不同的公式进行计算。

$$对缓和曲线上的点\begin{cases} x=L-\dfrac{L^5}{40R^2L_s^2} \\ y=\dfrac{L^3}{6RL_s}-\dfrac{L^7}{336R^3L_s^3} \end{cases} \quad (L<L_s) \qquad (3\text{-}5)$$

$$对圆曲线上的点\begin{cases} x=Q+R\times\sin\varphi_m \\ y=P+R(1-\cos\varphi_m) \end{cases} \quad (L\geqslant L_s) \qquad (3\text{-}6)$$

其中 L 为点 M 距 ZH 点的弧长，φ_m 为点 M 与 HY 点间弧长所夹圆心角与缓和曲线螺旋角之和。其值为：$\varphi_m=\left(\dfrac{L-L_s}{R}+\dfrac{L_s}{2R}\right)$（弧度）。

程序中 L、φ_m 分别用 L、FI 表示。其余符号意义同前。

程序框图如图 3-10 所示。注意框图中出现的程序分支。

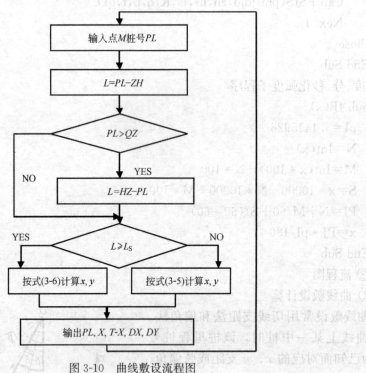

图 3-10 曲线敷设流程图

A. VB 源程序：

```
Sub FSJS(scr,zh,hz,ls,R,q,p,t,qz)
    M=0
    x0=0
    y0=0
    I1=1
    Input #66,N1
20 While I1<=N1
```

```
    Input#66,no,pl
    If pl<zh Or pl>hz Then
        Write#scr,no,pl;
        Print#scr,"*******中桩不在此曲线范围内*********"
        If no>N1 Then Exit Sub
        I1=I1+1
        GoTo 20
    End If
    l=pl-zh
If pl>=qz Then l=hz-pl
If(l<ls) Then
    X=l-(l^5)/(40*R*R*ls*ls)
    y=(l^3)/(6*R*ls)-l^7/(336*R^3*ls^3)
Else
    f1=((l-ls)/R+ls/(2*R))
    X=q+R*Sin(f1)
    y=p+R*(1-Cos(f1))
End If
If M=0 Then
    Print#scr,"中桩编号　中桩桩号　X坐标　Y坐标　T-X"
    Write#scr,no;
    Print#scr,"            ";
    Write#scr,Int(pl*100+0.5)/100;
    Print#scr,"            ";
    Write#scr,Int(X*100+0.5)/100;
    Print#scr,"            ";
    Write#scr,Int(y*100+0.5)/100;
    Print#scr,"            ";
    Write#scr,Int((t-x)*100+0.5)/100
Else
    Write#scr,no;
    Print#scr,"            ";
    Write#scr,Int(pl*100+0.5)/100;
    Print#scr,"            ";
    Write#scr,Int(x*100+0.5)/100;
    Print#scr,"            ";
    Write#scr,Int(y*100+0.5)/100;
    Print#scr,"            ";
    Write#scr,Int((t-x)*100+0.5)/100
```

```
End If
M=M+1
x0=x
y0=y
I1=I1+1
Wend
End Sub
```

【说明】 本程序接在上面的曲线及主点桩号计算程序之后运行，为了便于讲解，特分别示出。第 9 行的 IF 语句判断所输中桩桩号是否位于平曲线内，若因操作错误等原因，桩号输错，程序自动转回语句标号为 20 的语句继续输入桩号。第 17 行判断中桩点是位于 QZ 点前半曲线还是后半曲线。第 18 行判断中桩点是位于圆曲线段还是位于缓和曲线段。26～50 行用来输出所得的 M 点的 x，y 坐标。程序中"M"用来控制第一次输出数据项时显示各数据项意义的提示符。

B. 输入数据文件 pmsjdjd1. txt：

```
2
30.0000,500,100,1024
4
1,800
2,900
3,1000
4,1200
50.0000,400,70,3000
5
1,2800
2,2900
3,3000
4,3200
5,3300
```

C. 输出数据文件 pmsjdjd. txt：

交点桩号 JD=	路线偏角 PJ	缓和曲线长度 LS=	切线长 T=
1024,	29.2419,	500,	100, 184.18

外距 E=	中间圆曲线 LY=	平曲线总长 L=
18.5,	161.8,	361.8

ZH=	HY=	QZ=	YH=	HZ=
839.82,	939.82,	1020.72,	1101.62,	1201.62

1,800,＊＊＊＊＊＊＊中桩不在此曲线范围内＊＊＊＊＊＊＊＊＊

中桩编号	中桩桩号	X 坐标	Y 坐标	T-X
2,	900,	60.17,	.73,	124.01
3,	1000,	159.27,	12.92,	24.91

4,	1200,	1.62,	0,	182.56
交点桩号 JD=	路线偏角 PJ	缓和曲线长度 LS=		切线长 T=
3000,	50,	400,	70,	221.75
外距 E=	中间圆曲线 LY=	平曲线总长 L=		
41.91,	279.07,	419.07		
ZH=	HY=	QZ=	YH=	HZ=
2778.25,	2848.25,	2987.78,	3127.31,	3197.31
中桩编号	中桩桩号	X 坐标	Y 坐标	T-X
1,	2800,	21.75,	.06,	200
2,	2900,	121.06,	9.88,	100.69
3,	3000,	192.89,	32.99,	28.87

4,3200,＊＊＊＊＊＊中桩不在此曲线范围内＊＊＊＊＊＊＊＊

5,3300,＊＊＊＊＊＊中桩不在此曲线范围内＊＊＊＊＊＊＊＊

D. 流程图,见图 3-10。

② 当用偏角法敷设曲线时,如图 3-9 所示,其计算问题又可表述为:

已知曲线上任意点 M 的桩号为 PL,求点 M 到 ZH 点距离及弦长 S,以及点 M 距前一中桩点的弦长 S_0。

对于带缓和曲线的平曲线弦偏角及弦长的计算公式推导比较麻烦,但若已求得切线支距 x,y,其计算过程则变得十分简单,计算由 ZH 点、中桩点 M、M' 构成的直角三角形,可得:

$$I=\arctan(y/x) \quad S=\sqrt{x^2+y^2} \tag{3-7}$$

设前一中桩点的支距为 x_0,y_0,则:

$$S_0=\sqrt{(x-x_0)^2+(y-y_0)^2} \tag{3-8}$$

将切线支距法敷设程序适当改变,即可得偏角法敷设 VB 程序:

```
Sub FSJS1(scr,zh,hz,ls,R,q,p,t,qz)
  M=0
  x0=0
  y0=0
  I1=1
 Input＃66,N1
20 While I1<=N1
  Input＃66,no,pl
  If pl<zh Or pl>hz Then
    Write＃scr,no,pl;
    Print＃scr,"＊＊＊＊＊＊＊中桩不在此曲线范围内＊＊＊＊＊＊＊＊＊＊"
    If no>N1 Then Exit Sub
    I1=I1+1
    GoTo 20
```

```
        End If
        l=pl-zh
    If pl>=qz Then l=hz-pl
    If(l<ls) Then
            X=l-(l^5)/(40*R*R*ls*ls)
            y=(l^3)/(6*R*ls)-l^7/(336*R^3*ls^3)
    Else
            f1=((l-ls)/R+ls/(2*R))
            X=q+R*Sin(f1)
            y=p+R*(1-Cos(f1))
    End If
    IL=Atn(y/x)
    IL=DFM(IL)
    S=Sqr(x*x+y*y)
    S0=Sqr((x-x0)*(x-x0)+(y-y0)*(y-y0))
    If M=0 Then
            Print # scr,"中桩编号　中桩桩号　偏角 IL　S　S0"
            Write # scr,no;
            Print # scr,"         ";
            Write # scr,Int(pl*100+0.5)/100;
            Print # scr,"          ";
            Write # scr,IL;
            Print # scr,"           ";
            Write # scr,Int(S*100+0.5)/100;
            Print # scr,"          ";
            Write # scr,Int(S0*100+0.5)/100
    Else
            Write # scr,no;
            Print # scr,"          ";
            Write # scr,Int(pl*100+0.5)/100;
                Print # scr,"          ";
            Write # scr,IL;
            Print # scr,"            ";
            Write # scr,Int(S*100+0.5)/100;
            Print # scr,"          ";
            Write # scr,Int(S0*100+0.5)/100
    End If
    M=M+1
    x0=x
```

```
y0＝y
I1＝I1+1
Wend
End Sub


Function DFM(x)
'弧度化度,分,秒子程序
PI＝3.1415926
DD＝x＊180/PI
NN＝Int(DD)
MM＝Int((DD−NN)＊60)
JJ＝Int((DD−NN)＊60−MM＊60)
DFM＝NN+MM/100+JJ/10000
End Function
```

【说明】 子程序 DFM 将计算结果为弧度的弦偏角 IL 变为度分秒的形式,以方便实际放线时经纬仪操作,这同子程序 JP 功能正好相反。

(2)非对称基本型平曲线实用程序设计

我们在工程中常遇到"非对称基本型平曲线",所谓非对称基本型平曲线是单交点平曲线,但前后缓和曲线不相等,则相应的前半曲线、后半曲线要素也不相等,QZ 点也不再位于交点的角平分线上,其电算程序也应做适当调整。

"凸形、C 形、S 形、切基线、复曲线"等多种平曲线类型。这些双交点的平曲线由非对称基本型平曲线以不同方式组合而成,每种曲线根据曲线要素的不同,有各自不同的电算方法,道路的电算设计是十分复杂的问题。

下面是用 VB 程序编写的计算非对称型平曲线要素、主点桩号、曲线上任意点的支距及坐标的计算程序。数据输入及输出均由窗体显示,窗体示意见图 3-11。

1)VB 源程序:

```
'定义下列变量为全局变量
Dim jd,zh,hy,qz,yh,hz,lcz As Double
Dim r,ls,t,l,j,e,q,p,q2,p2,t2,ls2,ls1,A_ls1,A_ls2,q1,p1 As Single
Dim deg,rad,bta0,bta2,alf,A2,A_ls As Single
```

① 仅计算平曲线要素及主点里程桩号,并由窗体显示计算结果

```
Private Sub Command1_Click()
'由窗体读入数据
 jd＝Val(Text1.Text)
 alf＝Text2.Text
 r＝Text3.Text
 ls1＝Val(Text4.Text)
 ls2＝Val(ls_2.Text)
'识别度分秒,并转换为弧度
```

```
        d＝Int(alf)
        m＝Int((alf－d) * 100)：      s＝(alf－d－m/100) * 10000
        deg＝d＋m/60＋s/3600；alf＝deg * 3.14159/180
    '平曲线要素计算
        p1＝ls1 * ls1/24/r；      bta1＝ls1/2/r
        p2＝ls2 * ls2/24/r；      bta2＝ls2/2/r
        A_ls1＝r * ls1；      A_ls2＝r * ls2
        If ls1＜ls2 Then
            p2＝p1
            Y＝r * (1－Cos(bta2))＋p1；      A_ls2＝ls2^3/6/Y
        Else
            p1＝p2
            Y＝r * (1－Cos(bta1))＋p2；A_ls1＝ls1^3/6/Y
        End If
        X＝ls1－ls1^5/40/A_ls1^2；      q1＝X－r * Sin(bta1)
        X＝ls2－ls2^5/40/A_ls2^2；      q2＝X－r * Sin(bta2)
        t1＝(r＋p1) * Tan(alf/2)＋q1；t2＝(r＋p2) * Tan(alf/2)＋q2
        l1＝(alf/2－bta1) * r＋ls1；      l＝(alf－bta1－bta2) * r＋ls1＋ls2
        e＝(r＋p1)/Cos(alf/2)－r；      j＝t1＋t2－l
        t1＝Int(t1 * 1000＋0.5)/1000；t2＝Int(t2 * 1000＋0.5)/1000
        l1＝Int(l1 * 1000＋0.5)/1000；l＝Int(l * 1000＋0.5)/1000
        e＝Int(e * 1000＋0.5)/1000；j＝Int(j * 1000＋0.5)/1000
    '计算主点里程桩号
        zh＝jd－t1；hz＝zh＋l；hy＝zh＋ls1；yh＝hz－ls2
        qz＝zh＋l1
    '输出计算结果,由窗体显示
    Text5. Text＝t1
    Text6. Text＝t2
    Text7. Text＝l
    Text8. Text＝e
    Text15. Text＝j
    Text9. Text＝jd
    Text10. Text＝zh
    Text11. Text＝hy
    Text12. Text＝qz
    Text13. Text＝yh
    Text14. Text＝hz
    End Sub
    Private Sub Command2_Click()
```

lcz＝Val(Text16. Text)

② 切线支距计算

```
If lcz<=zh Or lcz>=hz Then
    X=0;Y=0
ElseIf lcz<hy Then
    k=lcz－zh
    X=k－k^5/40/A_ls1^2
    Y=k^3/6/A_ls1
ElseIf lcz>yh Then
    k=hz－lcz
    X=k－k^5/40/A_ls2^2
    Y=k^3/6/A_ls2
ElseIf lcz>qz Then
    k=yh－lcz
    fai=k/r+bta2
    X=r * Sin(fai)+q2;Y=r * (1－Cos(fai))+p2
Else
    k=lcz－hy
    fai=k/r+bta1
    X=r * Sin(fai)+q1;Y=r * (1－Cos(fai))+p1
End If
X=Int(X * 1000＋0. 5)/1000;Y=Int(Y * 1000＋0. 5)/1000
Text17. Text=lcz
Text18. Text=X
Text19. Text=Y
End Sub
```

③ 计算任意桩号坐标

```
Private Sub Command3_Click()
'从窗体读入计算里程桩号、交点坐标及计算方位角
lcz=Val(Text16. Text)
x_jd=Val(Text20. Text)
y_jd=Val(Text21. Text)
fwj=Val(Text22. Text)
fai_jd=fwj * 3. 14159/180
'切线支距计算
If ls=0 Then
    If lcz<=zh Or lcz>=hz Then
        X=0;Y=0
    Else
```

```
        If lcz>qz Then
          k=hz-lcz;
        Else
          k=lcz-zh
        End If
        fai=k/r
        X=r*Sin(fai);Y=r*(1-Cos(fai))
      End If
    Else
      If lcz<=zh Or lcz>=hz Then
        X=0;Y=0
      ElseIf lcz>hy And lcz<yh Then
        If lcz>qz Then
          k=yh-lcz
        Else
          k=lcz-hy
        End If
        fai=k/r+bta0
        X=r*Sin(fai)+q;Y=r*(1-Cos(fai))+p
    Else
      If lcz>qz Then
        k=hz-lcz
      Else
        k=lcz-zh
      End If
        X=k-k^5/40/r^2/ls^2; Y=k^3/6/r/ls
    End If
  End If
'计算坐标
If lcz<=zh Then
    lq=jd-lcz
    If Option2=True Then
      x_q=x_jd-lq*Cos(fai_jd-alf)
      y_q=y_jd-lq*Sin(fai_jd-alf)
    Else
      x_q=x_jd-lq*Cos(fai_jd+alf)
      y_q=y_jd-lq*Sin(fai_jd+alf)
    End If
ElseIf lcz>=hz Then
```

```
    lq=lcz−hz+t
        x_q=x_jd−lq * Cos(fai_jd)
        y_q=y_jd−lq * Sin(fai_jd)
    Else
        lq=Sqr((t−X)^2+Y^2)
        dlt=Atn(Y/(t−X))
    If lcz>qz Then
        If Option2=True Then
            fai_q=fai_jd+dlt
        Else
            fai_q=fai_jd−dlt
        End If
    Else
        If Option2=True Then
            fai_q=fai_jd−alf+3.14159−dlt
        Else
            fai_q=fai_jd+alf+3.14159+dlt
        End If
    End If
    x_q=x_jd+lq * Cos(fai_q): y_q=y_jd+lq * Sin(fai_q)
End If
    x_q=Int(x_q * 1000+0.5)/1000:y_q=Int(y_q * 1000+0.5)/1000
```

2) 显示计算结果，见图 3-11。

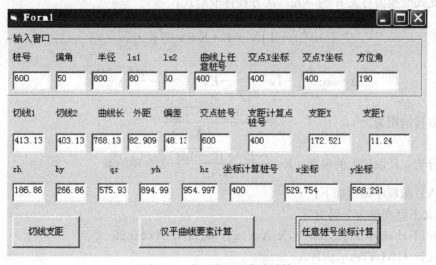

图 3-11　非对称型平曲线计算

Text23. Text=lcz

Text24. Text=x _ q

```
Text25. Text＝y _ q
End Sub
```

3.1.3 路线外业——选线组平曲线设计实用程序

平曲线的主要任务就是选定各个路线交点所对应的圆曲线半径和缓和曲线长度。路线交点、圆曲线半径及缓和曲线长度一经选定，则路线中线位置即被完全确定。由于平曲线占路线总比例颇大，因而快速地完成平曲线设计任务，对于外业测设尤其是一次定测有着重要意义。

选线过程中，路线的选定常常会受到地形、地物以及设计标准和设计规范的限制，此时平曲线半径和缓和曲线长应根据各种控制条件计算得出，完成这些计算工作正是选线组外业电算的主要任务。

图 3-7 所示单交点平曲线，其半径 R、缓和曲线长 L_S 可根据不同情况由需要的外距 E、切线长 T、曲线长 L 等控制条件计算得出。由于存在 R、L_S 两个未知变量，通常是首先人为选定一个满足标准要求的 L_S 值，然后解算 R 值，或者按 L_S：L_Y：L_S＝1：1：1 的线形协调要求，即 $L_S = L_Y$ 的附加条件解算出 R，L_S 值。

(1) 选定 L_S 值后，由外距控制反求半径

该问题可表述为：

已知：偏角 PJ、缓和曲线长 L_S、外距 E

求：相应的圆曲线半径 R

解：根据有关公式推导得：

$$E=\left(R+\frac{L_S^2}{24R}\right)\sec\frac{PJ}{2}-R \tag{3-9}$$

将此式变换为有关 R 的一元二次方程标准形式：

$$\left(\sec\frac{PJ}{2}-1\right)R^2-E\cdot R+\sec\frac{PJ}{2}\cdot\frac{L_S^2}{24}=0 \tag{3-10}$$

令：

$$A=\sec\frac{PJ}{2}-1, \quad B=-E, \quad C=\sec\frac{PJ}{2}\cdot\frac{L_S^2}{24} \tag{3-11}$$

则方程的根为：

$$R=\frac{-B\pm\sqrt{B^2-4AC}}{2A}$$

经分析，R 取较大的根即：$R=\dfrac{-B+\sqrt{B^2-4AC}}{2A}$ 为合理的解。

1) VB 源程序编写如下：

```
'定义下列变量为全局变量
Dim jd,zh,hy,qz,yh,hz,PJ,R,X,y,x0,y0,pl,f1 As Single
Dim ls,t,l,LY,e,q,p,B As Single
'单交点平曲线外距控制求半径
Private Sub Command1_Click()
'由窗体读入数据
```

```
PJ＝Val(Text1. Text)
ls＝Val(Text2. Text)
e＝Val(Text3. Text)
PI＝3. 1415926
ES＝e
PJ＝DEG(PJ)
PJ＝PJ＊PI/180
A＝1/Cos(PJ/2)－1
B＝(－1)＊e
C＝(1/Cos(PJ/2))＊(ls＊ls/24)
Call FACHENG(R,A,B,C)
If mm＝9999 Then Exit Sub
t＝(R＋(ls＊ls)/(24＊R))＊Tan(PJ/2)＋ls/2
e＝(R＋(ls＊ls)/(24＊R))＊(1/Cos(PJ/2))－R
LY＝PJ＊R－ls
l＝LY＋2♯＊ls
R＝Int(R＊1000＋0.5)/1000：t＝Int(t＊1000＋0.5)/1000
LY＝Int(LY＊1000＋0.5)/1000：e＝Int(e＊1000＋0.5)/1000：l＝Int(l＊1000＋
0.5)/1000
'显示计算结果
Text4. Text＝R
Text5. Text＝t
Text6. Text＝LY
Text7. Text＝e
Text8. Text＝l
End Sub
'求一元二次方程根的子程序
Sub FACHENG(R,A,B,C)
pl＝3. 1415926
 D＝B＊B－4＊A＊C
    If D＜0 Then
    MsgBox("无法求解")
    mm＝9999
    Exit Sub
    End If
R＝((－1)＊B＋Sqr(D))/(2＊A)
End Sub
'将度分秒形式的角度转化成为以度形式表示的函数
Function DEG(X)
```

N＝Int(X)

M＝Int(X * 100)－N * 100

S＝X * 10000－N * 10000－M * 100

DEG＝N＋M/60＋S/(60 * 60)

End Function

'将度形式表示的角度化为以度分秒形式表示的函数

2) 数据输入及程序结果如图 3-12 所示。

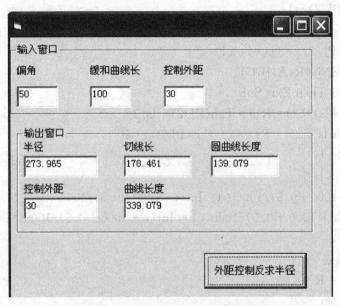

图 3-12 外距控制反求半径结果

3) 程序说明

【说明】 程序中使用 DEG(将度分秒形式的角度转化成为以度形式表示的函数)和(将度形式表示的角度化为以度分秒形式表示的函数)，

第 14～16 行给子程序中的 A、B、C 变量预先赋值，然后由 17 行调用一元二次方程求根子程序。在子程序中给待求变量 R 赋值。

在一元二次方程求根子程序中，当判别式 D＝B * B－4 * A * C＜0 时，方程无解、这是由于人为选定的缓和曲线过长，或外距值给的过小所致。这时重新输入已知值，重新判断 D 式的值。直到输入合适的 E、LS 值。

程序最后求得的 R 值，重新计算各曲线要素并在窗体中输出，以便选线人员检查切线长、曲线长等其他条件是否符合有关要求。

4) 程序框图如图 3-13 所示。

(2) 选定 LS 后，由切线长 T 反求半径 R

该问题可表述为：

已知：偏角 PJ，缓和曲线长 L_s，切线长 T

求：半径 R

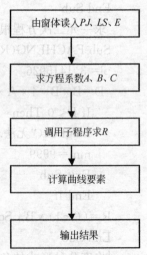

图 3-13 由外距控制
反求半径流程图

解：由有关公式推导近似的有：

$$T=\left(R+\frac{L_s^2}{24R}\right)\tan\frac{PJ}{2}+\frac{L_s}{2} \tag{3-12}$$

将上式变为有关 R 的一元二次方程标准形式：

$$\tan\frac{PJ}{2}R^2+\left(\frac{L_s}{2}-T\right)R+\frac{L_s^2}{24}\tan\frac{PJ}{2}=0 \tag{3-13}$$

令： $A=\tan\frac{PJ}{2}, \quad B=\frac{L_s}{2}-T, \quad C=\frac{L_s^2}{24}\tan\frac{PJ}{2}$

则：方程根为 $$R=\frac{-B+\sqrt{B^2-4AC}}{2A}$$

当要求较高时，切线较精确的计算式为：

$$T=\left(R+\frac{L_s^2}{24R}-\frac{L_s^4}{2384R^3}\right)\tan\frac{PJ}{2}+\frac{L_s}{2}-\frac{L_s^3}{240R^2} \tag{3-14}$$

变换此式，将得到有关 R 的一元三次方程（若要求更高，则将求解更高次方程），对这种高次方程，我们不便再采用标准的求根公式求解。利用计算机可以快速重复运算的特性，我们可以采用数学上的迭代法求解。

所谓迭代法，即将方程： $f_1(x)=0$ (a)

转换为其等价形式： $x=f(x)$ (b)

人为的假设方程近似解 $x=x_0$，代入（b）式右端得新解： $x=f(x_0)$

将新解 x 与 x_0 相比较，若二者差值满足精度要求，则可认为 x 为方程的解；反之，将新解 x 再次代入（b）式右端又得到新解。如此反复迭代，直到满足精度要求。

运用上述迭代法解式（3-14）时，将式（3-14）变为其等价形式：

$$R=\left(T-\frac{L_s}{2}+\frac{L_s^2}{240R_0^2}\right)\Big/\tan\frac{PJ}{2}-\frac{L_s^2}{24R_0}+\frac{L_s^4}{2384R_0^3} \tag{3-15}$$

式（3-15）的近似解 R_0 可由式（3-12）经解一元二次方程求出一个简单解的近似值，将 R_0 代入式（3-15）右端得新的 R 值，经多次迭代，当 $R-R_0<0.01$ 时可认为其解已满足精度要求。

1）VB 源程序

```
Private Sub Command2_Click()
'单交点平曲线切线长控制求半径
'由窗体读入数据
    PJ=Val(Text1. Text)
    ls=Val(Text2. Text)
    t=Val(Text9. Text)
    PI=3. 1415926
    TS=t
    PJ=DEG(PJ)
    PJ=PJ * PI/180
    A=Tan(PJ/2)
    B=ls/2-t
    C=Tan(PJ/2) * ls * ls/24
```

Call FACHENG(R,A,B,C)

t=(R+(ls*ls)/(24*R)−ls^4/(2384*R^3))*Tan(PJ/2)+ls/2−ls^3/(240*R^2)

e=(R+(ls*ls)/(24*R))*(1/Cos(PJ/2))−R

LY=PJ*R−ls

l=LY+2*ls

30 R0=R

R=(t−ls/2+ls^3/(240*R0*R0))*(1/Tan(PJ/2))−ls*ls/(24*R0)+ls^4/(2384*R^3)

If Abs(R−R0)>0.01 Then GoTo 30

R=Int(R*1000+0.5)/1000:t=Int(t*1000+0.5)/1000

LY=Int(LY*1000+0.5)/1000:e=Int(e*1000+0.5)/1000:l=Int(l*1000+0.5)/1000

'显示计算结果

Text4.Text=R

Text5.Text=t

Text6.Text=LY

Text7.Text=e

Text8.Text=l

End Sub

2) 程序运行结果:窗体显示如图 3-14 所示。

3) 程序框图如图 3-15 所示。

图 3-14　切线长控制反求半径窗体显示

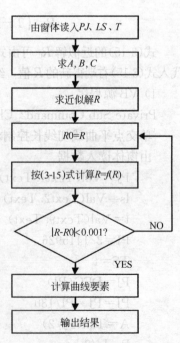

图 3-15　由切线长控制反
求半径流程图

（3）考虑线形协调，由切线长 T 反求半径 R 及缓和曲线长 L_S

该问题可表述为：

已知：偏角 PJ，切线长 T

求：圆曲线半径 R，缓和曲线 L_S

解：由有关公式推导有：

$$T=\left(R+\frac{L_S^2}{24R}-\frac{L_S^4}{2384R^3}\right)\tan\frac{PJ}{2}+\frac{L_S}{2}-\frac{L_S^3}{240R^2} \qquad (3\text{-}16)$$

上式包含 R、L_S 两个未知量，由一个方程无法求解。

考虑线形协调要求，$L_S:L_Y:L_S=1:1:1$ 得附加条件：$L_S=L_Y$

而由前节

$$\begin{aligned}L_Y&=(PJ-2B)\times R\times\pi/180\\&=(PJ-L_S/R\times180/\pi)\times\pi/180\\&=PJ\times R\times\pi/180-L_S\end{aligned} \qquad (3\text{-}17)$$

即：

$$L_S=PJ\times R\times\pi/180-L_Y$$

令：

$$JF=PJ\times\pi/180$$

则：

$$L_S=JF\times R/2 \qquad (3\text{-}18)$$

将（3-17）代入（3-15）得：

$$T=\left(R+\frac{JF^2}{96}R-\frac{JF^4}{16\times2384}R\right)\tan\frac{PJ}{2}+\frac{JF}{4}R-\frac{JF^3}{1920}R \qquad (3\text{-}19)$$

解得：

$$R=T\bigg/\left[\left(1+\frac{JF^2}{96}-\frac{JF^4}{16\times2384}\right)\tan\frac{PJ}{2}+\frac{JF}{4}-\frac{JF^3}{1920}\right]$$

再由式（3-17）求得 L_S。

该问题实际为二元一次方程的求解问题。多了一个未知变量，初看难解，经分析推导后实则简单，因程序中数据限制，在 R 的求解公式中忽略微小值项 $\left(\dfrac{JF^4}{16\times2384}\right)$。

1）VB 源程序

```
Private Sub Command3_Click()
'单交点平曲线外距控制求半径
PI＝3.1415926
'由窗体读入数据
    PJ＝Val(Text1.Text)
    t＝Val(Text9.Text)
    PI＝3.1415926
    TS＝t
    PJ＝DEG(PJ)
JF＝PJ＊PI/180
    JGP＝((1＋JF＊JF/96)＊Tan(PJ/2)＋JF/4－JF^3/1920)
    R＝t/JGP
    ls＝JF＊R/2
    t＝(R＋(ls＊ls)/(24＊R)－ls^4/(2384＊R^3))＊Tan(PJ/2)＋ls/2－ls^3/(240＊R^2)
```

$e=(R+(ls * ls)/(24 * R)-ls^4/(2384 * R^3)) * (1/Cos(PJ/2))-R$

$LY=JF * R-ls$

$l=LY+2 * ls$

$R=Int(R * 1000+0.5)/1000; t=Int(t * 1000+0.5)/1000$

$LY=Int(LY * 1000+0.5)/1000; e=Int(e * 1000+0.5)/1000; l=Int(l * 1000+0.5)/1000$

'显示计算结果

Text4. Text=R

Text5. Text=t

Text6. Text=LY

Text7. Text=e

Text8. Text=l

End Sub

2）程序运行结果，窗体显示如图 3-16 所示。

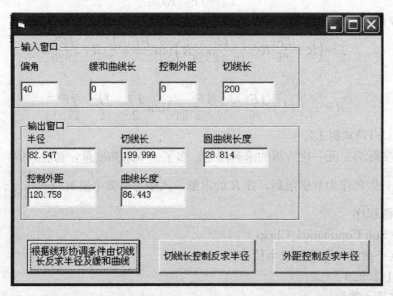

图 3-16　根据线形协调条件由切线长控制反求半径及缓和曲线窗体显示

请读者自己画出程序框图。

3.1.4　红外线极坐标法实地放线实用程序设计

1. 红外线测距仪测距原理

前面介绍的曲线敷设方法都要将仪器置于曲线上某一点，使测设的灵活性受到限制。目前生产单位多已配备红外测距仪，从而可置仪器于任意点（该点坐标已知），据待放点的坐标放出该点。本节首先对红外仪作一简单介绍，然后分析红外仪放线的原理、步骤，最后结合该方法的程序编制，对外业测设电算的有关编程技巧、要点及注意事项作一小结。

(1) 红外测距仪简介

红外仪是一种高精度的物理测距仪器，分脉冲式和相位式两种。以瑞士威特厂生产的 WILDD13S 红外测距仪为例，它是以砷化镓(GaAs)半导体发光二极管作调制光源的相位式测距仪。仪器由照准头、经纬仪、控制箱、电源设备及反光镜等组成，通过测距仪发出的连续调制光在测站点 A 和立镜点 B 间往返的相位移可计算出 A、B 两点的斜距，同时由经纬仪可测得竖直角及 A、B 的方位角。由此不难求得地面上 A、B 之间的水平距离和高差。

(2) 红外仪放线的基本原理及步骤

A、B 两点为导线点，其大地坐标已知。C 点为路中线上的待放点，其平面大地坐标可由计算得出，这里我们视为已知。由 A、B、C 三点的平面大地坐标可计算出 AB 与 AC 间的夹角 γ，A、C 的水平距离 T。置红外仪于测站 A、后视 B，据 γ 和 T 即可放出 C。这是红外仪放线的基本原理。

由于建筑物等障碍，A、C 两点间有时不通视。这时需设置转点 D，将仪器转至 D 点以放出 C。为此应算出新测站 D 的平面大地坐标。求算转点的大地坐标是红外仪放线要解决的另一个问题。

红外仪放线的步骤如下：

1）置红外仪于测站 A，以 B 作为后视点。

2）据 γ 角定出 AC 的方向，指挥反射镜在 AC 方向线上前后移动。

3）测定仪器与放射镜的水平距离。当其值等于已算出的 T 时，放射镜立地点即待放点 C，此时可在该位置打桩，放出点 C。

4）当测站与待放点不通视时，选择一通视良好的点 D 作为转点。

5）立镜于 D，测出测站与转点间水平距离 T、夹角 β。

6）求算 D 的平面大地坐标。

7）将 D 作为新的测站，后视 A，同 2、3 步骤放出待放点。

2. 测量学基本知识

测量工作中，常采用方位角表示直线的方向。从直线起点的标准方向北端起，顺时针方向量至该直线的水平夹角，称为该直线的方位角。方位角取值范围是 $0°\sim360°$。

(1) 正、反坐标方位角

如图 3-17 所示，以 A 为起点、B 为终点的直线 AB 的坐标方位角 α_{AB}，称为直线 AB 的坐标方位角。而直线 BA 的坐标方位角 α_{BA}，称为直线 AB 的反坐标方位角。由图 3-17 中可以看出正、反坐标方位角间的关系为：

$$\alpha_{AB} = \alpha_{BA} \pm 180° \qquad (3-20)$$

(2) 坐标方位角的推算

在实际工作中并不需要测定每条直线的坐标方位角，而是通过与已知坐标方位角的直线连测后，推算出各直线的坐标方位角。如图 3-18 所示，已知直线 12 的坐标方位角 α_{12}，观测了水平角 β_2 和 β_3，要求推算直线 23 和直线 34 的坐标方位角。

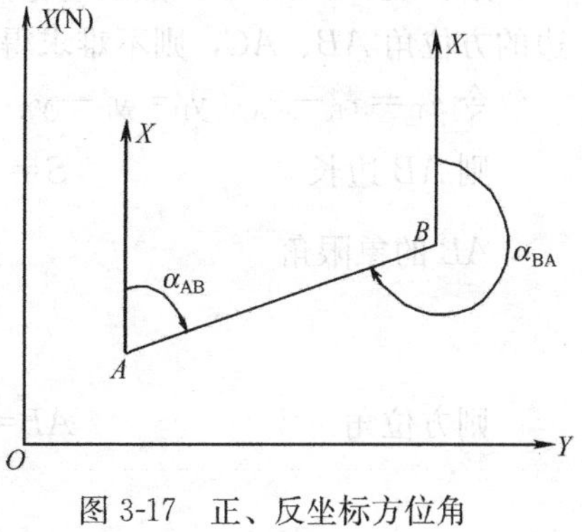

由图 3-18 可以看出：

$$\alpha_{23} = \alpha_{21} - \beta_2 \qquad (3-21)$$

图 3-17 正、反坐标方位角

$$\alpha_{34} = \alpha_{32} + \beta_3$$

计算中，如果 $\alpha > 360°$，应自动减去 $360°$；如果 $\alpha < 0°$，则自动加上 $360°$。

(3) 象限角（图 3-19）

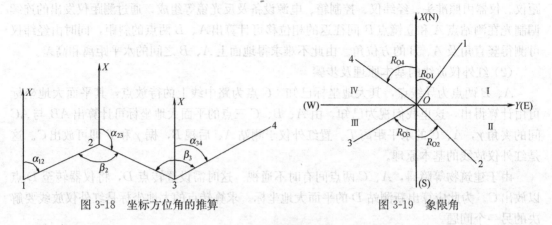

图 3-18 坐标方位角的推算　　　　　　　图 3-19 象限角

由坐标纵轴的北端或南端起，沿顺时针或逆时针方向量至直线的锐角，称为该直线的象限角，用 R 表示，其角值范围为 $0° \sim 90°$。如图 3-20 所示，直线 O1、O2、O3 和 O4 的象限角分别为北东 R_{O1}、南东 R_{O2}、南西 R_{O3} 和北西 R_{O4}。

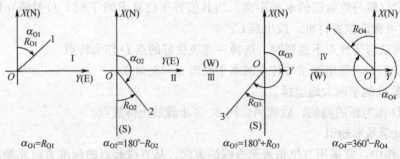

图 3-20 坐标方位角与象限角的换算关系

3. 红外仪放线的计算问题分析

如前述，红外线放线要解决的计算问题包括两个：

(1) 已知 A、B、C 三点的平面大地坐标，求 AC 与 AB 间夹角 γ，AC 的水平距离 T。

解：设 A、B、C 三点的坐标为 (x_A, y_A)、(x_B, y_B)、(x_C, y_C)，若求得 AB 边、AC 边的方位角 AB、AC，则不难求得夹角 γ。

令 $x_D = x_B - x_A$　$y_D = y_B - y_A$

则 AB 边长　　　$S = \sqrt{(x_B - x_A)^2 + (y_B - y_A)^2}$

AB 的象限角　　$\alpha = \arcsin \dfrac{|y_D|}{S}$

则方位角　　　　$AB = \begin{cases} \alpha, & x_D \geqslant 0, \ y_D \geqslant 0 \\ 180 - \alpha, & x_D \leqslant 0, \ y_D \geqslant 0 \\ 180 + \alpha, & x_D \leqslant 0, \ y_D \leqslant 0 \\ 360 - \alpha, & x_D \geqslant 0, \ y_D \leqslant 0 \end{cases}$

由坐标北方向或南方向至已知直线的夹角为象限角。如上图直线位于第一、第二、第三、第四象限时其象限角分别为 R_{01}，R_{02}，R_{03}，R_{04}，其四个象限角均为 $\alpha = \arcsin\dfrac{|y_D|}{S}$。而各象限内直线的方位角为 α_{01}，α_{02}，α_{03}，α_{04}。象限角和坐标方位角的关系如图 3-20 所示。

同求得 AB 的方位角的方法相同，可求得 AC 边的方位角 AC。

夹角 $\gamma = AC - AB$（当 $|AC - AB| > 180°$ 时，$\gamma = 360° - |AC - AB|$）

（2）已知 A、B 两点的坐标 (x_A, y_A)，(x_B, y_B)，AB 边的方位角 AB，AD 边与 AB 边的夹角 β，AD 边的水平距离 T，求 D 点的坐标 (x_D, y_D)。

解：首先求出 AD 边的方位角：$AD = AB + \beta$（β 在放线前进方向右为右角反之为左角，右角为负值，左角为正值）。

则转点 D 的大地坐标：$x_D = x_A + T \times \cos(AD)$，$y_D = y_A + T \times \sin(AD)$。

4. 程序设计及实例

（1）例：问题如图 3-21 所示，已知后视点 B 的坐标 $[x(\mathrm{N}) = 5670，y(\mathrm{E}) = 4382]$，测站点 A 的坐标为 $[x(\mathrm{N}) = 5500，y(\mathrm{E}) = 4500]$，待求点 C 的坐标为 $[x(\mathrm{N}) = 5631，y(\mathrm{E}) = 4725]$，计算导线 AB 的方位角。

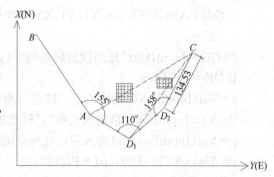

图 3-21 红外线实地放线的基本原理图

红外线实地放线过程描述如下：因 AC 不通视，首先设置转点 D_1，从测站 A 点立仪器准备转点数据，D_1 与 A 点的斜距 108，夹角在放线前进方向左，即左盘读数 155°，测站点与立镜的竖角读数为 25°，根据数据计算出 D_1 点坐标，及 D_1 与 A 点平距、AD_1 的方位角等，然后将仪器移到 D_1 点作为测站，将 A 作为后视点，计算导线 D_1A 的方位角。

因 D_1C 不通视，继续设置转点 D_2，从现测站 D_1 点立仪器准备转点数据，D_2 与 D_1 点的斜距 108，夹角在放线前进方向左，即左盘读数 110°，测站点与立镜的竖角读数为 25°，根据数据计算出 D_2 点坐标，及与 D_1 点平距、D_1D_2 的方位角等，然后将仪器移到 D_2 点作为测站，将 D_1 作为后视点，计算导线 D_2D_1 的方位角，D_2 与 C 通视，不再设置转点，计算导线 CD_2 方位角，计算 CD_2 的平距及以最后转点 D_2 为测站，后视 D_1，待放点 C，即 $D_2D_1 \sim D_2C$ 的夹角。

然后在测站点 D_2 根据算得的平距和夹角拨盘，立反射镜，并输入反射镜放置点与仪器之间的斜距及竖角读数，算出反射镜与仪器之间的平距，如果实际立镜点与测站点平距与程序计算所得平距相等即可定桩放线，否则移动立镜点，继续输入反射镜放置点与仪器之间的斜距及竖角读数，算出反射镜与仪器之间的平距，直到实际平距与计算平距相同为止。

（2）VB 源程序

```
'定义下列变量为全局变量
Dim JGP,JF As Double
Dim jd,zh,hy,qz,yh,hz,PJ,R,X,y,x0,y0,pl,f1,xa,ya,xb,yb,xc,yc As Single
Dim ls,t,l,LY,e,q,p,B As Single
```

```
Private Sub Command1_Click()
'红外仪极坐标法实地放线源程序
PI=3.1415926
'由窗体读入数据
   xa=Val(Form1.Text1.Text)
   ya=Val(Form1.Text3.Text)
   xb=Val(Form1.Text2.Text)
   yb=Val(Form1.Text4.Text)
   X1=xa
   Y1=ya
   X2=xb
   Y2=yb
   Call FANGWEI(e,s,X1,Y1,X2,Y2)
   AH=e
20 OK=InputBox("还需设置转点吗?（y/n),注意小写!","下一转点设置")
If OK="y"Then
s=Val(InputBox("请输入下一转点与测站的斜距","转点输入"))
B=Val(InputBox("请输入夹角","转点输入"))
p=Val(InputBox("请输入测站点与立镜的竖角读数","转点输入"))
t=Abs(s * Cos(DEG(p) * PI/180))
ad=AH+B
If ad<0 Then ad=ad+360
If ad>360 Then ad=ad-360
XD=X1+t * Cos(ad * PI/180)
XD=Int(XD * 100+0.5)/100
YD=Y1+t * Sin(ad * PI/180)
YD=Int(YD * 100+0.5)/100
X2=X1
Y2=Y1
X1=XD
Y1=YD
Call FANGWEI(e,s,X1,Y1,X2,Y2)
AH=e
GoTo 20
End If
xc=Val(Form1.Text7.Text)
yc=Val(Form1.Text8.Text)
X2=xc
Y2=yc
```

```
Call FANGWEI(e,s,X1,Y1,X2,Y2)
AC=e
t=s
t=Int(t * 1000+0.5)/1000
B=AC-AH
If Abs(B)>=180 Then B=360-Abs(AC-AH)
B=DMS(B)
B=Int(B * 10000+0.5)/10000
X1=X2
Y1=Y2
AH=AC+180
'显示计算结果
Text12. Text=B
Text13. Text=t
30    s=Val(InputBox("请输入待求点与测点的斜距 S","测站点读数"))
p=Val(InputBox("请输入测站点与立镜的竖角读数","测站点读数"))
p=DEG(p)
d=s * Cos(PI * p/180)
d=Int(d * 10000+0.5)/10000
Text14. Text=d
If Abs(d-t)>0.05 Then GoTo 30
End Sub
'C 求方位角子程序
Sub FANGWEI(e,s,X1,Y1,X2,Y2)
PI=3.1415926
X3=X2-X1
Y3=Y2-Y1
s=Sqr(X3 * X3+Y3 * Y3)
Y4=Abs(Y3)
A=Y4/s
A1=Atn(A/Sqr(-A * A+1))
A1=Abs(A1)
A1=A1 * 180/PI
If X3>=0 And Y3>=0 Then e=A1
If X3<=0 And Y3>=0 Then e=180-A1
If X3<=0 And Y3<=0 Then e=180+A1
If X3>=0 And Y3<=0 Then e=360-A1
End Sub
'将度分秒形式的角度化成为以度形式表示的函数
```

```
Function DEG(X)
N=Int(X)
M=Int(X * 100)-N * 100
s=X * 10000-N * 10000-M * 100
DEG=N+M/60+s/(60 * 60)
End Function
'将度形式表示的角度化为以度分秒形式表示的函数
Function DMS(X)
N1=Int(X)
N=Int(X * 10000)
d=N Mod 10000
DD=d/10000
D1=DD * 60
D2=Int(Dl * 100)
D3=D2 Mod 100
D4=D3/100
D5=D4 * 60
J1=Int(D5)
M1=Int(D1)
DMS=N1+0.01 * M1+0.0001 * J1
End Function
```

（3）程序说明

在程序中，如果测站点与待放点不通视，程序第 20 行弹出对话框，问是否设置转点，回答"y"表示设置转点，见图 3-22，并继续弹出对话框要求输入新转点与前一转点的测距、夹角、竖角读数，见图 3-23，计算转点坐标，方位角，并将计算出的转点作为新的测点，将原测点作为后视坐标，计算新的方位角。直到输入"n"，程序转到 41 行执行输入待放点坐标，作为后视坐标，将最后一个转点作为测点计算方位角，与前一导线的夹角 B、水平距离 T。程序第 57~58 行显示结果，59 行要求输入测站点与立镜点斜距、竖角，计算立镜点与待放点之间的实际平距是否与计算平距相同，如果误差不超过 3cm 则可以结束程序，进行放线。FANGWEI 为计算任意直线的方位角子程序。

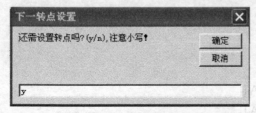

图 3-22 设置转点对话框

图 3-23 斜距输入对话框

（4）数据输入及结果窗体如图 3-24 所示。

（5）流程图如图 3-25 所示。

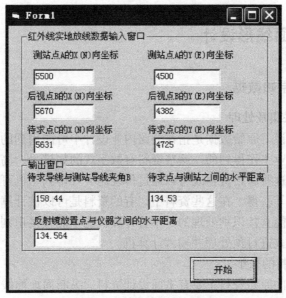

图 3-24 数据输入及结果窗体

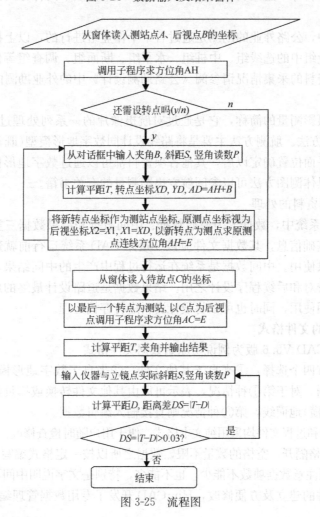

图 3-25 流程图

3.2 道路纵断面线形设计

3.2.1 道路设计原始数据

1. 原始数据的采集及处理

对于公路设计来说，原始数据是指在公路内业设计中可能用到的所有资料的总称，这些资料主要是通过外业工作得到的。这些资料有数字式的如桩号、高程等，也有文字性的如土壤地质资料等。这些原始资料既可以通过传统的方式得到，也可以通过更为现代化的手段如航空摄影测量等获得。在这些资料中，有的资料是可以被计算机识别和处理的，而有的资料计算机是不能直接识别处理的，不管计算机能不能直接识别和处理，所有外业资料都必须按规定的格式进行预处理并输入计算机。

（1）原始数据资料的采集

内业设计所需要的原始资料主要有平面设计资料、纵断面地面线资料、横断面地面线资料、土壤地质资料等，这些资料的获取大致可以归纳为以下两种方式：

1）传统方式

在传统方式中，公路外业的勘测是通过若干个作业组进行的，以上提到的原始设计资料分别是外业作业组中的选线组、中桩组、水平组、断面组、调查组等作业组得到的，具体的作业方法和资料的采集情况请参阅《公路勘测设计》中的外业勘测内容。

2）航测方法

航测是航空摄影测量的简称，它是通过对航摄像片的一系列处理过程来进行测量（或测图）的一种测量方法。航测方法主要是将路线设计同数字地形模型（既常说的 DTM）联系起来，在公路的平面位置确定以后，其他各项资料都可以通过数字地形模型的内插及对航片的判断获得，具体测图方法可以参阅航空摄影测量的有关书籍。

（2）原始数据资料的处理

在道路 CAD 系统中，数据分为原始数据、中间数据和结果数据三类，原始数据是系统运行所必需的基础信息，其数据文件应该在道路 CAD 系统运行前就建立起来，并检查无误后，才能提供使用。中间数据是系统在运行过程中产生的中间结果，目的是提供给设计人员做检查、校对和后续程序设计之用。结果数据是道路设计最终的成果记录，既可以提供给输出设计图使用，同时也可以将设计资料进行存档处理。

2. 原始数据的文件格式

下面以 HintCAD V5.6 版为例说明原始数据文件格式。

数据的输入有四个选择：①来自于其他文件；②来自于数字地形模型；③直接输入；④由其他工程复制。对于第①种情况，表示可以由其他文件转换或拷贝过来，第②种情况通过数模生成纵（横）地面线，第③种情况则直接输入编辑数据。

所有数据文件和过程文件均采用纯文本格式，便于用户随时检查修改。所有数据文件中各数据项之间均由空格隔开，空格的数量不限，数据之所以按一定格式编写，是为了检查修改一目了然，但必须注意数据项数不能少，也不能多，特别是文字说明中间不能出现空格等。

为了数据文件的建立及方便修改，HintCAD 开发了专用数据管理编辑器"Ehint.exe"

模块，纵、横断面数据输入模块和控制参数录入模块，用户可以用它们来完成所有数据文件的操作任务，并可以减少数据出错的机会。各数据文件名称及其后缀名称均可随意，但为了统一和便于管理，系统对数据文件名的后缀做以下约定：

*.pm	曲线设计法所生成的平面线形数据文件
*.jd	交点设计法所生成的平面线形数据文件
*.sup	超高过渡数据文件
*.zdm	纵断面设计数据文件
*.dmx	纵断面地面线(地面高程)数据文件
.zmx(.ymx)	路基左(右)侧边缘地面线(地面高程)数据文件
*.hdm	横断面地面线数据文件
*.wid	路幅宽度数据文件
*.lj	路基设计中间数据文件
*.tf	土石方数据文件
.zbg(.ybg)	左(右)侧沟底纵坡数据文件
*.ctr	设计参数控制文件
*.sta	桩号序列数据文件
*.lst	其他表格
*.dtm	三维数模组文件
*.3dr	横断面三维数据文件
*.dat	其他设计数据及控制数据文件

(1) 纵断面设计数据文件(*.zdm)

此文件要求纯文本格式，主要描述变坡点及竖曲线数据。

文件第一行为本线形所有变坡点的个数，同时等于文件以下的总行数。因为每一变坡点和竖曲线的数据只占一行。

第二行开始每行中前三项数据分别为变坡点桩号，变坡点的设计标高，竖曲线的半径(第一个变坡点和最后一个变坡点只能为0)。其中最后两项数据是针对互通立交匝道上出现标高错台现象而设置的，分别表示标高错台位置的桩号及错台的标高差值(向上错开输正值，向下为负值，单位为米)。如果没有错台现象或当前项目为一般公路主线时，这两项数据同时输为0即可。

例如下面的数据文件：

```
   10
28360     92.00    0              0  0
29100     93.90    60000          0  0
29740     92.00    80000          0  0
30300     92.00    30364.69       0  0
30800     99.40    48639.77       0  0
31300     101.14   45086.28       0  0
32100     95.95    20000          0  0
32800     98.90    40000          0  0
```

33540	94.00	20000	0	0
34360	99.00	0	0	0

（2）纵断面地面线数据文件（*.dmx）

此文件记录外业中桩标高测量成果。每一行记录一桩号的地面标高。格式分为桩号、地面标高。

例如下面的数据文件：

0.000	93.414
20.000	93.000
23.13	93.00
40.00	93.00
60.000	92.900

……

此文件建议用户使用纵断面地面线数据输入功能输入，以减少错误。

（3）横断面地面线数据文件（*.hdm）

此文件记录外业横断面测量的成果数据。数据格式如下：

每三行数据记录一个桩号断面，其中第一行为断面的中桩号，第二行和第三行分别记录左侧和右侧横断面的数据；首先是每侧的总点数，后面是每一测量位置相对于前一位置的平距和高差，其格式、顺序与横断面实际测量时的一样。

例如下面的数据文件：

```
0.00
6  0.60  0.00  0.00  -0.20  16.00  0.00  12.00  -2.20  1.00  0.00  1.00  0.80
5  0.60  0.00  0.00  -0.20  17.00  0.00  12.00  -2.00  0.40  0.00
20.00
1  30.00  0.00
5  12.00  -0.80  14.00  -1.40  2.00  0.00  1.00  0.80  1.00  -0.40
40.00
3  15.00  1.00  8.00  0.60  7.00  0.00
5  12.00  -0.60  4.00  -0.60  5.00  0.00  3.00  0.80  6.00  0.00
60.00
4  3.00  0.00  4.00  0.60  12.00  0.60  15.00  1.00
3  2.00  0.00  3.00  0.80  25.00  0.00
```

……

（4）平面数据导入文件（*.jdx）

平面交点导入数据文件格式如下所示。

第一行数据分别为：平面交点总数（不含起点，同时等于此行以下数据的总行数），路线起点桩号，假设起点的 x 坐标，假设起点的 y 坐标，假设起始边的方位角，交点桩号或交点间距控制方式（0 表示以下使用交点桩号；1 表示以下使用交点间距）。

第二、三、……行数据分别为：交点编号，交点桩号（或交点间距），平曲线半径，交点转角，第一缓和曲线长度，第二缓和曲线长度。

最后一行数据分别为：终点编号，交点桩号，0，0，0，0。

说明：

① 数据之间均以空格分开，空格数量不限；

② 假设起点的 x、y 坐标和假设起始边的方位角，可任意指定，坐标尽量使用较大的数值（6 位以上），以免在路线较长时出现坐标为负值等情况；

③ 交点的转角采用度、分、秒形式输入，右偏取负值，左偏取正值，如 86.52075 表示交点转角为左偏 $86°52'07.5''$。

如下示例数据文件 1：

4	8500.0	3899162.8773	66399.4301	12.3026	0
1	1325.0485	500.0	86.52075	128.0	222.0
2	1608.0315	600.0	−70.4835	100.0	200.0
3	2237.8488	1000.0	58.34094	250.0	250.0
ZD	2464.6668	0	0	0	0

示例数据文件 2：（这是一组 $JD1$ 为 A、B 两个虚交点，并使用交点间距的数据文件）

5	0.0000	59241.1750	20414.0340	18.44295	1
1	−2.0000	50.0000	0.00000	35.0000	35.0000
A	219.4339	0.0000	66.29060	0.0000	0.0000
B	55.1212	0.0000	44.29036	0.0000	0.0000
2	289.2411	80.0000	−77.33341	40.0000	40.0000
ZD	198.7932	0.0000	0.00000	0.0000	0.0000

（5）平面交点数据导入文件（ * . * ）

此文件用于将已经完成的公路平面设计数据（包含交点坐标）导入纬地系统之中，并将其转化为纬地系统专用路线平面交点设计数据文件（ * . jd）。

平面交点导入数据文件格式如下所示。

第一行数据分别为：路线起始桩号。

第二、三……行数据分别为：交点编号，交点坐标 x，交点坐标 y，曲线半径，第一缓和曲线长度，第二缓和曲线长度，虚交控制位（0 表示该交点不是虚交，2 或者 3 等数字表示该交点有 2 个或 3 个虚交点）。

说明：

① 数据之间均以空格分开，空格数量不限。

② 对于卵型曲线等，用户可先在此文件中输入交点坐标，曲线半径及缓和曲线长度均输入 0，待下一步在导入完成后使用"主线平面设计功能"进行调整计算。

如下示例数据文件 1：

18982.160

BP	48268.24	30300.742	0	0	0	0
JD1	48360.276	30121.375	250	50	50	0
JD2	48400.218	29907.010	600	100	100	0
JD3	48592.750	29496.008	0	0	0	0

示例数据文件 2：（这是一组 $JD1$ 为 A、B 两个虚交点的数据文件）

0.000

BP	59241.175	20414.034	0.000	0.000	0.000	0
1	0.000	0.000	50.000	35.000	35.000	2
A	59448.974	20484.538	0.000	0.000	0.000	0
B	59453.561	20539.468	0.000	0.000	0.000	0
2	59268.761	20761.975	80.000	40.000	40.000	0
ZD	59390.736	20918.949	0.000	0.000	0.000	0

3.2.2 输入纵断面地面线

道路平面设计完成后，就需要对中心线所对应的纵断面进行设计，纵断面设计工作流程如图 3-26 所示，纵断面设计方案初拟主要是根据地形资料以及有关约束条件生成一系列纵断面设计方案，比如有 N 个初拟方案，然后采用多方案优化技术进行比选，根据有关的目标要求得到一个比较优的方案。进入方案研究模块，该模块主要是针对设计方案进行有关线形的质量分析、土方计算、平纵横协调等方面的研究，根据分析的结果来确定对设计方案是否满意，如果满意则得到设计结果，如果不满意则进行修改设计，修改设计可以进行多种方法的修改，甚至可以全部推翻原设计从头开始设计，通过这样的过程，最终可以得到满意的纵断面设计方案，就可以进入后续设计工作。

目前，我国规范规定纵断面设计是依据中心线位置的剖面地面线进行拉坡设计，从而完成有关设计纵坡以及各桩设计高程的计算，那么，纵断面地面线即是进行纵断面设计的基础。

根据现有的技术手段，采集纵断面地面线资料的方法可以有两种，即：直接输入数据形成纵断面地面线文件和采用数字地形模型，通过内插手段得到纵断面地面线。

1. 直接输入数据

直接输入数据形成纵断面地面线文件：通过键盘将野外实测的记录在测量手簿上面的纵断面地面线资料输入计算机，形成一定格式的数据文件。

2. 通过数字地面模型内插

首先根据航测地形图利用三维地形图或将二维地形图三维化建立数字地面模型，再通过数字地面模型内插形成纵断面地面线文件，如图 3-27 所示。

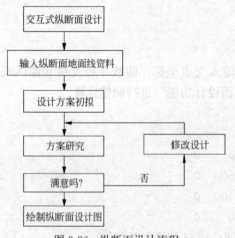

图 3-26 纵断面设计流程

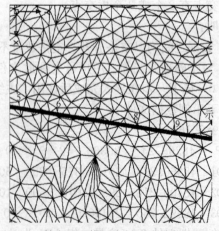

图 3-27 数字地面模型内插形成纵断面地面线

3.2.3 初拟设计方案

初拟设计方案就是根据有关条件要求由计算机初步形成几个相对来说合适的方案，然后再用纵断面优化技术从中选优，最终得到一个比较合理的方案。

纵断面的多目标优化是在平面中心线确定以后进行的，其优化的目的就是要合理确定变坡点桩号、变坡点标高(或纵坡)和竖曲线半径，使纵断面各项技术指标不仅符合技术标准，满足高程控制等要求，而且达到尽可能小的工程量与工程费用、尽量高的行车速度(或尽量短的行车时间)与尽量少的燃油消耗(或尽量少的营运费用)等。

进行纵断面优化的最重要的方面就是必须明确目标函数、决策变量和约束条件三个基本要素。

一般把变坡点桩号、变坡点高程、竖曲线半径认为是纵断面优化设计时的决策变量，决策变量与工程量、工程费用、行车时间或燃油消耗的关系称为目标函数，而技术标准及各项控制指标成为约束条件。目前常用的优化方法有随机法、降维法、动态规划法等。比较常用和实用的是动态规划法，也是国内外使用较多的一种方法。纵断面优化也就是要迅速确定使目标函数最小的纵断面设计。整个优化过程如图 3-28 所示。

图 3-28 纵断面方案初拟步骤

第一步：把路线起点到终点变坡点可能存在的范围划分成一系列段落，段落的划分要依据一定的原则。

第二步：从每一个段落中取出一个交点，用直线连接各个交点配以适当的竖曲线。

第三步：根据目标函数进行优化直至最后得到优化的设计结果。

1. 将地形划分段落

这项工作是确定变坡点的大致范围，有一个段落将可能产生一个变坡点，在地形划分段落过程中采用地形相似的原则进行处理。这种思路基于这样的一个事实：工程师在人工拉坡和确定变坡点时在很大程度上就是依据地形情况而决定的。这种依据地形相似性进行分段的基本思路正是据此而来，图 3-29 是一纵断面地形线，现在采用线性回归最优分割的原理将这段地形分为 n 段。设地面线点为 $[(x_1, y_1), \cdots, (x_m, y_m)]$，线性最优分割

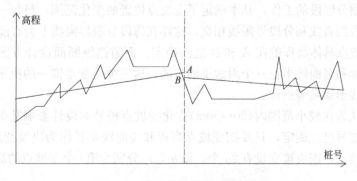

图 3-29 纵断面方案初拟或优化

的目标是地面线各点到坡度线距离差的平方和最小，即 $\sum_{t=i}^{j}(y_t-(a+b\times x_t))^2$ 为最小，这样就必然存在相应的 i 和 j，最终可以得到 n 段有关参数。

仅仅依靠地形分段不能满足设计要求，还需要满足纵断面几何标准及高程控制，主要有以下几条控制：

（1）坡长控制：满足规范规定最小坡长和最大坡长限制；

$$L_{min}\leqslant x_j-x_i\leqslant L_{max} \tag{3-22}$$

（2）坡度控制：满足规范规定最小纵坡和最大纵坡限制；

$$I_{min}\leqslant\left|\frac{y_j-y_i}{x_j-x_i}\right|\leqslant I_{max} \tag{3-23}$$

（3）纵断面标高控制：由于构造物或地质情况的要求，纵断面设计线还受到高程控制的约束，比如路线通过一低洼地，必须满足一定的填土高度要求，需选择一些有代表性的点作为高程下限控制。比如跨线桥规定必须保证桥下有一定的净空，于是在跨线桥处选定一个高程上限作为约束点来控制高程。设 Y_{ui} 和 Y_{di} 分别为第 I 桩处的高程上下限，则应该满足

$$Y_{di}\leqslant a+b\times x_i\leqslant Y_{ui} \tag{3-24}$$

在依据上述思想进行地形分段的过程中考虑到控制条件的修正，就可以得到初步的段落划分，具体步骤如下：

步骤 1：确定第 I 段的起始桩的序号 i。

步骤 2：读入下一个桩（其序号为 j）。

步骤 3：判断条件：

① $L_{min}\leqslant x_j-x_i\leqslant L_{max}$

② $I_{min}\leqslant\left|\dfrac{y_j-y_i}{x_j-x_i}\right|\leqslant I_{max}$

③ $Y_{di}\leqslant a+b\times x_i\leqslant Y_{ui}$

满足 $\sum_{t=i}^{j}(y_t-(a+b\times x_t))^2$ 时转步骤 4，否则转步骤 2。

步骤 4：确定 j，令 $i=j$，如 i 是最后一个桩，转步骤 5，否则转步骤 2。

步骤 5：得到 i，j 和相应的 a，b 序列，结束。

2. 依据多目标优化技术确定变坡点并配以竖曲线

经过上面划分区段的工作，基本确定了变坡点位置的变化范围，将每一区段线性回归得到的各个区段的直线和分段界限线相交，这样在每段分段界限线上会有前后相交的 A 和 B 两点，则变坡点具体高程就在 A 和 B 之间确定。而道路纵断面设计方案是由变坡点桩号、变坡点高程和竖曲线半径三个因素来确定的，这三种变量是惟一的决策变量，它们决定了工程量、线形质量等指标。

由于一般认为在较小范围内（20～30m）优化变坡点桩号对设计影响甚微，因此，这里认为变坡点的桩号已经确定，只要把变坡点高程和竖曲线半径作为决策变量来进行优化。设共有 n 个变坡点，则决策变量有 $2n$ 个，设 h_i，r_i 分别为第 i 个变坡点的高程与半径，则决策变量为：

$$h_1, r_1, h_2, r_2\cdots\cdots, h_n, r_n$$

这就需要通过多目标优化技术来确定这些约束变量，显然，目标函数的确定是至关重要的。目标函数有工程数量，工程费用，平均油耗等指标。

比如土方工程量估算可以采用下面的公式计算：

$$f(x) = \sum_{i=1}^{m-1} \frac{(x_{i+1} - x_i)(S_{i+1} + S_i)}{2} \tag{3-25}$$

其中，S_i 是第 i 个桩的填挖方面积，x 是桩号，这里采用概略计算土方量的方法，为此对原地面线采用简化处理的方法，建立等价于原地面线的横坡线，采用最小二乘法原理处理成单项横坡或处理成左、右双横坡等。具体处理情况要根据地形线自身情况来确定。

采用多目标纵断面优化时，各个目标之间又往往互相影响、互相交叉，甚至互相矛盾。对这种多目标优化问题有各种不同的处理方法，一种是采用解析方法确定统一的综合性指标，但多个评价之间有时难于用统一的尺度去衡量；另一种是逐个目标优化的办法，但不能获得各个评价指标都是最优的绝对最优解，因而就会有评价目标重要性的排序问题，适当时候各个目标函数容许放宽，这些都要通过计算机排除劣解，求出满足各个或若干个指标的相对优化解，通过人机交互结合设计人员的主观判断来得到最优解。

3.2.4 纵断面设计高程计算实用程序

在定坡完成以后，每一个变坡点(包括路线的起终点)的桩号和标高及与之相对应的竖曲线半径都已确定(标高由起点标高及坡度来推算)，如图 3-30 所示，这样就有了纵断面设计文件，格式如前所述。再结合纵断面地面线数据文件，就可以计算每一个中桩的设计标高和施工高度了。

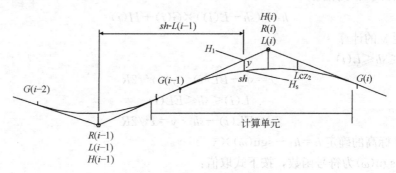

图 3-30 纵断面设计计算原理图

1. 纵断面计算原理

如图 3-30 示，图中 $L(i)$ 表示变坡点桩号，$H(i)$ 表示变坡点标高，$R(i)$ 表示相应的竖曲线半径，$BL(i)$ 表示竖曲线起点桩号，$EL(i)$ 表示竖曲线终点桩号，$G(i)$ 表示对应坡段的坡度，则

$$H(i) = H(i-1) + G(i-1) \times (L(i) - L(i-1))$$

有了以上资料就可以进行计算了。纵断面计算按中桩是否在竖曲线上可分为两种情况，即中桩位于直坡段上与中桩位于竖曲线上。

为了计算方便，我们通常将整个路线划分为若干个计算单元，一般情况下我们可以把相邻两竖曲线中的前一竖曲线的终点至下一竖曲线的终点作为一个计算单元，这样，在一个计算单元中包含了一个直坡段及一条完整的竖曲线，如图 3-30 所示。如果某一中桩桩号位于 $EL(i-1)$ 与 $EL(i)$ 之间，则该中桩位于第 i 个计算单元内。下面我们以第 i 个计算单元为例来说明纵断面的计算问题(假定中桩桩号为 sh)

(1) 中桩位于直坡段上

如果 $EL(i-1) \leqslant sh \leqslant BL(i)$，则该中桩位于该计算单元的直坡段上，其设计标高可以按下式计算：

$$h = (sh - L(i-1)) \times G(i-1) + H(i-1)$$

(2) 中桩位于竖曲线上

如果 $BL(i) \leqslant sh \leqslant EL(i)$，则该中桩位于计算单元竖曲线上，此时应首先进行竖曲线要素的计算，再分别计算该中桩的切线高程及对应的纵距，并由此计算出其设计标高。

① 竖曲线要素计算及 $BL(i)$、$EL(i)$ 的确定

坡度角 $\qquad\qquad\qquad\qquad \omega = G(i) - G(i-1)$

竖曲线曲线长 $\qquad\qquad\quad L = R(i) \times \omega$

竖曲线切线长 $\qquad\qquad\quad T = L / 2.0$

竖曲线起点桩号 $\qquad\qquad BL(i) = L(i) - T$

竖曲线终点桩号 $\qquad\qquad EL(i) = L(i) + T$

② 切线高程的计算

如果 $BL(i) \leqslant sh \leqslant L(i)$

$$h_1 = (sh - (L(i-1) \times G(i-1) + H(i-1)$$

如果 $L(i) \leqslant sh \leqslant EL(i)$

$$h_1 = (sh - L(i)) \times G(i) + H(i)$$

③ 纵距 y 的计算

$BL(i) \leqslant sh \leqslant L(i)$

$$x = sh - BL(i) \qquad y = x^2 / 2R$$

$L(i) \leqslant sh \leqslant EL(i)$

$$x = EL(i) - sh \qquad y = x^2 / 2R$$

④ 设计标高的确定 $h = h_1 - \text{sgn}(\omega) \times y$

其中，$\text{sgn}(\omega)$ 为符号函数，按下式取值：

$$\text{sgn}(\omega) = \begin{cases} 1 & \omega > 0 \\ 0 & \omega = 0 \\ -1 & \omega < 0 \end{cases}$$

⑤ 施工高度的确定

$TW = h - dh$；其 dh 为该中桩的地面标高。

作为最终设计成果，中桩的设计资料和纵断面要素资料应分别存放入不同的数据文件中，以便于后继各作业组利用和编制路线设计的其他表格如路基设计表等，在存入数据文件的同时可以进行设计数据的打印输出。

2. 程序举例

(1) 纵曲线拉坡设计完成后，形成纵断面设计文件，如"E:\纵断面设计高程计算.xls"，见表 3-1，文件给出变坡点个数，路线起点高程、待求高程中桩个数，各变坡点

（包括路线的起点和终点）的桩号、后坡度值、平曲线半径（起点和终点为 0），程序打开 excel 文件读取数据，计算各待求中桩高程并将结果输出到"E:\纵断面设计高程计算结果数据 .xls"中。为说明问题且考虑篇幅关系本例只取 95 个代表性的中桩点求高程，并未求全部中桩高程。

（2）VB 源程序

```
'定义下列变量为全局变量
Dim H(1 To 1000),G(1 To 1000),l(1 To 1000),R(1 To 1000),BL(1 To 1000),EL(1
To 1000) As Single
Dim ZZ(1 To 1000),DH(1 To 1000),W(1 To 1000),T(1 To 1000),SH(1 To 1000),
TW(1 To 1000),HO(1 To 1000),yy(1 To 1000),xx(1 To 1000) As Double
Dim xlApp As Excel. Application
Dim BOOK_JSMJ As Excel. Workbook
Dim SHEET_JSMJ As Excel. Worksheet
Dim xxlApp As Excel. Application '定义 EXCEL 类
Dim xxlBook As Excel. Workbook '定义工作簿类
Dim xxlsheet As Excel. Worksheet '定义工作表类
Private Sub Command1_Click()
    Dim x(50),y(50) As Double
    Set xlApp=CreateObject("Excel. Application")'创建 EXCEL 应用类
    xlApp. Visible=True '设置 EXCEL 可见
    xlApp. Quit '关闭 EXCEL
    Set BOOK_JSMJ=xlApp. Workbooks. Open("E:\纵断面设计高程计算 . xls")'打
开 EXCEL 工作簿
    Set SHEET_JSMJ=BOOK_JSMJ. Worksheets(1)'打开 EXCEL 工作表
    SHEET_JSMJ. Activate '激活工作表
    Set SHEET_JSMJ=BOOK_JSMJ. ActiveSheet
    Dim j As Integer
    N=SHEET_JSMJ. Cells(2,1)'读入竖曲线个数,包括起点和终点
    H(1)=SHEET_JSMJ. Cells(2,2)'读入路线起点设计高程
    STAR=SHEET_JSMJ. Cells(2,3)'需求设计高程的中桩数
For j=4 To N+3
    l(j-3)=SHEET_JSMJ. Cells(j,1)'读入路线起点及各变坡点及终点桩号
    G(j-3)=SHEET_JSMJ. Cells(j,2)/100 '读入路线各段变坡点后坡度值
    R(j-3)=SHEET_JSMJ. Cells(j,3)'读入路线起点及各变坡点及终点竖曲线半
径,起点和终点只能为 0
Next j
For I1=4 To STAR+3
    ZZ(I1-3)=SHEET_JSMJ. Cells(I1,4)'读入欲求中桩桩号
    DH(I1-3)=SHEET_JSMJ. Cells(I1,5)'读入相应地面高程
```

```
Next I1
    BOOK_JSMJ. Close(True)'关闭 EXCEL 工作簿
K=N
For I=2 To K
    H(I)=H(I-1)+G(I-1) * (l(I)-l(I-1))'计算各变坡点高程
    W(I)=G(I)-G(I-1)'计算各变坡点转角
    T(I)=R(I) * Abs(W(I))/2 '计算各变坡点切线长
    BL(I)=l(I)-T(I)'计算各曲线起点桩号
    EL(I)=l(I)+T(I)'计算各曲线终点桩号
Next I
    BL(1)=l(1)
    EL(1)=l(1)
    BL(K)=l(K)
    EL(K)=l(K)
For I=1 To STAR
    J1=2
    While J1<=K
        If ZZ(I)>=EL(J1-1) And ZZ(I)<EL(J1) Then
        If ZZ(I)<=l(J1) And ZZ(I)>=EL(J1-1) Then
            HO(I)=H(J1-1)+G(J1-1) * (ZZ(I)-l(J1-1))
        Else
            HO(I)=H(J1)+G(J1) * (ZZ(I)-l(J1))
        End If
        If ZZ(I)<=l(J1) And ZZ(I)>=BL(J1) Then
            yy(I)=(ZZ(I)-BL(J1)) * (ZZ(I)-BL(J1))/(2 * R(J1))
        ElseIf ZZ(I)>l(j) And ZZ(I)<EL(j) Then
            yy(I)=(EL(J1)-ZZ(I)) * (EL(J1)-ZZ(I))/(2 * R(J1))
        Else
            yy(I)=0
        End If
If(G(J1)-G(J1-1))>0 Then
    SH(I)=HO(I)+yy(I)
ElseIf(G(J1)-G(J1-1))<0 Then
    SH(I)=HO(I)-yy(I)
Else
    SH(I)=HO(I)
End If
    TW(I)=SH(I)-DH(I)
End If
```

J1＝J1＋1

Wend

Next I

Set xxlApp＝CreateObject("Excel. Application")'创建 EXCEL 应用类

xxlApp. Visible＝True '设置 EXCEL 可见

Set xxlBook＝xxlApp. Workbooks. Open("e:\纵断面设计高程计算结果数据.xls")'打开 EXCEL 工作簿

Set xxlsheet＝xxlBook. Worksheets(1)'打开 EXCEL 工作表

xxlsheet. Activate '激活工作表

xxlsheet. Cells(1,1)＝"变坡点桩号" '给单元格 1 行 1 列赋值

xxlsheet. Cells(1,2)＝"变坡点后坡度值"

xxlsheet. Cells(1,3)＝"变坡点竖曲线半径"

xxlsheet. Cells(1,4)＝"变坡点高程"

xxlsheet. Cells(1,5)＝"中桩桩号"

xxlsheet. Cells(1,6)＝"中桩地面高程"

xxlsheet. Cells(1,7)＝"中桩设计高程"

xxlsheet. Cells(1,8)＝"填方"

xxlsheet. Cells(1,9)＝"挖方"

For I＝2 To K＋1

xxlsheet. Cells(I,1)＝l(I−1)

xxlsheet. Cells(I,2)＝G(I−1)

xxlsheet. Cells(I,3)＝R(I−1)

xxlsheet. Cells(I,4)＝H(I−1)

Next I

For I＝2 To STAR＋1

xxlsheet. Cells(I,5)＝ZZ(I−1)

xxlsheet. Cells(I,6)＝DH(I−1)

xxlsheet. Cells(I,7)＝HO(I−1)

If TW(I−1)＞0 Then xxlsheet. Cells(I,8)＝TW(I−1)

If TW(I−1)＜0 Then xxlsheet. Cells(I,9)＝Abs(TW(I−1))

Next I

End Sub

（3）数据输入文件：E:\纵断面设计高程计算.xls，见表 3-1 第 4、5 列为待求中桩桩号和地面标高，共 95 个，因篇幅关系，表中只显示一部分。

纵断面设计高程计算 EXCEL 文件一部分 表 3-1

变坡点个数	路线起点高程	中 桩 数	
12	286.534	95	
变坡点桩号	第二段坡度值	变坡点竖曲线半径	

变坡点个数	路线起点高程	中 桩 数			
8500	−6.414	0		8500	276.008
9080	0.6	10000		8600	271.838
9900	−2.25	20000		8700	258.417
10700	−3.75	25000		8800	248.782
11400	0.85	8997.826		8900	244.94
11800	−3.44	9000		8920	245.136
12300	−1.35	29373.205		8947.663	246.5
12680	−3.2	7897.297		8970	246.88
13260	0.75	10000		8975	251.706
13860	−3	12000		9000	251.833
15100	2.079	18861.72		9040	250.273
15804.008	0	0		9060	251.585
				9080	248.244
				9100	248.178

（4）结果：数据输出文件"e:\纵断面设计高程计算结果数据.xls"见表 3-2，也只显示一部分数据。

纵断面设计高程计算结果 EXCEL 文件一部分   表 3-2

变坡点桩号	变坡点后坡度值	变坡点竖曲线半径	变坡点高程	中桩桩号	中桩地面高程	中桩设计高程	填 方	挖方
8500	−0.0641	0	286.534	8500	276.008	286.534	10.526	
9080	0.006	10000	249.333	8600	271.838	280.12	8.282	
9900	−0.0225	20000	254.253	8700	258.417	273.706	15.289	
10700	−0.0375	25000	236.253	8800	248.782	267.542	18.7599	
11400	0.0085	8997.83	210.003	8900	244.94	262.335	17.3949	
11800	−0.0344	9000	213.403	8920	245.136	261.414	16.2775	
12300	−0.0135	29373.2	196.203	8947.66	246.5	260.205	13.705	
12680	−0.032	7897.3	191.073	8970	246.88	259.285	12.405	
13260	0.0075	10000	172.513	8975	251.706	259.086	7.37992	
13860	−0.03	12000	177.013	9000	251.833	258.128	6.29492	
15100	0.02079	18861.7	139.813	9040	250.273	256.725	6.45212	
15804	0	0	154.449	9060	251.585	256.084	4.49872	
				9080	248.244	255.482	7.23832	
				9100	248.178	249.453	1.2748	
				9120	240.902	249.573	8.6708	
				9300	253.088	250.653		2.4352

（5）图 3-31 为纬地设计界面，通过纵断面设计的填挖检查可以在下面的命令行处看到设计高程，当然可以用路基设计文件来输出各中桩设计高程。经过对比，程序计算所得数据与纬地设计软件计算所得路基设计文件中数据完全相符。

（6）流程图

作为纵断面设计计算的流程图比较简单，可表示为如图 3-32 所示。

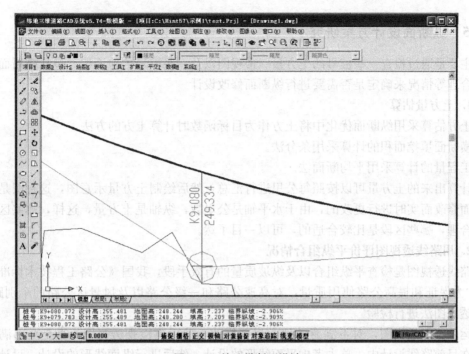

图 3-31 纬地纵断面设计

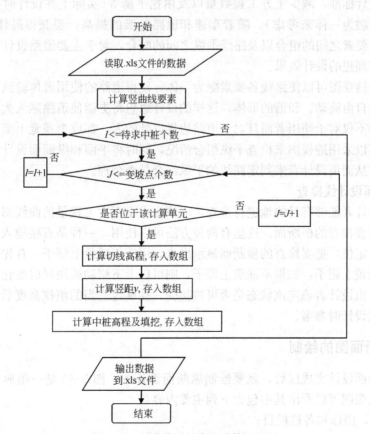

图 3-32 纵曲线设计高程计算流程图

3.2.5 纵断面设计方案研究

主要是通过检查一些桩号的土方量、透视图以及一些桩号的地面线，包括横断面设计是否合理等情况来确定是否需要进行纵断面修改设计。

1. 土方量估算

土方估算采用纵断面优化中将土方作为目标函数时计算土方的方法。

横断面填挖面积的计算采用条分法。

工程量的计算采用平均断面法。

计算出来的土方量可以按照每公里进行汇总，然后绘制土方量示意图，这种图是随着纵断面修改而实时进行更改的，由于水平轴是公里数，纵轴是土方量，这样，哪些区段设计不合理，哪些区段是比较合适的，可以一目了然。

2. 用路线透视图评价平纵组合情况

路线透视图是检查平纵组合以及纵坡质量的有效手段，我国《公路工程技术标准》规定："为保证和提高公路使用质量，对高速公路和一级公路以及风景区公路的个别路段，应用透视图法进行检验"。

运用路线透视图，对不满意的地方进行修改，然后再检查透视图，直至全部满意为止。在目前路线设计中，首先考虑平面线形的设计，然后进行纵面线形的设计，设计时主要考虑满足设计标准，减少土方工程数量以及填挖平衡等（实际上在设计时很少把平面线形和纵面线形融为一体来考虑）。随着车速和道路等级的提高，要获得最佳的设计效果，应该重视线形要素之间的组合以及路线平纵之间的配合，对于主要道路设计要从三维角度来考虑才符合理想的设计效果。

应用路线透视图可以使线路各要素融为一体，使得道路的使用者体验到一条在视觉上连续不间断的自由流动、和谐的形体，这样的设计思想将更能使道路融入大自然之中，使得设计的道路不仅对于使用者而且对于道路边界以外的人，都成为视觉上美不胜收的构造物。因此，可以采用透视图来检查平纵组合情况，同时将平面和纵断面设计资料显示在一起进行研究，从而由设计者来判定路线的平纵组合是否合理。

3. 横断面设计线检查

为了使设计者能够有目的地进行检查，应该生成土石方工程量的曲线图，根据曲线图的情况选择需要检查的横断面。这里有两种方法可以使用，一种是直接输入桩号；另一种是用鼠标直接定位，把要检查的横断面显示出来，用模板试戴上帽子，首先分析在当前标高下，能不能戴上帽子，如果不能戴上帽子，则可以上下移动模块同时变化边坡，实时显示填挖面积，由设计者确定该状态是否可被接受，在确定适当的填挖高度后进行标记，以供修改纵断面设计时参考。

3.2.6 纵断面图的绘制

道路纵断面设计完成以后，就要绘制纵断面设计图，图 3-33 是一幅典型的道路纵断面图，分析这张图可以看出其中包含下列主要内容：

(1) 图框，图标和各栏栏目；

(2) 地面线和设计线；

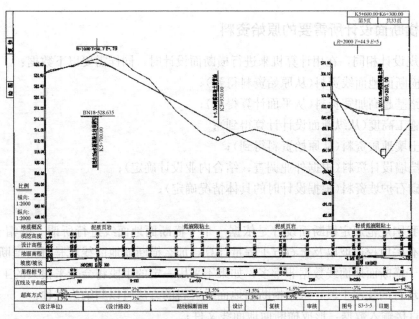

图 3-33 纵断面图

（3）竖曲线及其要素，桥涵构筑物位置及类型，地质概况；

（4）里程桩，地面高，设计高，填挖高，坡度及坡长等，直线及平曲线及超高标注。

3.3 道路横断面线形设计

横断面设计工作相当繁琐，包括所有断面的"戴帽子"、计算土方量、计算超高加宽以及设置支挡结构等等。如利用计算机则可以大大减轻设计人员的负担，提高设计效率，整个设计流程如图 3-34 所示。

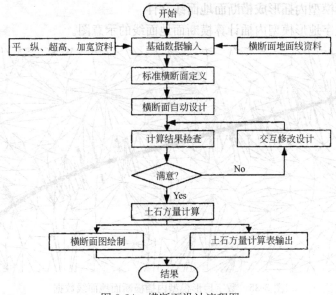

图 3-34 横断面设计流程图

3.3.1 横断面设计所需要的原始资料

同常规设计相同，在用计算机来进行横断面设计时，同样需要以下数据：

(1) 横断面地面线资料(从原始资料得到)；

(2) 路基超高加宽资料(从平面计算得到)；

(3) 施工高度(从纵断面设计计算得到)；

(4) 土壤地质资料(从原始资料得到)；

(5) 挡墙设计资料(根据外业调查；结合内业设计确定)；

(6) 砌石护坡资料(根据设计时的具体情况确定)；

……

目前我国规范规定横断面设计是依据一个个横断面地面线进行所谓"戴帽子"设计，从而完成有关填挖边坡以及土石方工程量计算，那么横断面地面线就是进行横断面设计的基础，由于横断面地面线数据非常多，如果不采用一定的手段将会带来很大的工作量。

根据现有的技术手段，采集横断面地面线资料的方法可以归纳为三种：

(1) 直接输入数据，形成横断面地面线文件；

(2) 采用数字化仪输入在勘测现场绘制的横断面地面线图，最终也形成横断面地面线文件；

(3) 采用数字地形模型，通过内插手段得到横断面地面线。

1. 直接输入数据，形成横断面地面线文件

通过键盘将野外实测的、记录在测量手簿上面的横断面地面线资料输入计算机，形成一定格式的数据文件。

2. 采用数字化仪输入在勘测现场绘制的横断面地面线图

野外测量的数据绘制成的横断面地面线图，通过数字化仪将有关信息输入计算机，配以相应的程序，同样可以转化为一定格式的横断面地面线文件。

3. 数字地形模型内插形成横断面地面线文件

图 3-35 是数字地形模型内插计算横断面地面线的示意图。

图 3-35　数字地形模型内插横断面地面线数据

作平面中心线上各桩点处的法线，这条法线就是该桩的横断面，以中心线为界向两边以一定的步长(比如5m)沿横断面取点，然后内插数字地形模型，就可以得到该点的高程。这样就可以得到横断面上一系列点的三维坐标，经过适当的转换就可以形成横断面地面线文件。

其中，挡墙设计资料和砌石护坡设计资料主要包括起终点桩号和所采用的结构形式及标准。

3.3.2　路基横断面的标准形式

横断面设计牵涉到各种影响因素，由于公路沿线土壤地质、地形、地物千变万化，因此，路线上各路段的横断面形状也是千姿百态、多种多样的。在编制横断面设计程序时，必须尽可能多地考虑各种限制因素，设计出符合各种情况的典型横断面处理模块。常用的典型模块应包含填方模块、挖方模块、挡墙设置模块、砌石护肩设置模块等。设计中的一些细节在各模块中再加以具体考虑，如对填方断面，除了考虑填方边坡以外，还应考虑路基填方高度对边坡值的影响，护坡道的设置等因素，而挖方断面，则还应考虑碎落台、视距台等的设置。

标准横断面就像模板，用来控制横断面"戴帽子"的情况，往往一条道路上的横断面形式有许多种，这就需要分段定义标准横断面。标准横断面的定义具有多种类型，包括城市道路、公路，尤其是高等级公路等各种形式的断面，在断面定义方面不应该存在任何困难，对设计中常见的高填方、深挖方和两边路幅不对称的情况都可以定义。一般标准横断面图可以表示成如图3-36所示的形式。

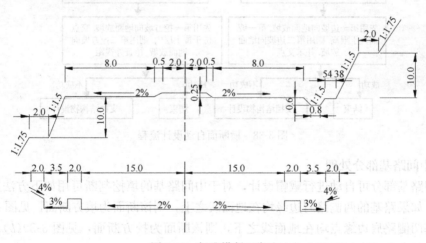

图3-36　标准横断面表达

3.3.3　横断面自动设计

定义好标准横断面以后，就可以进行横断面的自动设计。CAD系统依次将每一个横断面用相应的标准横断面进行"戴帽子"设计，计算填挖方面积，整个设计符合现行《公路路线设计规范》和《公路工程技术标准》的要求，在具体设计中左右侧分别设计。考察横断面设计过程以后，不难发现这样的事实，如图3-37所示，如果将横断面分为三个区域，分隔点在两边的路肩处，在横断面设计中带来麻烦和复杂的是横断面两边的Ⅰ部分，这部分涉及边坡、边沟等因素，关系到是否要设支挡结构物等问题。而中间 II 部分对不同的横断面设计来说基本上是一样的，因此这就表明了道路 CAD 横断面自动设计时应该解决的关键问题在于如何处理不同形式的填挖边坡及边沟等问题。尽管在横断面的设计中会有各种各样的断面形式，但总的来说，横断面的设计可以归纳为三种基本形式，这就是：填方断面形式，挖方断面形式和半挖半填断面形式。横断面自动设计流程如图 3-38 所示。

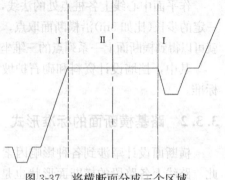

图 3-37 将横断面分成三个区域

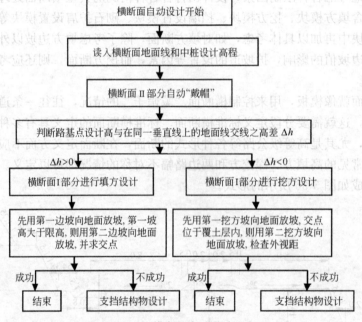

图 3-38 横断面自动设计流程

1. 中间路基部分处理

中间路基部分可自动进行戴帽设计，对于中间路基的填挖判断可用如下方法进行：一般情况，如果路基的两侧路肩边缘均在地面线之上，则该断面为填方断面，见图 3-39(a)；如果路基两侧路肩边缘点均在地面线之下，则该断面为挖方断面，见图 3-39(b)；介于填方断面与挖方断面之间的则为半填半挖断面，见图 3-39(c)。

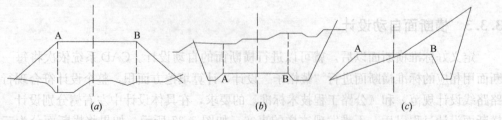

图 3-39 典型横断面图

假定路基两边缘点为 A、B，其标高为 HA、HB，其相应的面线的标高为 ZA 和 ZB，则可以建立如下的判别形式：

$(HA-ZA)\times(HB-ZB)>0$ 且 $HA>ZA$ 则为填方断面；

$(HA-ZA)\times(HB-ZB)>0$ 且 $HA<ZA$ 或 $HB<ZB$ 则为挖方断面；

$(HA-ZA)\times(HB-ZB)<0$ 则为半填半挖断面。

2. 两侧边坡部分处理

对于两侧边坡 I 部分，可根据路肩外侧路基设计高程与同一垂直线上的地面线高程之差 Δh 来判断，如果 $\Delta h>0$ 则为填方，否则则为挖方。

（1）填方边坡

如图 3-40 所示，如果 $\Delta h>0$ 则为填方边坡。

计算时可分为三个阶段，即：

1）第一边坡，边坡值用 M(1) 及限高 LH(1) 表示；

2）护坡道或构造物顶宽 B2，其限高为 0；

3）第二边坡，边坡值为 M(3)。设计时上述的标准断面根据《路基设计规范》仍有不同的要求，如砌石的设置，砌石的内外侧边坡根据砌石高度是在 5m 以下、10m 以下还是在 15m 以下分为三种情况（图 3-41）：

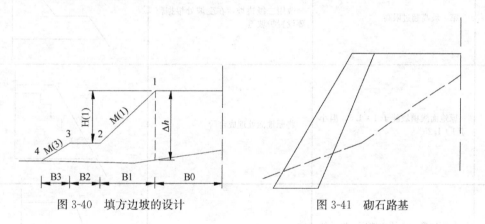

图 3-40 填方边坡的设计 　　图 3-41 砌石路基

$H<5m$，$m=0.50$，$n=0.30$

$H<10m$，$m=0.67$，$n=0.50$

$H<15m$，$m=0.75$，$n=0.60$

在设计时需分别予以考虑处理。

（2）挖方边坡

如图 3-42 所示，如果 $\Delta h<0$ 则为挖方边坡。

同填方边坡一样，我们可以把挖方边坡分类，如图 3-42 所示。

设计时，可以根据土壤地质情况，结合路基设计时的具体要求选择各挖方坡段坡率，然后进行各项设计计算。这一过程按计算时的先后顺序可分为五个阶段，既开挖边沟（取决于边沟内外

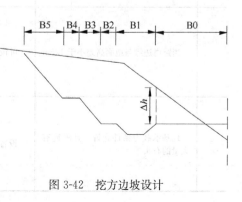

图 3-42 挖方边坡设计

边坡及边沟底宽);开挖碎落台或视距台(由其宽度及边坡值确定);开挖第一边坡(由边坡值及其挖方限高确定);必要的台阶开挖;第二边坡开挖(由 N(5)确定)。

对于某一断面的某一侧边坡来说,不管地面如何变化,我们可以把它归结到填方边坡或挖方边坡上来。

3.3.4 横断面设计中应注意的一些特殊情况

横断面设计工作量大、经济性强,其边坡处理涉及路基的结构稳定、排水通畅、土方及结构物工程数量的大小,在我国《公路路基设计手册》中介绍了路基横断面设计的一般原则:路基横断面一般有全填、全挖和半填半挖几种形式,而对于边坡而言只有填方或挖方两种形式,挖方路基须设边沟,填方路基视情况要设排水沟,一般情况下无需设置支挡结构物,在地质、地形等条件影响下,应该设置护坡、挡墙之类的结构物。我们用表3-3和表3-4分别说明填方和挖方路基设计各种细节的具体处理方法。

填方设计细节处理　　　　　　　　　　　表 3-3

序号	出现的情况	解决的办法	图　示
1	第一坡高超过限高	改用二级边坡,在变坡处根据需要设置护坡道	
2	原地面线横坡陡于 1∶1.5,但小于 1∶1.25	将原地面处理成台阶	
3	地面坡度大于填方坡度;设计线与地面线无法相交或坡脚伸出较远;填高超过限制高度	设置支挡结构物	
4	当路肩边缘与地面高差小于1.5m	可设石砌护肩	
5	地基承载力条件允许,且附近有大量的石头	设置砌石	

续表

序号	出现的情况	解决的办法	图示
6	地基承载力条件不允许，但距路基边缘 12m 范围内有地面线与设计线高差小于 1.5m	设置护脚，从该点反求护脚高度	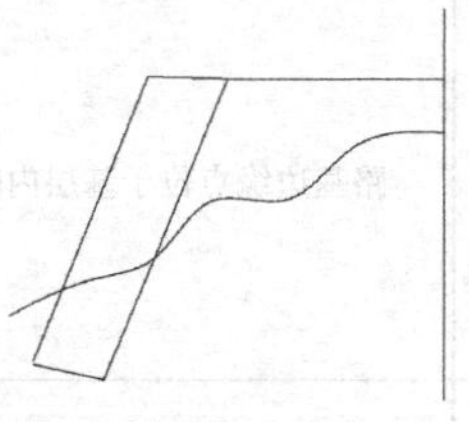
7	以上措施不能使用，且地面平坦	设置仰斜式挡土墙，做成路肩墙和路堤墙	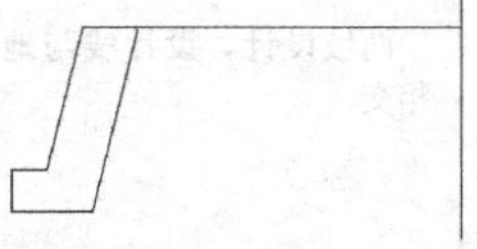
8	地面横坡陡峭	设置俯斜式挡土墙	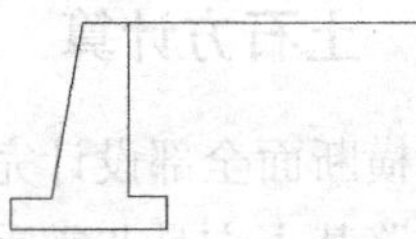
9	地面横坡陡峭	设置衡重式挡土墙	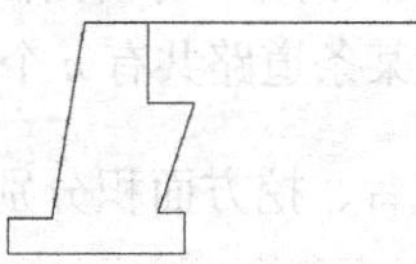

挖方路基设计细节处理　　　　　　　　　　　　　　　　　　　表3-4

序号	出现的情况	解决的办法	图示
1	路基边缘点位于覆盖层内	用第一挖方边坡向地面放坡	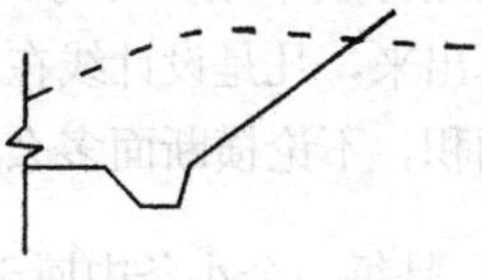
2	位于弯道内侧	进行外视距检验，不满足视距时挖视距台，其宽度可以取碎落台宽度与视距台宽度的大者	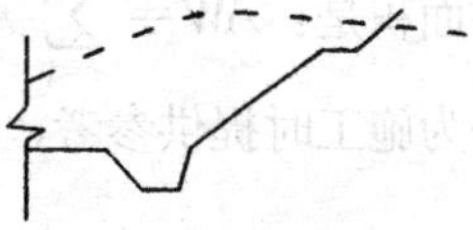
3	地面坡度大于挖方坡度；地面线与设计线不能相交	设置路堑墙，如路堑墙高度大于4m，设计线与地面线仍不能相交，则应修改平纵设计	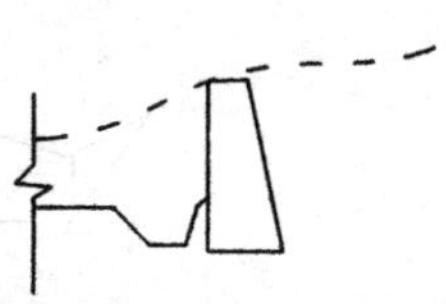

序号	出现的情况	解决的办法	图 示
4	路基边缘点位于基层内时	设二级边坡，变坡点位于覆盖层与基层分界处，外视距校验及碎落台设置同单坡	
5	两坡设计，设计线与地面线不能相交	设置山坡墙，山坡墙设置在变坡处设计线与地面线仍不能相交，则应修改平纵设计	

3.3.5 土石方计算

当横断面全部设计完成后，就要计算土石方：它是工程概预算及有关工作的基础，准确计算路基土方是非常重要的工作，这在技术上没有多少难度。目前我国规范规定在工程量计算中采用平均断面法，在计算横断面填挖面积时用条分法。具体计算步骤如下：

设某条道路共有 n 个断面参加土方计算，任意取其中两个横断面 i 和 $i+1$，桩号分别为 S_i 和 S_{i+1}、挖方面积分别为 AT_i，AW_i，AT_{i+1}，AW_{i+1}，则该道路总的填方为：$T = \sum\limits_{i=1}^{n-1} \left(\dfrac{AT_i + AT_{i+1}}{2}\right)(S_{i+1} - S_i)$，总挖方为 $W = \sum\limits_{i=1}^{n-1} \left(\dfrac{AW_i + AW_{i+1}}{2}\right)(S_{i+1} - S_i)$。$AT_i$，$AT_{i+1}$，$AW_i$，$AW_{i+1}$ 采用条分法计算，如图 3-43 所示，将地面折线和横断面设计线中有折点的地方都划分成小条，对每一小条来说，均是一个梯形，这样整个断面中的填挖方面积就不难计算出来，凡是设计线在地面线上面的记入填方面积，反之设计线在地面线下面的则记入挖方面积，不论横断面多么复杂均可这样妥善处理，设 ATl_i 是每一个小条中属于填方的面积，AWl_i 是每一个小条中属于挖方的面积，则该横断面总的填方面积是：$AT = \sum\limits_{i=1}^{n} ATl_i$，总的挖方面积是：$AW = \sum\limits_{i=1}^{n} AWl_i$。在土石方工程计算中，另一个重要的工作就是土石方调配，这是为施工时提供参考，土石方调配应该包括两个方向的工作，一是横向平衡，二是纵向

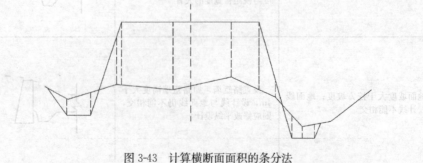

图 3-43 计算横断面面积的条分法

调配，基本原则是填挖方基本平衡，同时又要采用最合理的运距，目前土石方调配一般都是人工进行调配。

3.3.6 道路横断面图的绘制

横断面设计图包括横断面地面线和道路设计线、挡土墙和护坡等内容，每一个横断面都要标注桩号、填挖方面积等内容。横断面设计图绘制时不同于平面图和纵断面图，平面图和纵断面图是一个连续的线状图形，必须进行分页才能绘制到各自的图纸上，同时保持了道路的连续，而横断面图是绘制一个个横断面的，它不存在分页的问题，但是出现了另外一个问题，那就是如何保证充分利用图纸空间，横断面既排列整齐，互相之间又不重叠，这就要在每绘制好一个横断面图以后，都必须确定该横断面所占的空间大小，同时计算该区域到图纸两边的距离，从而决定在纵向和横向两个方向上是否还可以再画一个横断面。

图 3-44 为计算机绘制的道路横断面图。

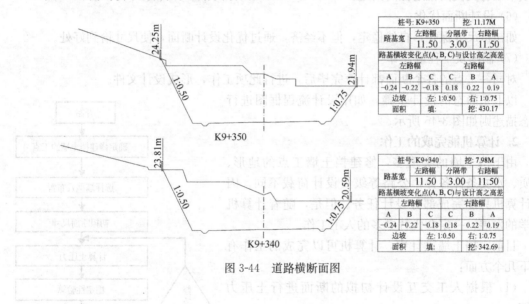

图 3-44 道路横断面图

3.4 重力式挡土墙设计

3.4.1 概述

用计算机程序作挡土墙设计与传统的人工手算设计的思路基本相同。但是，由于设计参数多，计算公式繁琐，约束条件多，因此计算工作量大，人工计算时很容易出现失误和差错，很难得到优化的设计成果。由此可见，开发挡土墙设计的电算程序，无论对设计理论的发展或对工程实践需要都是十分重要的。目前很多道路 CAD 和桥梁设计系统多附带挡土墙设计的程序，为挡土墙设计带来了很大的方便。

1. 挡土墙设计的基本步骤

挡土墙规模越大，设计步骤越多，重力式挡土墙设计一般分为以下几个步骤。

（1）确定设置挡土墙的工点

通常结合公路线形设计或某些特殊需要(如防止冲刷、减少占地等)确定应设置挡土墙的地点(即起止桩号)。

(2) 选择挡土墙类型并具体布置

结合地形、地质条件，并经过技术经济比较后．选择恰当的墙型和确定挡土墙在路基横断面上的具体位置。

(3) 初拟挡土墙的横断面尺寸

尺寸恰当的挡土墙，计算容易通过，自然与设计者的技术水平和经验密切相关。

(4) 土压力计算

这是挡土墙设计繁杂，也是最关键的一步。

(5) 稳定性验算

判断初拟尺寸的挡土墙在土压力作用下是否稳定，如不能满足要求，需修改挡土墙断面或采取有关提高稳定性的措施。

(6) 设计断面优化

如初拟尺寸保守，自然稳定，但不经济，通过优化设计断面，使尺寸恰到好处。

(7) 制图及工程量计算

对同一工点的各个断面都计算完毕后，进行此项工作，形成设计文件。

以上是静态的设计步骤，如用设计流程框图进行动态描述则如图 3-45 所示。

2. 计算机能完成的工作

由于挡土墙的类型多，修建挡土墙工点的地形、地质、水文条件各异，公路等级及设计荷载不同，因此计算机只能完成部分设计任务。但是，随着计算机科学的发展，一定会代替更多的人工工作。

目前，挡土墙设计中，计算机可以完成的工作有以下几个方面：

(1) 根据人工交互设计初拟的断面进行土压力计算；

(2) 对土压力作用下的已知断面进行挡土墙的稳定性验算；

(3) 根据稳定性验算结果对挡土墙的断面自动进行优化设计计算；

(4) 绘制设计图，形成设计文件；

(5) 进行工程量计算。

3. 实现用电算程序设计挡土墙的步骤

(1) 总结人工作挡土墙设计的规律

任何一种挡土墙的设计，都要先设定断面尺寸，然后计算土压力，最后进行稳定性验算，这是共同的设计规律。而土压力计算的公式随挡土墙的边界条件而异，稳定性验算的方法和公式却不分墙型，可以通

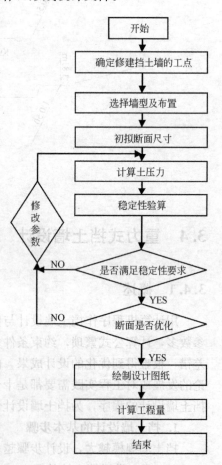

图 3-45　挡土墙设计流程

用。各种挡土墙的计算公式为电算程序的编制提供了有利条件，因为公式本身就反映了挡土墙的设计规律。

（2）选择正确的设计数据输入方式

了解了设计规律之后，就从总体上明确了设计程序的步骤，首先应解决的问题是设计基本数据以及数据的输入。

挡土墙设计的数据分为三类：一是土力学参数，二是挡土墙断面和被支挡的土体断面，三是设计荷载和稳定性系数。第一类数据对同一设计工点是常数，可以将其置入程序中，每次设计时只需检查或修改即可。第二类数据变化最大，每个设计断面都不尽相同，因此只能键盘输入。第三类数据是设计规范的规定值，应写入程序的语句中，这类数据也是挡土墙优化设计的判断标准。

（3）区分应由人工和计算机各自完成的工作内容和环节

一个良好的设计，仅仅依靠计算机是不可能完成的；必须人机配合，充分发挥计算机的快速运算优势和设计者的综合判断能力，二者有机结合才会得到真正优化的设计。

1）利用电算程序设计挡土墙时，应由人工完成的工作有：

① 确定设置挡土墙的具体位置；

② 结合现场实际，选择适当的挡土墙类型；

③ 初步拟定挡土墙的横断面结构尺寸；

④ 通过试验或查阅设计手册确定土力学参数，即 C、ϕ、γ 值。

2）可以通过计算机完成的设计工作有：

① 根据初拟断面尺寸，判断挡土墙的类型，进行土压力计算；

② 自动进行初拟断面的稳定性验算，判断挡土墙是否稳定；

③ 根据设计规范要求的稳定性系数，自动进行挡土墙断面的优化设计；

④ 逐个完成同一工点各个路基断面的挡土墙设计；

⑤ 显示计算结果，供设计人员审定；

⑥ 对审定认可的挡土墙绘制设计图；

⑦ 自动计算挡土墙的工程量；

⑧ 打印设计结果，形成设计文件。

（4）明确电算设计成果输出资料的要求

设计结果应满足工程实际的要求，一般应输出以下资料：

1）打印原始设计资料，供设计人员检查，以避免出现利用错误资料进行计算的现象；

2）打印主要的计算结果，如土压力、各个稳定性系数、破裂角、地基应力等；

3）绘制符合工程要求的设计图；

4）打印设计工点的挡土墙工程数量。

4. 程序结构

考虑到程序使用和设计的方便，以及有利于阅读和检查程序，应用程序一般都采用模块结构进行设计。

挡土墙的类型多，计算工作量大，采用如图 3-46 所示的模块化结构是十分有利的。每个模块又分为若干个子模块，如：模块 4 是进行挡土墙设计的核心模块，包括各种墙型的计算与优化，它又由若干子模块组成，是系统的主要内容，是编制程序的重点。

图 3-46　系统结构模块化

3.4.2　土压力计算及实用程序

编写某一特定条件的挡土墙设计程序是十分容易的，因为各种边界条件下的土压力计算公式都可以在有关的设计手册中查到。但是，挡土墙的边界条件有数十种，具体情况十分复杂，如将公式一一列出，将有千余个之多。因此，编制通用的设计程序，还必须分析这些边界条件，找出通用性强的基本部分，使程序简化、准确、适用。

1. 基本图式

重力式挡土墙按其墙背倾角 α 可以分为仰斜式、俯斜式和直立式，按其位置可以分为路肩墙、路堤墙、路堑墙和山坡墙。采用图 3-47 所示的基本图式则可包含以上全部类型的挡土墙。从图中不难看出，α、a、h_0 即可用做墙型判断的指标，墙型确定之后，就可以选用相应的公式进行计算。

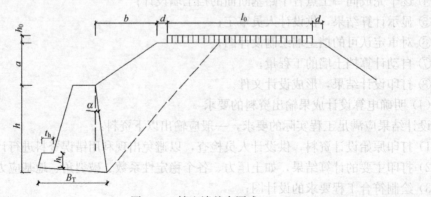

图 3-47　挡土墙基本图式

2. 墙型判断

不同墙型的计算公式是不相同的，其差异相当大。采用以下指标判断墙型：

（1）墙背倾角 α

当 $\alpha<0$ 时为仰斜式挡土墙，当 $\alpha=0$ 时为直立式挡土墙，当 $\alpha>0$ 时为俯斜式挡土墙。只需在输入设计资料时，注意 α 值的正负号，计算机即可正确判断。它同时也是优化设计和绘图的重要指标。

（2）墙顶以上填土高度 a

当 $a=0$ 时为路肩墙，$a>0$ 时为其他各种墙型，$a<0$ 时说明设计资料有错误，因为不可能有这种情况发生。

（3）设计荷载的等代土层厚度 h_0

当 $h_0=0$ 时为路堑墙或山坡墙，当 $h_0>0$ 时为路堤墙，同样，$h_0<0$ 也是不可能的。

根据以上的分析，可以得到如图 3-48 所示的墙型判断框图，不难写出这个子程序。

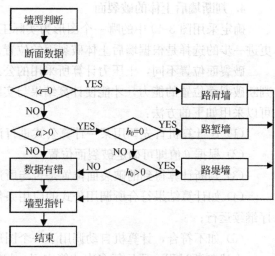

图 3-48 墙型判断框图

3. 计算土压力的基本图形

应用上述的墙型判断指标，可以将数十种边界条件下的土压力计算图形归纳成图 3-49 中的五个基本图形。这五个图形的土压力计算公式不同，因此必须分别编制五个子模块，通过判断指标本身数值的变化，就可以推广应用到其他各种条件下的土压力计算过程中去。

编号	图 式	基本适用条件	扩展适用条件
1	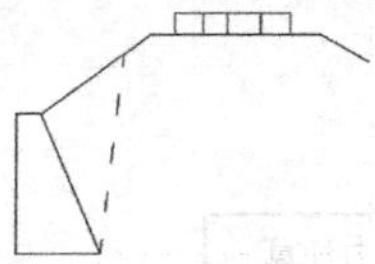	路堤墙 墙后填土折面 破裂面交于边坡	$a=0$ 时为路肩墙；a 足够大时为路堑墙或山坡墙
2	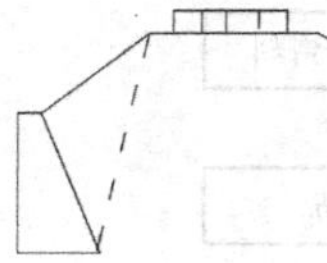	路堤墙 墙后填土折面 破裂面交于路肩	$h_0=0$ 时为路堑墙，$a=0$ 为路肩墙，破裂面交于路肩
3	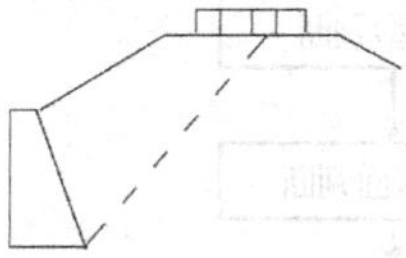	路堤墙 墙后填土折面 破裂面交于荷载内	$a=0$ 为路肩墙；破裂面交于荷载内
4	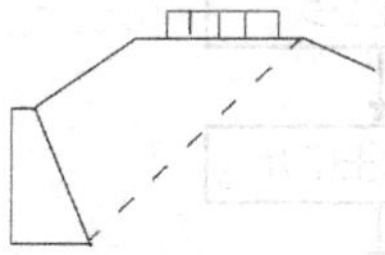	路堤墙 墙后填土折面 破裂面交于荷载外	$a=0$ 为路肩墙；破裂面交于荷载外
5	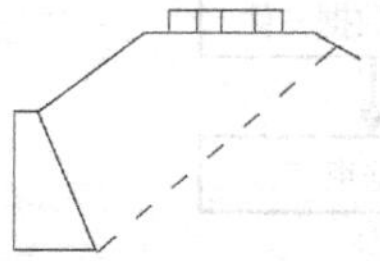	路堤墙 墙后填土折面 破裂面交于另一侧的边坡	

图 3-49 挡土墙基本图形

注：a，h_0 见图 4-2-1

4. 判断墙后土体的破裂面

确定采用图 3-49 中的哪一个图形为实际工程的计算图式，除采用墙型判断指标之外，更进一步的选择是根据墙后土体破裂面的位置。

破裂面位置不同，土压力计算所采用的公式完全不同。因此，电算程序应当具有自动判断破裂面位置的能力，才能使计算结果与实际的工程吻合，并能实现设计的优化。具体可以采用如下的方法：

（1）让计算机首先调用某一计算公式进行计算，得到破裂角 θ 值；

（2）根据 θ 值即可确定破裂面位置；

（3）判断计算得到的破裂面位置是否与所选的公式应用条件符合；

（4）如计算结果符合所调用公式的应用条件，所调用的公式即是选定的计算公式，程序继续运行；

（5）如不符合，计算机自动调用下一个图形的计算公式，直到符合为止。

上述判断过程，要反复多次才能实现，将其用动态流程图表示时，如图 3-50 所示。

5. 土压力计算的总框图

综合考虑土压力计算的全部因素，可以得到如图 3-51 所示的总框图。

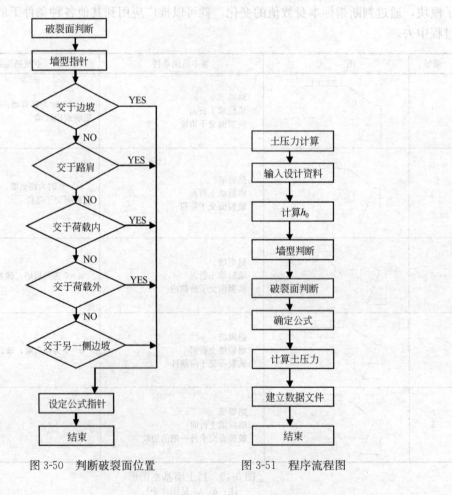

图 3-50　判断破裂面位置　　　　图 3-51　程序流程图

6. 实用程序设计

这里重点介绍土压力计算的总体步骤，力求所编程序具有较强的功能和普遍的适用性。为使初学编程者易于理解，因此只介绍了普通重力式挡土墙。下面为普通重力式挡土墙的 VB 源程序，供参考，并附有例题供验证。

（1）VB 源程序：

```
'定义下列变量为全局变量
Dim c1,c2,c3,c4,ct,pp1,a1,ea,ea1,tyl1,tct1,tct2,ct1,ct2,hnct1,hnct2,thnct1,
thnct2,S11,PJ As Double
Dim hnea,hnea1,hnea2,hh0,chezh,bb,ll,ll1,bb1 As Double
Dim yy1,ff1,tt1,aa1,h,a,b,d,l0,X11 As Single
Dim j,N As Integer
Dim P11(0 To 2)As Double
Dim P12(0 To 2)As Double
Dim X(1 To 50),Y(1 To 50),hs(1 To 50),bs(1 To 50) As Double
Dim mj,ZC As Double
Dim myAcadapp As AutoCAD. AcadApplication
Dim myDoc As AutoCAD. AcadDocument
Dim myMos As AutoCAD. AcadModelSpace
Dim myPas As AutoCAD. AcadPaperSpace
Dim Objline As AutoCAD. AcadLine
Dim plineObj As AutoCAD. AcadLWPolyline
Dim TEXT As AutoCAD. AcadText
Dim xlApp As Excel. Application '定义 EXCEL 类
Dim BOOK_JSMJ As Excel. Workbook '定义工件簿类
Dim SHEET_JSMJ As Excel. Worksheet '定义工作表类
'挡土墙设计计算程序
Private Sub Command1_Click()
'由窗体读入数据
yy1=Val(Text1. TEXT)
ff1=Val(Text2. TEXT)
tt1=Val(Text3. TEXT)
aa1=Val(Text4. TEXT)
h=Val(Text5. TEXT)
a=Val(Text6. TEXT)
b=Val(Text7. TEXT)
d=Val(Text8. TEXT)
l0=Val(Text9. TEXT)
N=Val(Text19. TEXT)
ll1=Val(Text18. TEXT)
```

```
mm1＝Val(Text20. TEXT)
tt1＝JP(tt1)
ff1＝JP(ff1)
aa1＝JP(aa1)
c1＝Atn((b−h * Tan(aa1))/(h+a))'计算破裂角边界
c2＝Atn((b−h * Tan(aa1)+d)/(h+a))
c3＝Atn((b−h * Tan(aa1)+d+l0)/(h+a))
c4＝Atn((b−h * Tan(aa1)+2 * d+l0)/(h+a))
psi＝aa1+tt1+ff1
Call hzz(yy1,ff1,tt1,aa1,h,a,b,d,l0,N,ll1,mm1,c1,c2,c3,c4,psi,ex,ey,zea1x,zea1y)
Call dqmj2(mj,zgy)
Call wendingxing(mj,zgy,ff1,ex,ey,zea1x,zea1y)
End Sub
Sub nbp(yy1,ff1,tt1,aa1,h,a,b,d,l0,N,ll1,mm1,c1,c2,c3,c4,psi,ex,ey,zea1x,zea1y)
'假定破裂面位于内边坡,计算破裂角
pp1＝Atn(a/b)
tyl1＝Cos(aa1)^2 * Cos(aa1+tt1) * (1+Sqr((Sin(ff1+tt1) * Sin(ff1−pp1))/(Cos
(aa1+tt1) * Cos(aa1−pp1))))^2
p1＝Cos(aa1) * Sin(pp1) * Cos(psi−ff1)−Sin(ff1) * Cos(psi) * Cos(aa1−pp1)
q1＝Cos(aa1−pp1) * Cos(psi+ff1)−Cos(psi−ff1) * Cos(aa1+tt1)
r1＝Cos(ff1) * Sin(psi) * Cos(aa1−pp1)−Sin(aa1) * Cos(psi−ff1) * Cos(pp1)
tct1＝(−1 * q1+Sqr(q1^2−4 * p1 * r1))/(2 * p1)
tct2＝(−1 * q1−Sqr(q1^2−4 * p1 * r1))/(2 * p1)
ct1＝Atn(tct1)
ct2＝Atn(tct2)
If ct1<0 And ct2<0 Then
    Print"错误"
ElseIf ct1<0 Then
    ct＝ct2
ElseIf ct2<0 Then
    ct＝ct1
ElseIf ct1>ct2 Then
    ct＝ct2
Else：ct＝ct1
End If
ea＝yy1 * h^2 * Cos(ff1−aa1)^2/(2 * tyl1)
a1＝h^2 * Cos(aa1−pp1)/(2 * Cos(aa1)^2)
ea1＝yy1 * a1 * Sin(ct+aa1) * Cos(ct+ff1)/(Cos(ct+pp1) * Sin(ct+ff1+aa1+
tt1))'土压力
```

```
    If ct<=c1 Then '判断破裂角的位置是否与假设相符
        ex=ea1 * Cos(aa1+tt1) '土压力分力
        ey=ea1 * Sin(aa1+tt1)
        zea1x=h/3
        zea1y=Val(Text14. TEXT)-zea1x * Tan(aa1) '土压力作用点位置
        Text10. TEXT=ea1
        Text11. TEXT="破裂面位于内边坡"
        Text17. TEXT=ct
        Text15. TEXT=ex
        Text16. TEXT=ey
        Text21. TEXT=zea1x '水平分力作用点的位置即作用点到挡土墙与土壤交界处
距离
        Text22. TEXT=zea1y '竖向分力作用点位置即作用点到挡土墙墙趾距离
    ElseIf ct<=c2 And ct>c1 Then Call hnc(yy1,ff1,tt1,aa1,h,a,b,d,l0,N,ll1,mm1,
c1,c2,c3,c4,psi,ex,ey,zea1x,zea1y)
    ElseIf ct<=c4 And ct>c3 Then Call hyc(yy1,ff1,tt1,aa1,h,a,b,d,l0,N,ll1,mm1,
c1,c2,c3,c4,psi,ex,ey,zea1x,zea1y)
    ElseIf ct<=c3 And ct>c2 Then Call hzz(yy1,ff1,tt1,aa1,h,a,b,d,l0,N,ll1,mm1,
c1,c2,c3,c4,psi,ex,ey,zea1x,zea1y)
    ElseIf ct>c4 Then Call wbp(yy1,ff1,tt1,aa1,h,a,b,d,l0,N,ll1,mm1,c1,c2,c3,c4,
psi,ex,ey,zea1x,zea1y)
    End If
    End Sub
    Sub hnc(yy1,ff1,tt1,aa1,h,a,b,d,l0,N,ll1,mm1,c1,c2,c3,c4,psi,ex,ey,zea1x,
zea1y)
    '假定破裂面位于荷载内侧,计算破裂角
        a01=(a+h)^2/2
        b01=a * b/2-h * (h+2 * a) * Tan(aa1)/2
        thnct1=-1 * Tan(psi)+Sqr((1/Tan(ff1)+Tan(psi)) * (b01/a01+Tan(psi)))
        thnct2=-1 * Tan(psi)-Sqr((1/Tan(ff1)+Tan(psi)) * (b01/a01+Tan(psi)))
        hnct1=Atn(thnct1)
        hnct2=Atn(thnct2)
    If hnct1<0 And hnct2<0 Then
        Print"错误"
    ElseIf hnct1<0 Then
        ct=hnct2
    ElseIf hnct2<0 Then
        ct=hnct1
    ElseIf hnct1>hnct2 Then
```

```
            ct＝hnct2
        Else：ct＝hnct1
        End If
            ea1＝yy1＊(a01＊Tan(ct)－b01)＊Cos(ct＋ff1)/Sin(ct＋psi)'土压力
        If ct＜＝c2 And ct＞c1 Then '判断破裂角的位置是否与假设相符
                Text10. TEXT＝ea1
                Text11. TEXT＝"破裂面位于荷载内部"
                Text17. TEXT＝ct
                ex＝ea1＊Cos(aa1＋tt1)'土压力分力
                ey＝ea1＊Sin(aa1＋tt1)
                hh1＝(b－a＊Tan(ct))/(Tan(ct)＋Tan(aa1))
                hh2＝d/(Tan(ct)＋Tan(aa1))
                zea1x＝(h^3＋3＊a＊h^2－3＊a＊hh1＊h＋a＊hh1^2)/(3＊h^2＋6＊a＊h－3
        ＊a＊hh1)'土压力作用点位置
                zea1y＝Val(Text14. TEXT)－zea1x＊Tan(aa1)
            Text15. TEXT＝ex
            Text16. TEXT＝ey
            Text21. TEXT＝zea1x'水平分力作用点的位置即作用点到挡土墙与土壤交界处
        距离
            Text22. TEXT＝zea1y'竖向分力作用点位置即作用点到挡土墙墙趾距离
        ElseIf ct＜＝c1 Then Call nbp(yy1,ff1,tt1,aa1,h,a,b,d,l0,N,ll1,mm1,c1,c2,c3,
    c4,psi,ex,ey,zea1x,zea1y)
        ElseIf ct＜＝c4 And ct＞c3 Then Call hyc(yy1,ff1,tt1,aa1,h,a,b,d,l0,N,ll1,mm1,
    c1,c2,c3,c4,psi,ex,ey,zea1x,zea1y)
        ElseIf ct＜＝c3 And ct＞c2 Then Call hzz(yy1,ff1,tt1,aa1,h,a,b,d,l0,N,ll1,mm1,
    c1,c2,c3,c4,psi,ex,ey,zea1x,zea1y)
        ElseIf ct＞c4 Then Call wbp(yy1,ff1,tt1,aa1,h,a,b,d,l0,N,ll1,mm1,c1,c2,c3,c4,
    psi,ex,ey,zea1x,zea1y)
        End If
        End Sub
        Sub hyc(yy1,ff1,tt1,aa1,h,a,b,d,l0,N,ll1,mm1,c1,c2,c3,c4,psi,ex,ey,zea1x,
    zea1y)
                ll＝14＋(h＋2＊a)＊Tan(30＊3.1415926/180)
                If ll1＞＝ll Then ll＝ll1
                hh0＝N＊550/(yy1＊l0＊ll)
                a01＝(a＋h)^2/2
                b01＝a＊b/2－h＊(h＋2＊a)＊Tan(aa1)/2－l0＊hh0
                thnct1＝－1＊Tan(psi)＋Sqr((1/Tan(ff1)＋Tan(psi))＊(b01/a01＋Tan(psi)))
                thnct2＝－1＊Tan(psi)－Sqr((1/Tan(ff1)＋Tan(psi))＊(b01/a01＋Tan(psi)))
```

```
            hnct1=Atn(thnct1)
            hnct2=Atn(thnct2)
       If hnct1<0 And hnct2<0 Then
            Print"错误"
       ElseIf hnct1<0 Then
            ct=hnct2
       ElseIf hnct2<0 Then
            ct=hnct1
       ElseIf hnct1>hnct2 Then
            ct=hnct2
       Else:ct=hnct1
       End If
            ea1=yy1 * (a01 * Tan(ct)−b01) * Cos(ct+ff1)/Sin(ct+psi)
  If ct<=c4 And ct>c3 Then
                    Text10. TEXT=ea1
                    Text11. TEXT="破裂面位于荷载外部"
                    Text17. TEXT=ct
             ex=ea1 * Cos(aa1+tt1)'土压力分力
             ey=ea1 * Sin(aa1+tt1)
            hh1=(b−a * Tan(ct))/(Tan(ct)+Tan(aa1))
            hh2=d/(Tan(ct)+Tan(aa1))
            hh3=l0/(Tan(ct)+Tan(aa1))
            hh4=h−hh1−hh2−hh3
            zea1x=(h^3+3 * a * h^2−3 * a * hh1 * h+a * hh1^2+3 * hh0 * hh3^2+6 *
  hh3 * hh0 * hh4)/(3 * h^2+6 * a * h−3 * a * hh1+6 * hh0 * hh3)'土压力作用点位置
                 zea1y=Val(Text14. TEXT)−zea1x * Tan(aa1)
       Text15. TEXT=ex
      Text16. TEXT=ey
      Text21. TEXT=zea1x '水平分力作用点的位置即作用点到挡土墙与土壤交界处
  距离
      Text22. TEXT=zea1y '竖向分力作用点位置即作用点到挡土墙墙趾距离
  ElseIf ct<=c1 Then Call nbp(yy1,ff1,tt1,aa1,h,a,b,d,l0,N,ll1,mm1,c1,c2,c3,
  c4,psi,ex,ey,zea1x,zea1y)
       ElseIf ct<=c2 And ct>c1 Then Call hnc(yy1,ff1,tt1,aa1,h,a,b,d,l0,N,ll1,mm1,
  c1,c2,c3,c4,psi,ex,ey,zea1x,zea1y)
       ElseIf ct<=c3 And ct>c2 Then Call hzz(yy1,ff1,tt1,aa1,h,a,b,d,l0,N,ll1,mm1,
  c1,c2,c3,c4,psi,ex,ey,zea1x,zea1y)
       ElseIf ct>c4 Then Call wbp(yy1,ff1,tt1,aa1,h,a,b,d,l0,N,ll1,mm1,c1,c2,c3,c4,
  psi,ex,ey,zea1x,zea1y)
```

End If

End Sub

Sub wbp(yy1,ff1,tt1,aa1,h,a,b,d,l0,N,ll1,mm1,c1,c2,c3,c4,psi,ex,ey,zea1x,zea1y)

'假定破裂面位于外边坡，计算破裂角

$pp2 = Atn(1/mm1)$

$l = l0 + 2 * d$

$a0 = -1 * (b + l + (h + a)/Tan(pp2) - h * Tan(aa1))^2 * Sin(pp2)/2$

$b0 = (((h + a) * (2 * (b + l) + (h + a)/Tan(pp2)) - a * b - h^2 * Tan(aa1)) + l0 * hh0)/2$

$p1 = -a0 * Sin(pp2) * Sin(ff1) * Cos(psi) + b0 * Cos(psi - ff1) * Sin(pp2)^2$

$q1 = 2 * a0 * Sin(pp2) * Cos(ff1) * Cos(psi) + b0 * Cos(psi - ff1) * Sin(pp2)^2$

$r1 = Cos(pp2) * Cos(psi - ff1) * (a0 + b0 * Cos(pp2)) + a0 * Sin(pp2)^2 * Cos(ff1) * Sin(psi)$

$tct1 = (-1 * q1 + Sqr(q1^2 - 4 * p1 * r1))/(2 * p1)$

$tct2 = (-1 * q1 - Sqr(q1^2 - 4 * p1 * r1))/(2 * p1)$

$ct1 = Atn(tct1)$

$ct2 = Atn(tct2)$

If ct1<0 And ct2<0 Then

Print"错误"

ElseIf ct1<0 Then

ct=ct2

ElseIf ct2<0 Then

ct=ct1

ElseIf ct1>ct2 Then

ct=ct2

Else：ct=ct1

End If

$ea1 = yy1 * (a0 * Cos(ct)/Cos(ct - pp2) + b0) * Cos(ct + ff1)/Sin(ct + psi)$

If ct>c4 Then

Text10. TEXT=ea1

Text11. TEXT="破裂面位于外边坡"

Text17. TEXT=ct

$ex = ea1 * Cos(aa1 + tt1)$ '土压力分力

$ey = ea1 * Sin(aa1 + tt1)$

$hh1 = (b - a * Tan(ct))/(Tan(ct) + Tan(aa1))$

$hh2 = d/(Tan(ct) + Tan(aa1))$

$hh3 = l0/(Tan(ct) + Tan(aa1))$

$hh4 = hh2$

$hh5 = h - hh1 - hh2 - hh3 - hh4$

hh6＝(hh5＊(Tan(ct)＋Tan(aa1)))/(Tan(ct)＋1/Tan(pp2))

zea1x＝(h^3＋3＊a＊h^2－3＊a＊hh1＊h＋a＊hh1^2＋3＊hh0＊hh3^2＋6＊

hh3＊hh0＊hh4＋6＊hh0＊hh3＊hh5－hh6＊hh5^2)/(3＊h^2＋6＊a＊h－3＊a＊hh1＋6

＊hh0＊hh3－3＊hh0＊hh5)'土压力作用点位置

zea1y＝Val(Text14. TEXT)－zea1x＊Tan(aa1)

Text15. TEXT＝ex

Text16. TEXT＝ey

Text21. TEXT＝zea1x '水平分力作用点的位置即作用点到挡土墙与土壤交界处

距离

Text22. TEXT＝zea1y '竖向分力作用点位置即作用点到挡土墙墙趾距离

ElseIf ct＜＝c1 Then Call nbp(yy1,ff1,tt1,aa1,h,a,b,d,l0,N,ll1,mm1,c1,c2,c3,

c4,psi,ex,ey,zea1x,zea1y)

ElseIf ct＜＝c2 And ct＞c1 Then Call hnc(yy1,ff1,tt1,aa1,h,a,b,d,l0,N,ll1,mm1,

c1,c2,c3,c4,psi,ex,ey,zea1x,zea1y)

ElseIf ct＜＝c4 And ct＞c3 Then Call hyc(yy1,ff1,tt1,aa1,h,a,b,d,l0,N,ll1,mm1,

c1,c2,c3,c4,psi,ex,ey,zea1x,zea1y)

ElseIf ct＜＝c3 And ct＞c2 Then Call hzz(yy1,ff1,tt1,aa1,h,a,b,d,l0,N,ll1,mm1,

c1,c2,c3,c4,psi,ex,ey,zea1x,zea1y)

End If

End Sub

Sub hzz(yy1,ff1,tt1,aa1,h,a,b,d,l0,N,ll1,mm1,c1,c2,c3,c4,psi,ex,ey,zea1x,zea1y)

'假定破裂面位于荷载中部,计算破裂角

'首先根据算得的破裂角计算荷载当量土柱厚

ct0＝Atn((b－h＊Tan(aa1)＋d＋l0/2)/(h＋a))'假定破裂面位于荷载中部,

算出破裂角为初始近似值

10　　　　bb＝(h＋a)＊Tan(ct0)＋h＊Tan(aa1)－b

ll＝14＋(h＋2＊a)＊Tan(30＊3. 1415926/180)

If ll＞15 Then ll＝15

If ll1＞＝ll Then ll＝ll1

bb1＝bb－d－(0. 5－0. 3)

j＝1

While(j－1)＊3. 1＜bb1 '确定可布置荷载重

If bb1＞＝(j－1)＊3. 1＋0. 6 And bb1＜(j－1)＊3. 1＋1. 8 Then

chezh＝(j－1)＊550＋550/2

ElseIf bb1＜0 Then Print"错误,流程有误"

ElseIf bb1＞＝(j－1)＊3. 1 And bb1＜(j－1)＊3. 1＋0. 6 Then

chezh＝(j－1)＊550＋550＊(bb1－(j－1)＊3. 1)/(2＊0. 6)

ElseIf bb1＞＝(j－1)＊3. 1＋0. 6＋3. 1 And bb1＜(j－1)＊3. 1＋1. 8＋

1. 3 Then

```
        chezh=i＊550
      ElseIf bb1>=(j−1)＊3.1+1.8 And bb1<(j−1)＊3.1+0.6+1.8 Then
        chezh=550/2+550＊(bb1−(j−1)＊1.8+1.8)/(2＊0.6)
      End If
      j=j+1
      Wend
      hh0=chezh/(yy1＊bb＊ll)
      a01=(a+h+2＊hh0)＊(a+h)/2
      b01=a＊b/2−h＊(h+2＊a+2＊hh0)＊Tan(aa1)/2+(b+d)＊hh0
      thnct10=−1＊Tan(psi)+Sqr((1/Tan(ff1)+Tan(psi))＊(b01/a01+Tan
(psi)))
      thnct20=−1＊Tan(psi)−Sqr((1/Tan(ff1)+Tan(psi))＊(b01/a01+Tan
(psi)))
      hnct10=Atn(thnct10)
      hnct20=Atn(thnct20)
  If hnct10<0 And hnct20<0 Then
  Print"错误"
  ElseIf hnct10<0 Then
    ct=hnct20
  ElseIf hnct20<0 Then
    ct=hnct10
  ElseIf hnct10>hnct20 Then
    ct=hnct20
  Else:ct=hnct10
  End If
    If ct<=c3 And ct>c2 Then '判断破裂角的位置是否与假设相符
      If Abs(ct−ct0)>0.0001 Then '将新算出的破裂角赋值给 ct0,根据新破裂
面位置重新计算荷载重,填土高度及新破裂角,循环迭代直至满意
    ct0=ct
  GoTo 10
  End If
      ea1=yy1＊(a01＊Tan(ct)−b01)＊Cos(ct+ff1)/Sin(ct+psi)
      Text10. TEXT=ea1
      Text11. TEXT="破裂面位于荷载中部"
      Text17. TEXT=ct
      ex=ea1＊Cos(aa1+tt1)'土压力分力
      ey=ea1＊Sin(aa1+tt1)
      hh1=(b−a＊Tan(ct))/(Tan(ct)+Tan(aa1))
      hh2=d/(Tan(ct)+Tan(aa1))
```

　　　　hh3＝h－hh1－hh2

　　　　zea1x＝(h^3＋3 * a * h^2－3 * a * hh1 * h＋a * hh1^2＋3 * hh0 * hh3^2)/(3 *
h^2＋6 * a * h－3 * a * hh1＋6 * hh0 * hh3)'土压力作用点位置

　　　　zea1y＝Val(Text14. TEXT)－zea1x * Tan(aa1)

　　　　Text15. TEXT＝ex

　　　Text16. TEXT＝ey

　　　Text21. TEXT＝zea1x '水平分力作用点的位置即作用点到挡土墙与土壤交界处
距离

　　　Text22. TEXT＝zea1y '竖向分力作用点位置即作用点到挡土墙墙趾距离

　　ElseIf ct＜＝c1 Then Call nbp(yy1,ff1,tt1,aa1,h,a,b,d,l0,N,ll1,mm1,c1,c2,c3,
c4,psi,ex,ey,zea1x,zea1y)

　　ElseIf ct＜＝c2 And ct＞c1 Then Call hnc(yy1,ff1,tt1,aa1,h,a,b,d,l0,N,ll1,mm1,
c1,c2,c3,c4,psi,ex,ey,zea1x,zea1y)

　　ElseIf ct＜＝c4 And ct＞c3 Then Call hyc(yy1,ff1,tt1,aa1,h,a,b,d,l0,N,ll1,mm1,
c1,c2,c3,c4,psi,ex,ey,zea1x,zea1y)

　　ElseIf ct＞c4 Then Call wbp(yy1,ff1,tt1,aa1,h,a,b,d,l0,N,ll1,mm1,c1,c2,c3,c4,
psi,ex,ey,zea1x,zea1y)

　　End If

　　End Sub

　　(2) 例 4-2-1：如图 3-52 所示，浆砌片石重力式路堤墙，墙高 $H＝8.211\text{m}$，填土高
$a＝8\text{m}$，填土边坡 1：1.5，填料容重 $\gamma＝18\text{kN/m}^3$，$\phi＝35°$。墙背选用仰斜 1：0.3($\alpha＝
-16.7°$)，$\delta＝\phi/2$，基底摩擦系数 $f_1＝0.5$，地基容许承载力 $[\sigma_0]＝450\text{kPa}$。

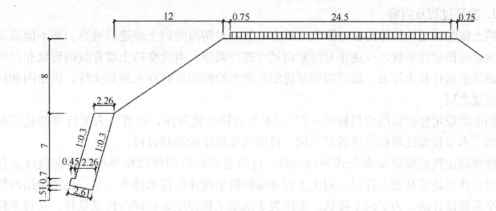

图 3-52　挡土墙计算示意图

　　通过计算，土压力 $e＝172.99\text{kN}$，破裂面位于荷载中部，破裂角为 $\theta＝44.09°$，土压
力的水平分力为 172.94kN，土压力的竖向分力为 4.03kN，土压力水平分力作用点距墙踵
2.79m，土压力竖向分力作用点距墙趾 3.39m。与手算结果相符。数据输入和结果输出窗
体见图 3-53。

　　需要说明的是，图 3-53 综合了土压力和抗滑稳定性验算的结果。

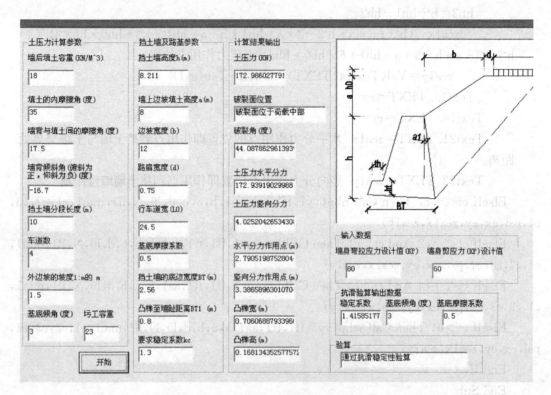

图 3-53 挡土墙土压力及稳定性验算窗体

3.4.3 稳定性验算及实用程序

1. 验算过程及内容

挡土墙的稳定性验算是在计算出土压力之后，对初拟的挡土墙进行验算。如不能满足规范规定的稳定性系数，应逐步对原断面尺寸进行调整。当改变挡土墙背坡的形状和尺寸时，必须重新计算土压力。最后将满足稳定性要求的断面资料存入数据文件，供绘图和计算工程量之用。

挡土墙稳定性验算的项目较多，图 3-54 为验算的流程图，电算与人工计算的过程是一样的。本节仅以抗滑稳定性验算为例，说明电算程序的编制过程。

抗滑稳定性验算的基本公式为(3-26)，目前公路结构构件以概率极限状态设计法设计，但是涉及地基基础工程以及岩土工程方面的概率设计的技术储备不足，仍然沿用旧的总安全系数设计法，为了向上接轨，实际关于地基工程标准化的倾向性意见是：在技术储备十分不足的情况下，要将可靠性研究的结果纳入规范，必须谨慎、可行。因此，就会出现两种验算法并行的问题。规范建议：设计分析采用极限状态设计表达式，按照总安全系数法 [见式(3-27)] 来校准计算结果。

$$(0.9G + \gamma_{Q1}E_y + \gamma_{Q1}E_x\tan\alpha_0)\mu + 0.9G\tan\alpha_0 + \gamma_{Q1}E_y\tan\alpha_0 \geq \gamma_{Q1}E_x \qquad (3-26)$$

式中　G——挡土墙自重；

E_x，E_y——墙背主动土压力的水平与垂直分力；

α_0——基底倾斜角；

μ——基底摩擦系数，可通过现场试验确定。无试验资料时，可参考设计手册经验数据；

r_{Q1}——主动土压力分项系数，承载能力极限状态基本组合为 1.4。

$$K_C = \frac{(G+E_y)\mu}{E_x} \geqslant [K_C] \tag{3-27}$$

式中　　E_x——墙背主动土压力的水平分力，计算式为 $E_x = E_a\cos(\alpha+\delta)$；

E_y——墙背主动土压力的垂直分力，计算式为 $E_y = E_a\sin(\alpha+\delta)$；

E_a——主动土压力；

K_C、$[K_C]$——分别为实际达到的稳定性系数和设计规范要求的稳定性系数。

如果验算结果不能满足规范要求，通常采用倾斜基底 [图 3-55(a)] 以增强抗滑力，此时的计算公式为

$$K_C = \frac{(Gn+En)\mu}{Et-Gt} = \frac{[G\cos\alpha_0 + E_a\sin(\alpha+\delta-\alpha_0)]f}{E_A\cos(\alpha+\delta+\alpha_0) - G\sin\alpha_0} \tag{3-28}$$

式中　　α_0——基底倾角，土质地基 $\alpha_0 \leqslant 11°19'$，岩石地基 $\alpha \leqslant 16°42'$。

其余符号意义同前。当采用倾斜基底仍不能满足要求时可改用如图 3-55(b) 所示的凸榫基础。满足规定 $[K_C]$ 值时必须的凸榫高度 h_t 和宽度 B_t 用下列公式计算：

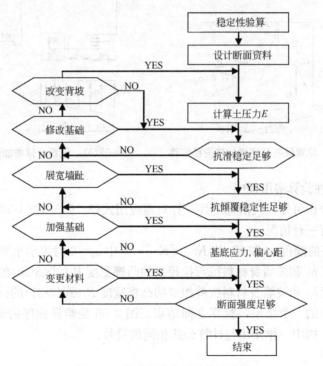

图 3-54　挡土墙稳定性验算流程图

$$h_t = \frac{[K_C]Ex - \frac{1}{2}(\sigma_2+\sigma_3)B_2 f}{e_P} \tag{3-29}$$

$$B_t = \sqrt{\frac{3h_t^2 e_P}{[\sigma_{wl}]}} \tag{3-30}$$

或 $$B_t = \frac{e_P h_T}{[\sigma_\tau]} \tag{3-31}$$

式中　B_2、σ_2、σ_3——见图 3-55(b) 中的标注；

$\quad\quad\quad\quad e_P$——按郎金被动土压力的 1/3 取值，见式(3-32)；

$\quad[\sigma_{wl}]$、$[\sigma_\tau]$——分别为墙身材料的抗弯拉应力设计值和抗剪切应力设计值；

其余符号意义同前。

凸榫前的被动土压力按下式计算：

$$e_P = \frac{1}{6}(\sigma_1 + \sigma_3)\tan^2(45° + \phi/2) \tag{3-32}$$

实际工程中，选用式(3-30)和(3-31)计算较大的 B_t 值。

比较式(3-28)和式(3-27)可以发现，如取 $\alpha_0 = 0$ 时，代入式(3-28)后再化简，其结果为式(3-27)。也就是说，式(3-27)是当 $\alpha_0 = 0$ 时，式(3-28)的一个特例。因此，编制程序时，只需按式(3-28)编写即可，不必像人工计算那样先用式(3-27)计算，再用式(3-28)计算。

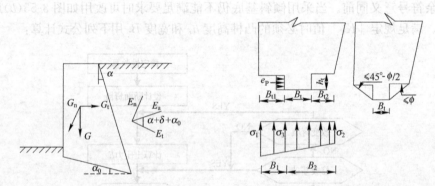

图 3-55(a)　设置倾斜基底增加抗滑稳定性　　　图 3-55(b)　设置凸榫增加抗滑稳定性

2. 抗滑稳定性验算实用程序

根据以上的分析可知，抗滑稳定性验算只需应用式(3-26)~式(3-32)验算，获得通过的输出结果可能有三种情况。

(1) 倾斜基底的倾角 α_0 和 K_c 值 $K_c \geqslant [K_c]$，其中 $\alpha_0 = 0$ 时表示水平基底；

(2) 凸榫高度 h_t 和按墙身材料抗弯拉控制的凸榫宽度 B_t (式(3-30)的计算结果)；

(3) 凸榫高度 h_t 和按墙身材料抗剪控制的凸榫宽度 B_t (式(3-31)的计算结果)；

只要获得其中的一个结果，验算立即结束。图 3-56 是验算程序的流程框图，为增强该框图的可读性；图中一律使用与计算公式相同的符号。

① VB 源程序

程序根据承载能力极限状态的抗滑稳定性计算公式进行计算，并用实际稳定性系数大于要求的稳定性系数方法来校核，并根据初拟挡墙断面、基底摩擦系数、基底倾角进行验算，如验算不通过，首先可选择换填大摩擦系数的材料，如仍通不过，可选择增大基底倾角，如仍通不过，可根据要求的稳定性系数设置凸榫，并求出凸榫的宽度和高度。用 VB

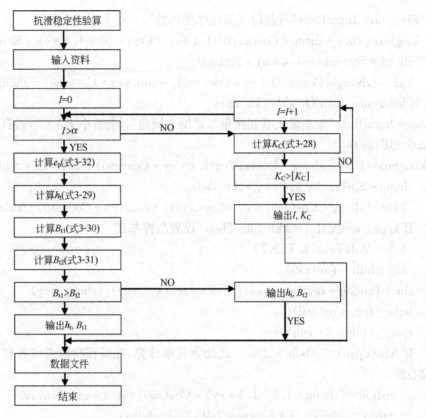

图 3-56 挡土墙抗滑稳定性验算流程图

语言写出的源程序如下。

```
Sub wendingxing(mj,zgy,ff1,ex,ey,zea1x,zea1y)
yy2＝Val(Text24. TEXT)
zhong＝mj * yy2
aa0＝JP(Val(Text12. TEXT))
mu＝Val(Text13. TEXT)
kanghua＝(0. 9 * zhong * Cos(aa0)＋1. 4 * ey * Cos(aa0)＋1. 4 * ex * Sin(aa0)) * mu＋
0. 9 * zhong * Sin(aa0)＋1. 4 * ey * Sin(aa0)
    xiah＝1. 4 * ex * Cos(aa0)
    kc＝Val(Text25. TEXT)
    kkh＝(zhong * Cos(aa0)＋ey * Cos(aa0)) * mu/(ex * Cos(aa0)－zhong * Sin(aa0))
If kanghua＞＝xiah And kkh＞kc Then
Print"通过抗滑稳定性验算"
    Text31. TEXT＝kkh
    Text32. TEXT＝aa0 * 180/3. 1415926
    Text33. TEXT＝mu
    Text26. TEXT＝""
    Text27. TEXT＝""
```

```
Else:mu=InputBox("重新输入基底摩擦系数",,"增大摩擦系数")
kanghua=(0.9 * zhong * Cos(aa0)+1.4 * ey * Cos(aa0)+1.4 * ex * Sin(aa0)) * mu+
0.9 * zhong * Sin(aa0)+1.4 * ey * Sin(aa0)
 kkh=(zhong * Cos(aa0)+ey * Cos(aa0)) * mu/(ex * Cos(aa0)-zhong * Sin(aa0))
 If kanghua<xiah Or kkh<kc Then
aa0=InputBox("重新输入基底倾角",,"增大倾角") '土质小于1:5,岩石小于1:3
aa0=JP(aa0)
kanghua=(0.9 * zhong * Cos(aa0)+1.4 * ey * Cos(aa0)+1.4 * ex * Sin(aa0)) * mu+
0.9 * zhong * Sin(aa0)+1.4 * ey * Sin(aa0)
 kkh=(zhong * Cos(aa0)+ey * Cos(aa0)) * mu/(ex * Cos(aa0)-zhong * Sin(aa0))
 If kanghua<xiah Or kkh<kc Then '设置凸榫基础
bdb=Val(Text14. TEXT)
 zzjl=bdb * Tan(aa0)
znn=(zhong * zgy+ey * zea1y-ex * (zea1x-zzjl))/(zhong+ey)
bdbs=bdb/Cos(aa0)
epan=(bdbs/2-znn)
 If Abs(epan)<=bdb/6 Then '此处为简单计算,在编程时应考虑各种基底合力的容
许偏心距
        nzhou=(zhong * 1.2+1.4 * ey) * Cos(aa0)+1.4 * ex * Sin(aa0)
        pmax=nzhou * (1+6 * epan/bdbs)/(1 * bdbs)
        pmin=nzhou * (1-6 * epan/bdbs)/(1 * bdbs)
        If pmin<0 Then pmin=0
        If pmax<0 Then pmax=0
        bt1=Val(Text23. TEXT)
        pcgm3=pmin+(pmax-pmin) * (bdbs-bt1)/bdbs
        ep=(pmin+pmax) * Tan(45 * 3.1415926/180+ff1/2)^2/6
        ht=(kc * ex-(pmin+pcgm3) * (bdbs-bt1) * mu/2)/ep
        cgmwl=Val(Text28. TEXT)
         cgmt=Val(Text29. TEXT)
        btt1=Sqr(3 * ht^2 * ep/cgmwl)
        btt2=ep * ht/cgmt
        If btt1>=btt2 Then
        btt=btt1
        Else:btt=btt2
        End If
    Else
Text30. TEXT="偏心距超过容许值请调整参数"
Exit Sub
End If
```

Text26. TEXT=btt

Text27. TEXT=ht

Text30. TEXT="通过抗滑稳定性验算"

Text31. TEXT=kkh

Text32. TEXT=aa0 * 180/3.1415926

Text33. TEXT=mu

End If

Else:Print Text30. TEXT="通过抗滑稳定性验算"

Text31. TEXT=kkh

Text32. TEXT=aa0 * 180/3.1415926

Text33. TEXT=mu

Text26. TEXT=""

Text27. TEXT=""

End If

End If

End Sub

② 例 4-3-1：见图 3-57，本例接例 4-2-1，墙身圬工容重 $\gamma_k = 23 kN/m^3$，$[\sigma_a] = 600 kPa$，$[\sigma_j] = 50 kPa$，$[\sigma_L] = 60 kPa$，$[\sigma_{WL}] = 80 kPa$，墙身分段长度为 10m，设计荷载公路二级，路基宽度 26m，路肩 0.75m。

初拟挡墙断面形式如图 3-57 所示，基底倾角为 11.3°。

③ 输入数据及验算过程：将挡土墙设计数据输入窗体，先输入基底摩擦系数为 0.3，基底倾角为 0，当其他参数不变，基底摩擦系数为 0.7 时验算通过，当基底摩擦系数 0.5 不变，基地倾角设置为 6°时通过验算，可见初拟断面设置基地倾角 11.5°满足要求。如基底倾角小于 6°需设置凸榫，当基底倾角为 3°，基底摩擦系数为 0.5 时需设置宽 0.71m，高 0.17m 的凸榫，这时稳定性系数为 1.4，满足要求。最后方案可由设计者取舍。

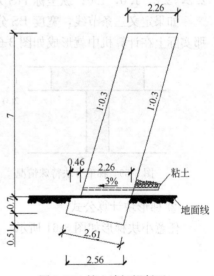

图 3-57 挡土墙初拟断面

3.4.4 挡土墙工程量计算及实用程序

1. 挡土墙断面面积及重心位置

在挡土墙稳定性验算中，需要用到挡土墙的自重和挡土墙重力作用形心位置，因而必须先求出挡土墙断面面积及对墙趾的形心位置，根据下列分析过程可编程计算。

（1）梯形分块法

① 简介

挡土墙整个断面的形状可以很方便地用节线处的宽度及节线的竖坐标来描述，见图 3-58。这样，基本的断面信息就取节线数 NS、节线宽度数组 BS(NS) 和节线高度数组 HS

(NS)，见表 3-5。

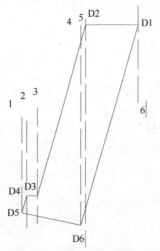

图 3-58 挡土墙截面面积求算示意图

挡 墙 节 线 表		表 3-5
挡土墙节线数	6	
节线编号	节线宽度 BS	节线纵坐标 HS
1	0	0
2	0.742	0.21
3	0.833	0.66
4	7.533	2.56
5	7.533	2.76
6		5.02

需注意的是，如果有如图 3-59 所示形状，则节线应定义为 4 条。宽度 BS 分别为：2.2，2.2，1.0，1.0；纵坐标 HS 为 0，0.12，0.12，0.34。

如果定义三条节线，宽度 BS 分别为 2.2，2.2，1.0；纵坐标 HS 为 0，0.12，0.34，那实际上在计算机中就形成如图 3-60 所示图形。

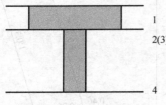

图 3-59 梯形分块特殊情况

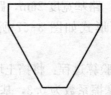

图 3-60 梯形分块特殊情况（错误划分节线）

② 梯形块计算公式

任意小块梯形如图 3-61 所示，其特性计算见式(3-33)～式(3-37)。

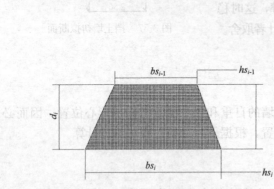

图 3-61 梯形小单元

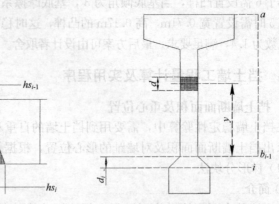

图 3-62 梯形分块特性累加示意图

$$b = bs_i - bs_{i-1} \tag{3-33}$$

对底边的面积：
$$\Delta F_i = \frac{1}{2}(bs_i + bs_{i-1}) \times d_i \tag{3-34}$$

对底面的静矩：
$$\Delta S_i = \frac{1}{2}bs_{i-1}d_i^2 + \frac{1}{6}(bs_i - bs_{i-1})d_i^2 = \frac{1}{2}d_i^2\left(bs_{i-1} + \frac{1}{3}b\right) \tag{3-35}$$

③ 累加

梯形块特性对底边的累加可表述为已知对 $i-1$ 节线的 $\sum_{i-1}F, \sum_{i-1}S, \sum_{i-1}J$ 求对 i 节线的累加。

面积：

$$\sum_i F = \sum_{i-1}F + \Delta F_i \tag{3-36}$$

静矩：

$$\sum_{i-1}S = \int_a^b y \times \mathrm{d}F$$

$$\sum_i S = \int_a^b (y + \mathrm{d}i) \times \mathrm{d}F + \Delta S_i$$

$$= \int_a^b y \times \mathrm{d}F + \mathrm{d}i \int_a^b \mathrm{d}F + \Delta S_i$$

$$= \sum_{i-1}S + \mathrm{d}i \sum_{i-1}F + \Delta S_i \tag{3-37}$$

一直累加到底边得出 ΣF，ΣS。

对底边的形心：$y = \dfrac{\Sigma S}{\Sigma F}$。

④ VB 源程序

```
Sub dqmj2(ft,zgy)
    Set xlApp=CreateObject("Excel. Application") '创建 EXCEL 应用类
    xlApp. Visible=True '设置 EXCEL 可见
        Set BOOK_JSMJ = xlApp. Workbooks. Open("E:\挡土墙强身数据文件
2. xls") '打开 EXCEL 工作簿
            Set SHEET_JSMJ=BOOK_JSMJ. WorksheeTS(1) '打开 EXCEL 工作表
            SHEET_JSMJ. Activate '激活工作表
        Set SHEET_JSMJ=BOOK_JSMJ. ActiveSheet
        j=1
        NN1=SHEET_JSMJ. Cells(1,2) '读取节线数
        For j=1 To NN1 '节线从左至右,见举例
            bs(j)=SHEET_JSMJ. Cells(j+2,2)
            hs(j)=SHEET_JSMJ. Cells(j+2,3)
        Next j
```

$$zgy=0$$
$$ft=0$$
$$tas=0$$
For i=2 To NN1
$$bMJ=bs(i)-bs(i-1)$$
$$hMJ=hs(i)-hs(i-1)$$
$$tas=tas+hMJ*ft+hMJ*hMJ*bs(i-1)/2+bMJ*hMJ*hMJ/6$$
$$ft=ft+(bs(i)+bs(i-1))*hMJ/2$$
Next i
$$zgy=tas/ft$$
$$ft=Int(ft*1000+0.5)/1000$$
$$tas=Int(tas*1000+0.5)/1000$$
$$zgy=Int(zgy*1000+0.5)/1000$$
BOOK_JSMJ. Close(True)'关闭 EXCEL 工作簿
Set xlApp=Nothing '释放 EXCEL 对象
End Sub

（2）点坐标法

如图 3-58 所示，挡土墙各顶点坐标分别列于 EXCEL 表格中，见表 3-6，在 VB 程序中首先定义一个变量 Xlapp 为 Excel 引用，BOOK _ JSMJ 为 Excel 工作簿，SHEET _ JSMJ 为 Excel 工作表。定义坐标 X()，Y()，其次打开工作簿 BOOK _ JSMJ，并令工作表 SHEET _ JSMJ 为当前工作表，然后读取各点坐标值计算挡墙面积。

计算结果直接用 AUTOCAD 绘图，在 VB 中分别定义了 ACAD 文档、模型空间 ACAD 引用后，就可以绘图了。

注意在引用需要的应用程序之前，必须打开"工程"菜单上的"引用"菜单项对话框，然后指定要使用的引用才行。用点坐标法计算挡土墙面积见下节"工程量计算"。

表 3-6

挡土墙各点坐标值

挡土墙坐标点数		6	
点编号	X 坐标		Y 坐标
D1	5. 02		7. 7
D2	2. 76		7. 7
D3	0. 66		0. 7
D4	0. 21		0. 7
D5	0		0
D6	2. 56		−0. 511

2. 墙体圬工工程量实用程序

挡土墙工程量计算的内容有：挖基土石方、墙体圬工体积、排水设施、栏杆等项目。这些计算内容都较简单，现以墙体圬工体积计算为例说明编制程序的方法。

墙体工程量用平均断面法求解，即先计算墙体各变化断面处的横断面面积，然后用相邻两个断面的平均值乘以他们之间的水平距离，逐段汇总后即求得墙体的工程量。

挡土墙的横断面有两种基本形式，即普通重力式和衡重式。计算工程量之前，墙体各细部尺寸均为已知，可将各挡墙顶点坐标列于 EXCEL 表格中，供 VB 程序调用，程序首先读出需计算挡墙断面个数，两挡墙之间距离 H，然后根据此个数进行循环，每次循环读出一个挡墙断面的顶点个数及坐标信息，并计算挡墙面积 $B(I)$，可同时用 AUTOCAD 绘制挡墙断面图。同时按式(3-38)累加计算挡墙体积。

$$S = S + \frac{1}{2}[B(I) + B(I-1)] \cdot H \tag{3-38}$$

式中　　$B(I)$，$B(I-1)$——相邻两墙体断面面积；

　　　　　　S——挡墙体积。

根据以上分析，用 VB 语言编写的程序如下：

(1) VB 源程序

```
Private Sub Command1_Click()
    Set xlApp=CreateObject("Excel. Application")'创建 EXCEL 应用类
    xlApp. Visible=True '设置 EXCEL 可见
    Set BOOK_JSMJ=xlApp. Workbooks. Open("E:\挡土墙强身数据文件. xls")'打开
EXCEL 工作簿
    Set SHEET_JSMJ=BOOK_JSMJ. WorksheeTS(1)'打开 EXCEL 工作表
    SHEET_JSMJ. Activate '激活工作表
    Set SHEET_JSMJ=BOOK_JSMJ. ActiveSheet
    j=1
    i=1
    nn1=SHEET_JSMJ. Cells(1,2)'读取需计算断面数
    For j=1 To nn1-1
    hs(j)=SHEET_JSMJ. Cells(j+3,2)
    Next j
    For j=1 To nn1
        bs(j)=SHEET_JSMJ. Cells(j+2,1)'读取点数
        For i=1 To bs(j)
            X(j,i)=SHEET_JSMJ. Cells(i+3,(j-1)*2+4)'给各顶点赋值
            Y(j,i)=SHEET_JSMJ. Cells(i+3,(j-1)*2+5)
        Next i
    Next j
    BOOK_JSMJ. Close(True)'关闭 EXCEL 工作簿
    Set xlApp=Nothing '释放 EXCEL 对象
For j=1 To nn1
    X(j,bs(j)+1)=X(j,1):Y(j,bs(j)+1)=Y(j,1)'多边形必须是封闭的
    mj(j)=0                         '循环起点值为零
```

```
        For i＝1 To bs(j)                              '计算多边形面积和周长
            mj(j)＝mj(j)＋X(j,i) * Y(j,i+1)－Y(j,i) * X(j,i+1)
        Next i
        mj(j)＝mj(j)/2
        mj(j)＝Int(mj(j) * 1000＋0.5)/1000
    Print mj(j)
Next j
  ss＝0
  For j＝2 To nn1
ss＝ss＋(mj(j)＋mj(j−1)) * hs(j−1)/2
Next j
Text1. TEXT＝ss
Text2. TEXT＝nn1


Set myAcadapp＝New AutoCAD. AcadApplication"建立 Autocad 程序列程
Set myDoc＝myAcadapp. Documents. Add"建立名称为 acab 的 DWG 文件
Set myMos＝myDoc. ModelSpace
myAcadapp. Visible＝True"使 AutoCAD 可见
        If ok1＝True Then                          '在 CAD 绘图多边形
            For j＝1 To nn1
                For i＝1 To bs(j)
                P11(0)＝X(j,i)＋(j−1) * 10：P11(1)＝Y(j,i)：P11(2)＝0
                P12(0)＝X(j,i+1)＋(j−1) * 10：P12(1)＝Y(j,i+1)：P12(2)＝0
                Set Objline＝myDoc. ModelSpace. AddLine(P11,P12)'在 acab 中绘制
                            DWG 文件图形
                Next i
            P12(0)＝((X(j,1)＋(j−1) * 10)＋(X(j,2)＋(j−1) * 10))/2：P12(1)＝Y(j,1)−10
            Set TEXT＝myDoc. ModelSpace. AddText("S="& mj(j),P12,0.5) '标注面积
            myAcadapp. Visible＝True                '使 AutoCAD 可见
            Next j
            End If
myDoc. SaveAs("e：\挡土墙")'保存文件
myDoc. Close"关闭文件
myAcadapp. Quit '退出 AutoCAD
Set myDoc＝Nothing"释放 acab 的 DWG 文件占用的内存
Set myAcadapp＝Nothing"释放 Autocad 程序列程占用的内存
End Sub
```

（2）输入数据文件"E：\挡土墙墙身数据文件．xls"，见表 3-7；

挡墙断面个数	6												
各挡土墙坐标点数	断面间距离	1		2		3		4		5		6	
6		点编号	X坐标	Y坐标	X坐标	Y坐标	X坐标	Y坐标	X坐标	Y坐标	X坐标	Y坐标	X坐标	Y坐标
4	10	D1	5.02	7.7	2.56	8.21	5.02	7.7	5.02	7.7	5.3	8.7	2.76	7.7
6	10	D2	2.76	7.7	0	8.21	2.76	7.7	2.76	7.7	2.76	8.7	0.66	7.7
4	10	D3	0.66	0.7	−0.2	0	0.66	0.7	0.66	0.4	0.66	1.3	0.66	0.7
6	10	D4	0.21	0.7	2.9	0	0.21	0.7	2.56	0	0.21	1.3	0.21	0.7
6	10	D5	0	0			0	0			0	0	0	0
		D6	2.56	−0.511			2.56	0			2.56	0	3.32	−0.511

输 入 数 据 文 件　　　　　　　　　　　　　　表 3-7

（3）AUTOCAD 绘制的结果文件"e：\挡土墙"如图 3-63 所示。

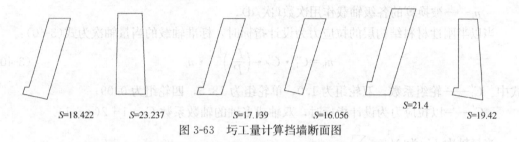

图 3-63　圬工量计算挡墙断面图

$S=18.422$　　$S=23.237$　　$S=17.139$　　$S=16.056$　　$S=21.4$　　$S=19.42$

（4）窗体显示结果如图 3-64：

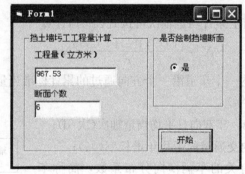

图 3-64　圬工量计算窗体显示结果

3.5　路面设计及计算

　　用电子计算机来进行路面的设计计算，不仅可以使设计者从繁重的手工计算中解放出来，而且可以提高计算精度，使设计者把时间、精力和智慧放在方案选定、结构组合设计当中，从而提高设计质量和降低工程造价。目前，有关单位已经编制出适应于生产的比较成熟的路面设计计算软件。本章仅就实际运用的源程序作适当的简化、分解，介绍其主要的内容，以使大家学习和掌握。

3.5.1　柔性路面设计程序实例

1. 柔性路面设计指标计算

（1）设计指标计算模型

按照《公路沥青路面设计规范》(JTG D50—2006)，柔性路面的设计指标包括弯沉指标和弯拉指标两项，下面仅就以设计弯沉指标的计算为例来做一介绍。

当以弯沉值和沥青层层底拉应力为设计指标时，轴载当量换算公式为(3-39)：

$$n_b = C_1 \cdot C_2 \cdot \left(\frac{P_i}{P}\right)^{4.35} \cdot n_i \tag{3-39}$$

式中 C_1——轮组系数，双轮组为 1.0，单轮组为 6.4，四轮组为 0.38；

C_2——轴数系数，当轴间距大于 3m 时，按单独的一个轴计算，此时轴数系数为 1，当轴间距小于 3m 时，双轴或多轴的轴数系数按下式计算：$C_2 = 1 + 1.2(m-1)$，式中，m 为轴数；

P_i——被换算的各级轴载(kN)；

n_i——被换算的各级轴载作用次数(次/d)。

当以半刚性材料结构层的拉应力为设计指标时，标准轴载的当量轴次为式(3-40)：

$$n_b = C_1' \cdot C_2' \cdot \left(\frac{P_i}{P}\right)^{8.0} \cdot n_i \tag{3-40}$$

式中 C_1'——轮组系数，双轮组为 1.0，单轮组为 18.5，四轮组为 0.09；

C_2'——以拉应力为设计指标时，双轴或多轴的轴数系数 $C_2 = 1 + 2(m-1)$。

当量轴次 N_b 为 $N_b = \sum_{i=1}^{k} n_b$。

(2) 累计当量轴次

设计年限内一个车道上累计当量轴次可按式(3-41)计算

$$N_e = \frac{[(1-r)^t - 1] \times 365}{r} N_1 \cdot \eta \tag{3-41}$$

式中 N_e——设计年限内一个车道沿一个方向通过的累计标准当量轴次(次)；

t——设计年限(年)；

N_1——路面营运第一年双向日平均当量轴次(次/d)；

r——设计年限内交通量的平均年增长率(%)；

η——与车道数有关的车辆横向分布系数，简称车道系数。

(3) 设计弯沉，根据规范，按公式(3-42)计算。

$$L_D = 600 \cdot N_e^{-0.2} A_c \cdot A_s \cdot A_b \tag{3-42}$$

式中 L_D——设计弯沉值(0.01mm)；

A_c——公路等级系数，高速公路、一级公路为 1.0，二级公路为 1.1，三、四级公路为 1.2；

A_s——面层类型系数，沥青混凝土为 1.0，沥青碎石、贯入式为 1.1，沥青表处为 1.2；

A_b——路面结构类型系数。半刚性基层为 1.0，柔性基层为 1.6。

2. 程序框图

程序框图(图 3-65)

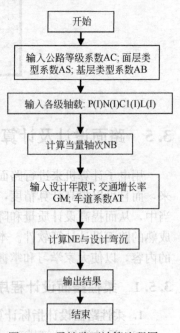

图 3-65 柔性路面计算流程图

3. 程序及实例

(1) 源程序

```
Dim xlApp As Excel. Application '定义 EXCEL 类
Dim BOOK_JSMJ As Excel. Workbook '定义工件簿类
Dim SHEET_JSMJ As Excel. Worksheet '定义工作表类
Dim PQ(1 To 100),PH(1 To 100),HZS(1 To 100),LZS(1 To 100),c1(1 To 100),c2
(1 To 100),l(1 To 100),JTL(1 To 100) As Single
Private Sub FORM_LOAD()
Combo1. AddItem"高速公路、一级公路"
Combo1. AddItem"二级公路"
Combo1. AddItem"三级、四级公路"
Combo3. AddItem"半刚性基层"
Combo3. AddItem"柔性基层"+"1. 6"
Combo2. AddItem"沥青混凝土"+"1"
Combo2. AddItem"沥青碎石、贯入式"+"1. 1"
Combo2. AddItem"沥青表处"+"1. 2"
 End Sub
Private Sub Command1_Click()
'柔性路面指标计算
If Combo1. ListIndex=0 Then AC=1
If Combo1. ListIndex=1 Then AC=1. 1
If Combo1. ListIndex=2 Then AC=1. 2
If Combo2. ListIndex=0 Then AAS=1
If Combo2. ListIndex=1 Then AAS=1. 1
If Combo2. ListIndex=2 Then AAS=1. 2
If Combo3. ListIndex=0 Then AB=1
If Combo3. ListIndex=1 Then AB=1. 6
g=4. 35
N=Val(Text4. Text)
    Set xlApp=CreateObject("Excel. Application") '创建 EXCEL 应用类
    xlApp. Visible=True '设置 EXCEL 可见
    Set BOOK_JSMJ=xlApp. Workbooks. Open("E:\车辆及交通量参数 . xls") '打开
EXCEL 工作簿
    Set SHEET_JSMJ=BOOK_JSMJ. WorksheeTS(1) '打开 EXCEL 工作表
    SHEET_JSMJ. Activate '激活工作表
    Set SHEET_JSMJ=BOOK_JSMJ. ActiveSheet
For i=1 To N
        PQ(i)=SHEET_JSMJ. Cells(i+1,3) '读入前轴重
        PH(i)=SHEET_JSMJ. Cells(i+1,4) '读入后轴重
```

```
        HZS(i)=SHEET_JSMJ.Cells(i+1,5)'读入后轴数
        LZS(i)=SHEET_JSMJ.Cells(i+1,6)'读入后轴轮组数
        l(i)=SHEET_JSMJ.Cells(i+1,7)'读入后轴距
        JTL(i)=SHEET_JSMJ.Cells(i+1,8)'读入交通量
    Next i
nb1=0
For i=1 To N
If LZS(i)=1 Then
c1(i)=6.4
ElseIf LZS(i)=2 Then
c1(i)=1
Else:c1(i)=0.38
End If
If HZS(i)=1 Then
c2(i)=1
ElseIf HZS(i)>=2 Then
  If l(i)>=3 Then
      c2(i)=HZS(i)
  ElseIf l(i)<3 Then
      c2(i)=1+1.2*(HZS(i)-1)
  End If
End If
nb1=nb1+6.4*1*JTL(i)*(PQ(i)/100)^g+c1(i)*c2(i)*JTL(i)*(PH(i)/100)^g
Next i
nb=nb1
If AB=1 Then
g=8
nb2=0
For i=1 To N
If LZS(i)=1 Then
c1(i)=18.5
ElseIf LZS(i)=2 Then
c1(i)=1
Else:c1(i)=0.09
End If
If HZS(i)=1 Then
c2(i)=1
ElseIf HZS(i)>=2 Then
  If l(i)>=3 Then
```

```
              c2(i)＝HZS(i)
         ElseIf l(i)＜3 Then
              c2(i)＝1＋2 * (HZS(i)－1)
          End If
      End If
      nb2＝nb2＋18.5 * 1 * JTL(i) * (PQ(i)/100)^g＋c1(i) * c2(i) * JTL(i) * (PH(i)/
100)^g
      Next i
      End If
      AT＝Val(Text2. Text)
      t＝Val(Text1. Text)
      If OK1＝True Then
      nb1＝nb1
      ElseIf OK2＝True Then
      For j＝Val(Text3. Text) To 1 Step －1
        T1＝SHEET_JSMJ. Cells(j＋1,10)
      GM1＝SHEET_JSMJ. Cells(j＋1,11)
        nb1＝nb1/(1＋GM1)^(T1－1)
        Next j
        End If
      ne＝0
      For j＝1 To Val(Text3. Text)
      T1＝SHEET_JSMJ. Cells(j＋1,10)
      GM1＝SHEET_JSMJ. Cells(j＋1,11)
      ne＝ne＋((1＋GM1)^T1－1) * 365 * nb1 * AT/GM1
      gm2＝SHEET_JSMJ. Cells(j＋2,11)
      nb1＝nb1 * (1＋GM1)^(T1－1)＋nb1 * gm2 * (1＋GM1)^(T1－1)
      Next j
      ld＝600 * AC * AAS * AB/(ne^0. 2)
      Text5. Text＝nb
      Text6. Text＝ne
      Text9. Text＝ld
      If AB＝1 Then
      nb1＝nb2
      If OK1＝True Then
      nb1＝nb1
      ElseIf OK2＝True Then
      For j＝Val(Text3. Text) To 1 Step －1
        T1＝SHEET_JSMJ. Cells(j＋1,10)
```

```
GM1＝SHEET_JSMJ. Cells(j＋1,11)
 nb1＝nb1/(1＋GM1)^(T1－1)
 Next j
 End If
ne＝0
For j＝1 To Val(Text3. Text)
T1＝SHEET_JSMJ. Cells(j＋1,10)
GM1＝SHEET_JSMJ. Cells(j＋1,11)
ne＝ne＋((1＋GM1)^T1－1) * 365 * nb1 * AT/GM1
gm2＝SHEET_JSMJ. Cells(j＋2,11)
nb1＝nb1 * (1＋GM1)^(T1－1)＋nb1 * gm2 * (1＋GM1)^(T1－1)
Next j
Text7. Text＝nb2
Text8. Text＝ne
End If
    BOOK_JSMJ. Close(True)'关闭 EXCEL 工作簿
    Set xlApp＝Nothing '释放 EXCEL 对象
End Sub5
```

（2）输入数据文件 E:\车辆及交通量参数.xls：见表 3-8 和表 3-9。

车辆及交通量参数表　　　　　　　　　　　表 3-8

编号	名　称	前轴重(kN)	后轴重(kN)	后轴数	后轴轮组数	后轴距(m)	交通量(辆/日)
1	黄河 JN150	49	101.6	1	2		1500
2	日野 KF300D	40.75	79	2	2	1.27	500
3	太湖 XQ641	33	67	1	2		100
4	黄海 DD690	56	104	1	2	4	20
5	东风 CS938	24	70	2	2	4	10

交通量增长率表　　　　　　　　　　　表 3-9

序号	分段时间(年)	交通量年增长率	序号	分段时间(年)	交通量年增长率
1	6	0.05	3	4	0.03
2	5	0.04			

（3）程序运行窗体结果见图 3-66。

（4）结果为：当以设计弯沉值和沥青层层底拉应力为指标时：

路面营运第一年双向日平均当量轴次：2582.09676847017 次/日

设计年限内一个车道上的累计当量轴次：7796964.97329 次

当以半刚性材料结构层层底拉应力为设计指标时：

路面营运第一年双向日平均当量轴次：2093.7212559942 次/日

设计年限内一个车道上的累计当量轴次：6322253.8737 次

本例与 HPDS2006 程序对比，经验证，当路面运营第一年双向日平均当量轴次取整数

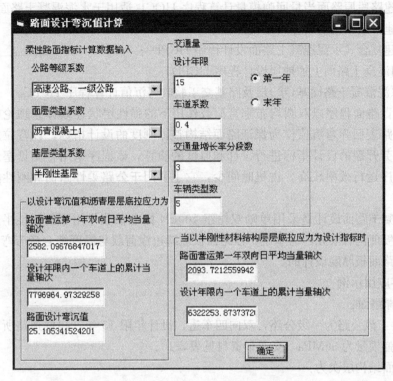

图 3-66　路面设计弯沉值计算窗体显示结果

值 2582 次/日和 2094 次/日时，计算所得设计年限内一个车道上的累积交通轴次分别为：7796673 次和 6323096 次，与 HPDS2006 程序计算所得完全一致，但本人认为当量轴次不应取整，应保留小数位数才能得到精确数值，即图 3-66 算得的累积当量轴次。

3.5.2　HPDS 程序工程应用实例

1. 程序简介

公路路面设计方面的程序很多，公路路面设计程序系统（HPDS2006）是根据现行《公路沥青路面设计规范》（JTG D50—2006）和《公路水泥混凝土路面设计规范》（JTG D40—2002）以及《城市道路设计规范》（CJJ 37—90）的有关内容编制的。自 1997 年 10 月以来，东南大学交通学院王凯教授与毛世怀副教授先后合作编制了以 DOS 为平台的《公路路面设计程序系统》HPDS97 和以 Windows 为平台的《公路路面设计程序系统》HPDS2000、HPDS2001、HPDS2003、HPDS2006。HPDS 程序已在全国 200 多个单位推广应用。

该软件共包括如下十一个程序：

（1）沥青路面设计弯沉值和容许拉应力计算程序 HLS；

（2）改建路段原路面当量回弹模量计算程序 HOC（适用于沥青路面设计）；

（3）沥青路面结构厚度计算程序 HMPD；

（4）沥青路面及路基交工验收弯沉值和层底拉应力计算程序 HMPC；

（5）公路沥青路面设计与验算程序 HAPDS；

（6）城市道路沥青路面设计与验算程序 URAPDS；

（7）改建路段原路面当量回弹模量计算程序 HOC1（适用于水泥混凝土路面设计）；

（8）新建单层水泥混凝土路面设计程序 HCPD1；

（9）新建复合式水泥混凝土路面设计程序 HCPD2；

（10）旧混凝土路面上加铺层设计程序 HCPD3；

（11）水泥混凝土路面基（垫）层及路基交工验收弯沉值计算程序 HCPC。

对于沥青路面程序以双圆均布垂直荷载作用下的弹性层状连续体系理论的数学模型为基础，以路表回弹弯沉值作为保证路面结构整体刚度的设计指标，以弯拉应力作为控制结构层疲劳开裂的设计指标进行设计和厚度的验算，该程序采用存储贝塞尔函数值的方法，故程序运行效率较高，占机时间少，它主要用于公路柔性路面和刚性路面的设计与验算。

水泥混凝土路面设计是采用单轴双轮组 100kN 标准轴载作用下的弹性半空间地基有限大矩形薄板理论有限元解为基础，以路面板纵缝边缘荷载与温度综合疲劳弯拉应力为设计指标进行路面板厚度设计的。

2. 程序应用示例

（1）沥青路面：

1）资料：该公路为一级公路，双向四车道，设计年限 15 年，根据道路所在自然区划查得路基回弹模量为 36MPa，交通量资料见表 3-10。

拟定路面结构层次为：

细粒式沥青混凝土	30mm
中粒式沥青混凝土	40mm
粗粒式沥青混凝土	60mm
石灰粉煤灰碎石	x
石灰土	250mm
天然砂砾	190mm
新建路基	

输入程序时，取路面结构为：沥青混凝土路面；基层结构类型为：半刚性基层。以第四层"石灰粉煤灰碎石"厚度为未知设计层。

交通增长率分三段，第一段 6 年，交通增长率 5%，第二段 5 年，交通增长率 4%，第三段 4 年，交通增长率 3%。

交通量原始资料表　　　　　　　　　　表 3-10

黄河 JN150	1500 辆/日	黄海 DD690	20 辆/日
日野 KF300D	500 辆/日	东风 CS938	10 辆/日
太湖 XQ641	100 辆/日		

2）运行程序，点击路面设计与计算菜单——沥青路面设计与计算——用多个程序进行系统的路面设计——新建路面设计。进入沥青路面设计弯沉值和容许弯拉应力计算程序（HLS）主窗口，输入参数如图 3-67 所示，输入交通车辆类型数 5，点击车辆及交通量参数输入，见图 3-67，HLS 主窗口见图 3-68。

3）点击数据存盘、存盘后点击计算，程序运行显示结果如下（表 3-11～表 3-13）：

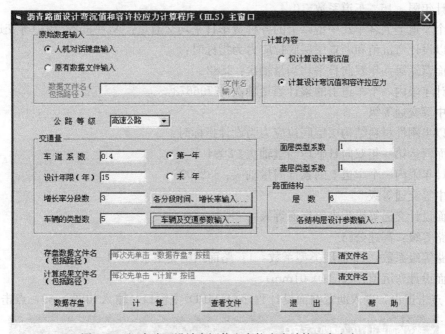

图 3-67 沥青路面车辆与交通量参数输入窗口

图 3-68 沥青路面设计弯沉值和弯拉应力计算程序主窗口

车辆及交通量参数表　　　　　　表 3-11

序号	车型名称	前轴重(kN)	后轴重(kN)	后轴数	后轴轮组数	后轴距(m)	交通量
1	黄河 JN150	49	101.6	1	双轮组		1500
2	日野 KF300D	40.75	79	2	双轮组	<3	500
3	太湖 XQ641	33	67	1	双轮组		100
4	黄海 DD690	56	104	2	双轮组	>3	20
5	东风 CS938	24	70	2	双轮组	>3	10

交通量增长率分段表　　　　　　表 3-12

序　号	分段时间(年)	交通量年增长率	序　号	分段时间(年)	交通量年增长率
1	6	5%	3	4	3%
2	5	4%			

弯沉及层底拉应力指标计算阶段结构层材料参数表　　　　　　表 3-13

层位	结构层材料名称	劈裂强度(MPa)	容许拉应力(MPa)
1	细粒式沥青混凝土	1.4	.47
2	中粒式沥青混凝土	1	.34

续表

层位	结构层材料名称	劈裂强度(MPa)	容许拉应力(MPa)
3	粗粒式沥青混凝土	.8	.27
4	石灰粉煤灰碎石	.6	.31
5	石灰土	.25	.1
6	天然砂砾		

轴载换算及设计弯沉值和容许拉应力计算结果：

设计年限 15 车道系数 0.4

一个车道上大客车及中型以上的各种货车日平均交通量：$N_h=852$，属中等交通等级

当以设计弯沉值和沥青层层底拉应力为指标时：

路面营运第一年双向日平均当量轴次：2582

设计年限内一个车道上的累计当量轴次：7796673

属中等交通等级

当以半刚性材料结构层层底拉应力为设计指标时：

路面营运第一年双向日平均当量轴次：2094

设计年限内一个车道上的累计当量轴次：6323096

属中等交通等级

路面设计交通等级为中等交通等级

公路等级：高速公路

公路等级系数：1；面层类型系数：1；路面结构类型系数：1

路面设计弯沉值：25.1(0.01mm)

4）点击退出，进入沥青路面设计程序(HMPD)主窗口，输入如图3-69，点击路面参

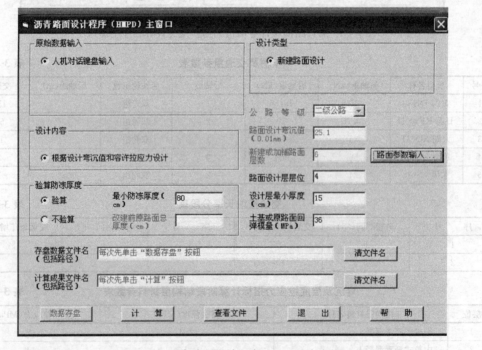

图3-69　沥青路面设计程序(HMPD)主窗口

数输入，输入路面的参数，点击计算，参数及结果说明如下：

新建路面结构厚度计算结果文件显示（表 3-14）：

路面设计层厚度计算阶段路面材料参数表　　　　　　　表 3-14

层位	结构层材料名称	厚度 (mm)	20℃平均抗压模量(MPa)	标准差 (MPa)	15℃平均抗压模量(MPa)	标准差 (MPa)	容许应力 (MPa)
1	细粒式沥青混凝土	30	1400	0	2000	0	.47
2	中粒式沥青混凝土	40	1200	0	1600	0	.34
3	粗粒式沥青混凝土	60	900	0	1200	0	.27
4	石灰粉煤灰碎石	?	1500	0	1500	0	.31
5	石灰土	250	550	0	550	0	.1
6	天然砂砾	150	150	0	150	0	
7	新建路基	36					

新建路面的层数：6

标准轴载：BZZ-100

路面设计弯沉值：25.1(0.01mm)

路面设计层层位：4

设计层最小厚度：150(mm)

按设计弯沉值计算设计层厚度：

LD＝25.1(0.01mm)

H(4)＝200mm LS＝26.6(0.01mm)

H(4)＝250mm LS＝23.7(0.01mm)

H(4)＝225mm(仅考虑弯沉)

按容许拉应力计算设计层厚度：

H(4)＝225mm(第1层底面拉应力计算满足要求)

H(4)＝225mm(第2层底面拉应力计算满足要求)

H(4)＝225mm(第3层底面拉应力计算满足要求)

H(4)＝225mm(第4层底面拉应力计算满足要求)

H(4)＝225mm(第5层底面拉应力计算满足要求)

路面设计层厚度：

H(4)＝225mm(仅考虑弯沉)

H(4)＝225mm(同时考虑弯沉和拉应力)

验算路面防冻厚度：

路面最小防冻厚度 800mm

验算结果表明，路面总厚度比路面最小防冻厚度小 45mm，程序将自动在上述刚设计的路面最下层厚度中予以补足。

通过对设计层厚度取整，将路面防冻厚度不足部分增补到路面最下层，最后得到路面结构设计结果如下：

细粒式沥青混凝土	30mm
中粒式沥青混凝土	40mm
粗粒式沥青混凝土	60mm
石灰粉煤灰碎石	230mm
石灰土	250mm
天然砂砾	190mm

新建路基

5）点击退出，进入"沥青路面及土基竣工验收弯沉值和层底拉应力计算程序（HMPC)"主窗口，见图 3-70。

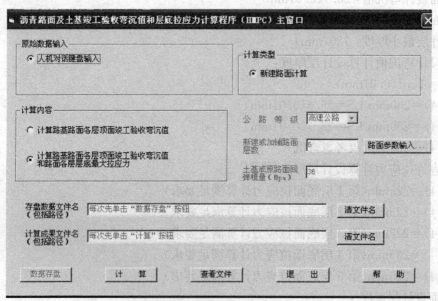

图 3-70 沥青路面及土基竣工验收弯沉值和层底拉应力计算程序(HMPC)主窗口

交工验收弯沉值和层底拉应力计算结果文件显示如表 3-15 所示：

沥青路面及土基竣工验收弯沉值和层底拉应力计算阶段路面材料参数表　　表 3-15

层位	结构层材料名称	厚　度	20℃平均抗压模量(MPa)	标准差(MPa)	15℃平均抗压模量(MPa)	标准差(MPa)	综合影响系数(mm)
1	细粒式沥青混凝土	30	1400	0	2000	0	1
2	中粒式沥青混凝土	40	1200	0	1600	0	1
3	粗粒式沥青混凝土	60	900	0	1200	0	1

层位	结构层材料名称	厚 度	20℃平均抗压模量(MPa)	标准差(MPa)	15℃平均抗压模量(MPa)	标准差(MPa)	综合影响系数(mm)
4	石灰粉煤灰碎石	230	1500	0	1500	0	1
5	石灰土	250	550	0	550	0	1
6	天然砂砾	190	150	0	150	0	1
7	新建路基	36	1				

计算新建路面各结构层及路基顶面交工验收弯沉值:

第 1 层路面顶面交工验收弯沉值 LS＝24.1(0.01mm)

第 2 层路面顶面交工验收弯沉值 LS＝25.8(0.01mm)

第 3 层路面顶面交工验收弯沉值 LS＝28.3(0.01mm)

第 4 层路面顶面交工验收弯沉值 LS＝31.8(0.01mm)

第 5 层路面顶面交工验收弯沉值 LS＝78(0.01mm)

第 6 层路面顶面交工验收弯沉值 LS＝245.2(0.01mm)

路基顶面交工验收弯沉值 LS＝258.8(0.01mm)

计算新建路面各结构层底面最大拉应力:(未考虑综合影响系数)

第 1 层底面最大拉应力 $\sigma(1)$＝－.251(MPa)

第 2 层底面最大拉应力 $\sigma(2)$＝－.108(MPa)

第 3 层底面最大拉应力 $\sigma(3)$＝－.056(MPa)

第 4 层底面最大拉应力 $\sigma(4)$＝.118(MPa)

第 5 层底面最大拉应力 $\sigma(5)$＝.061(MPa)

(2) 水泥混凝土路面:

1) 拟新建一条二级公路,交通量资料见表 3-16,交通增长率6%。

水泥混凝土路面交通量表　　　　表 3-16

解 放	CA15 型	1600	辆/日
黄 河	JN162 型	600	辆/日
东 风	EQ140 型	1400	辆/日
日 野	ZM4430 型	75	辆/日

2) 运行程序,点击路面设计与计算菜单——水泥混凝土路面设计与计算——新建单层水泥混凝土路面设计。进入新建单层水泥混凝土路面设计程序(HCPD1)主窗口,输入交通车辆类型数4,点击车辆及交通量参数输入,见图 3-71,主窗口参数输入见图 3-72。

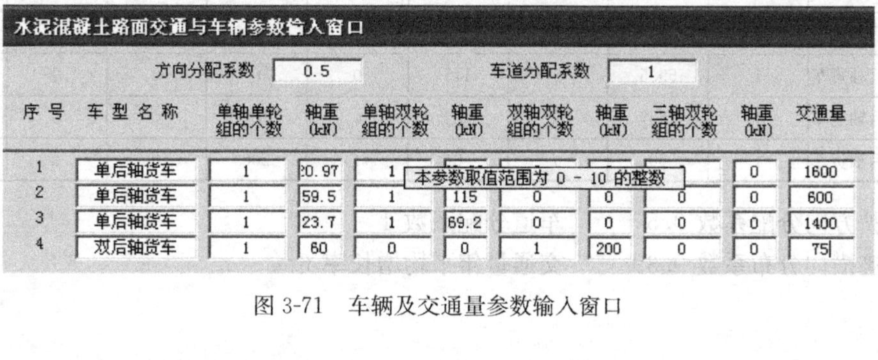

水泥混凝土路面交通与车辆参数输入窗口

方向分配系数　0.5　　　车道分配系数　1

序号	车型名称	单轴单轮组的个数	轴重(kN)	单轴双轮组的个数	轴重(kN)	双轴双轮组的个数	轴重(kN)	三轴双轮组的个数	轴重(kN)	交通量
1	单后轴货车	1	20.97	1	本参数取值范围为 0－10 的整数			0		1600
2	单后轴货车	1	59.5	1	115	0	0	0		600
3	单后轴货车	1	23.7	1	69.2	0	0	0		1400
4	双后轴货车	1	60	0	0	1	200	0		75

图 3-71　车辆及交通量参数输入窗口

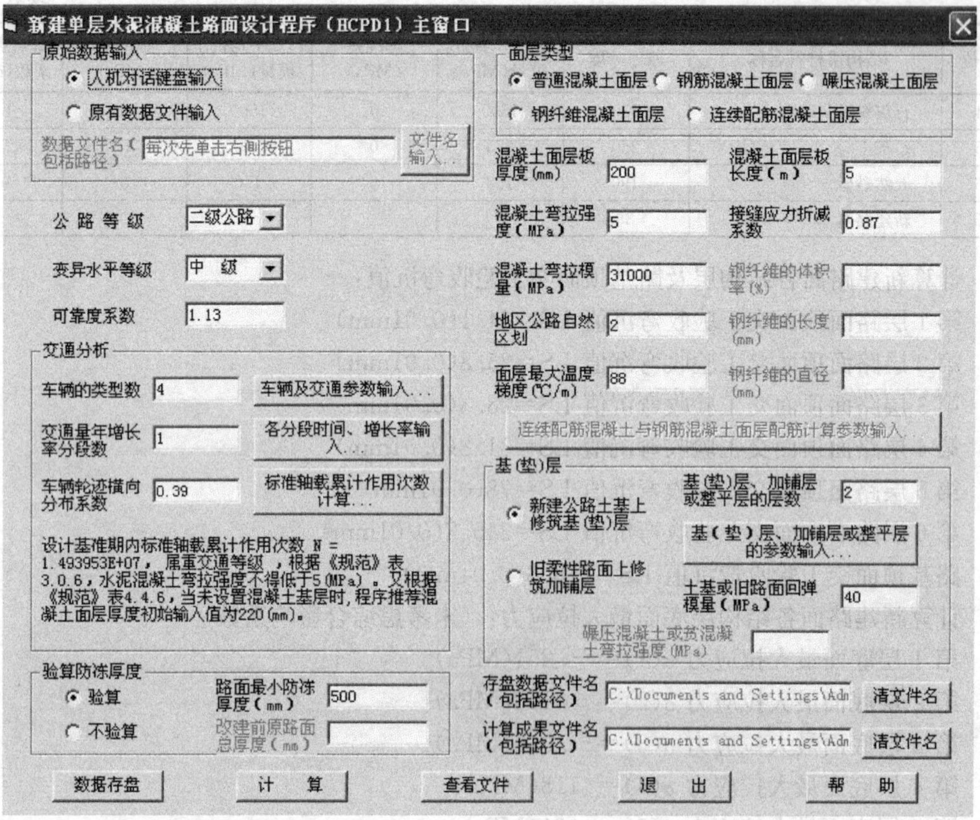

图 3-72 新建单层水泥混凝土路面设计程序（HCPD1）主窗口

3) 点击数据存盘、存盘后点击计算，显示结果如下（表 3-17、表 3-18）：

水泥混凝土路面设计

设计内容：新建单层水泥混凝土路面设计

公路等级：二级公路

变异水平的等级：中级

可靠度系数：1.13

面层类型：普通混凝土面层

交通量参数表 表 3-17

序号	路面行驶辆名称	单轴单轮组的个数	轴载总重（kN）	单轴双轮组的个数	轴载总重（kN）	双轴双轮组的个数	轴载总重（kN）	三轴双轮组的个数	轴载总重（kN）	交通量
1	单后轴货车	1	20.97	1	70.38	0	0	0	0	1600
2	单后轴货车	1	59.5	1	115	0	0	0	0	600
3	单后轴货车	1	23.7	1	69.2	0	0	0	0	1400
4	双后轴货车	1	60	0	0	1	200	0	0	75

行驶方向分配系数 0.5　　车道分配系数 1

轮迹横向分布系数 0.39　　交通量年平均增长率 6%

混凝土弯拉强度 5MPa　　混凝土弯拉模量 31000MPa

混凝土面层板长度 5m　　地区公路自然区划 Ⅱ

面层最大温度梯度 88℃/m　　接缝应力折减系数 0.87

基(垫)层类型——新建公路土基上修筑的基(垫)层

水泥混凝土路面材料参数表　　　　　　表 3-18

层　　位	基(垫)层材料名称	厚度(mm)	回弹模量(MPa)
1	水泥稳定粒料	180	1300
2	石灰粉煤灰土	150	600
3	土基	40	

基层顶面当量回弹模量 $ET=196.1$ MPa

$HB=220$　　$r=0.639$　　$SPS=1.22$　　$SPR=3.26$

$BX=0.71$　　$STM=2.13$　　$KT=0.53$　　$STR=1.13$

$SCR=4.39$　　$GSCR=4.96$　　$RE=-0.8\%$

设计车道使用初期标准轴载日作用次数：2853

路面的设计基准期：20 年

设计基准期内标准轴载累计作用次数：1.493953E+07

路面承受的交通等级：重交通等级

基层顶面当量回弹模量：196.1MPa

混凝土面层设计厚度：220mm

验算路面防冻厚度：

路面最小防冻厚度 500mm

新建基(垫)层总厚度 330mm

验算结果表明，路面总厚度满足路面防冻要求。

通过对设计层厚度取整以及设计人员对路面厚度进一步的修改。

最后得到路面结构设计结果如下：

普通混凝土面层　　　　　220mm

水泥稳定粒料　　　　　　180mm

石灰粉煤灰土　　　　　　150mm

　　土

3.6 道路路线透视图

3.6.1 道路路线透视图概述

现代公路除要能满足交通要求外，还要求行车舒适安全、线形和谐优美，与环境相互融合；乘客的视觉良好，心旷神怡，即使长途旅行也不感到疲劳和厌倦，良好的公路线形应该在行车安全和乘客舒适两方面获得最大限度的满足。透视图技术是评价公路线形质量的主要手段之一，也是当今进行招标、投标时显现设计效果的重要手段。

道路透视图有线形透视图、全景透视图、复合透视图和动态透视图。线形透视图只绘出路基边缘线以内的线条，这种透视图主要用来检查平、纵面线形及其组合情况以及立体线形是否顺适，或走向是否清楚，如图 3-73 所示；全景透视图不仅能提供线形检查，还可真实反映路线与周围景观的协调程度，并能直观反映视距不良路段，用以指导设计，如图 3-74 所示；复合透视图是将全景透视图与实拍照片进行叠加，最后以照片形式反映道路与周围景观的配合情况，形成具有真实背景的路线透视图，它能逼真地反映拟建公路与周围景观的配合情况，这种透视图不全是计算机的产物；路线动态透视图是以移动的画面模拟汽车行驶时驾驶员所感受到的道路情况，通过计算机连续不断地调用经过事先生成、经过特殊处理过的若干幅相邻且视点轨迹连续的路线透视图进行显示，使之在屏幕上形成具有动画效果的图形显示。通过改变各幅透视图的视点间距和调整显示时间间隔，可逼真地模拟各种车速在公路上行驶的情况，这也是评价公路设计质量的重要手段。设计中常用的是线形透视图和全景透视图。

图 3-73　路线线形透视图　　　　　　　　图 3-74　路线全景透视图

3.6.2　透视图绘制原理

生成透视图的算法流程如图 3-75 所示，首先应计算道路各点的大地坐标，接着要确定视点、视轴及视轴坐标系，这样也就确定了透视图的基本参数，然后确定透视断面和透视物点，最后进行坐标计算转换，经过消隐等手段绘制出透视图。

某一点（视点）和被视物体的各点（物点）相连的射线（视线）与画面产生一系列交点，连接这些交点所产生的被视物体的图像即该物体的透视图，与画面垂直的视线称为视轴，视轴与画面的交点称为主点，视线与物体的交点称为物点，视线与画面的交点叫迹点。（图 3-76）

1. 视点和视轴的选取

视点位置和视轴方向是根据透视的目的和透视图的种类来选择的，当然也可以由计算机自动选取。

（1）视点的选取

驾驶员透视图，视点应取驾驶员在道路上眼睛的位置。视高一般采用 1.0～1.5m，鸟瞰图可高出路面几十米甚至几百米以上。在 AutoCAD 及 3DSMAX 环境中，用户可根据自己的需要自行选定视点位置。

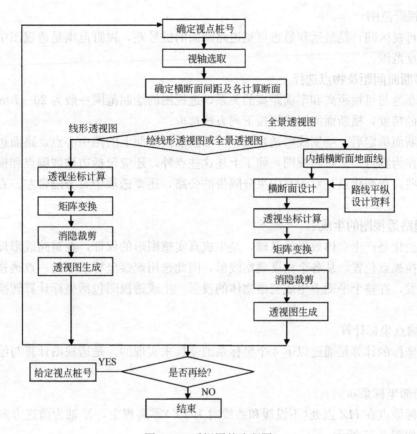

图 3-75 透视图的流程图

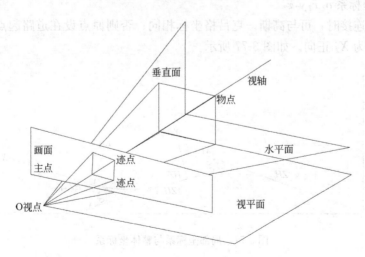

图 3-76 透视图的基本概念

（2）视轴的选取

视轴方向对透视图的影响极大，一般来说，在高速公路上驾驶员注意力集中点与视点的距离约为车速 v(km/h) 的 5 倍，故视轴在水平方向应通过前方路中线 $5v$ 处。

（3）视野范围

亦称可视区间，是最远和最近可见道路断面的桩号差，视野范围是透视图中所需绘制的道路长度范围。

2. 横断面间距及物点选择

根据车速与可视距离和车前距离的关系，透视图的绘制范围一般为 20～70m。为了保证透视图的精度，横断面间隔建议按下列方法选取。

当横断面确定后，绘制线形透视图，可以选取横断面上的路中心点、路面边缘点和路基边缘点作为物点；全景透视图，除了上述这些点外，还应包括边坡坡脚点和横断面地面线上的一些高程变化点。对于有中央分隔带的公路，还要选取中央分隔带左、右边缘点为物点。

3. 道路透视图的生成

透视变化是产生立体效果的基础，是生成真实感图形的保证，在道路线形设计中，由于需要变换视点位置，从各个角度观察线形，因此选用观察坐标系下的一点透视变换，即从一点出发，在整个平面上生成三维物体的投影。生成透视图包括坐标计算转换和消隐两个过程。

（1）物点坐标计算

物点坐标的计算是通过以下 4 个坐标系的变换来实现的，是透视图计算与绘制的主要内容。

1）局部坐标系 $o_1 x_1 y_1 z_1$

该坐标原点在 HZ 点处（不设缓和曲线时为 YZ）零高程上，X 轴为前进方向的水平切线方向。如图 3-77 所示。

2）整体坐标系 $o_2 x_2 y_2 z_2$

当与数模连接时，可与高斯—克吕格坐标相同；否则原点设在道路起点处零高程上，水平正东方向为 X_2 正向。如图 3-77 所示。

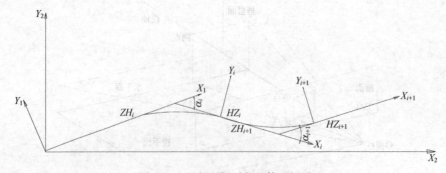

图 3-77　局部坐标系与整体坐标系

3）视轴坐标系 $o_3 x_3 y_3 z_3$

坐标系原点设在观察者的眼睛处，视线方向为 X_3 轴。如图 3-78 所示。

4）图像坐标系 $o_4 x_4 y_4 z_4$

该坐标原点设在画面中心，坐标系平面与视轴正交。如图 3-78 所示。

计算出各物点在局部坐标系中的坐标，经过三次坐标变换，将其变换为图像坐标系的坐标，然后经裁剪和消隐处理，即可得到道路透视图。

（2）裁剪、消隐与绘制

路基横断面上的各特征点及地面线点，经过坐标变换至图像坐标系中后，各点及按连接关系确定的各线段有可能部分或全部落到规定画出的窗口以外。图形裁剪就是要将窗口以内部分保留并显示或绘出，而将其余部分裁剪掉，以保持路线透视图画面的美观和简洁。

为了真实地反映物体的视觉效果，必须把那些被不透明的面或物体遮蔽的线段、平面隐去，否则画面将会杂乱无

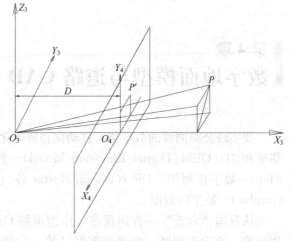

图 3-78　视轴坐标系与图像坐标系

章，这一过程就是消隐。在计算路基横断面上物点的透视图坐标时，还无法判别哪些线段是被前面的面遮挡，变成不可见的。只有在所有透视点坐标求得后，在透视图绘制时，根据一定算法，判断并消去不可见的隐线和隐面。

隐线和隐面的消除算法是计算机图形学中比较困难但又十分关键的一个问题，算法很多。根据道路的带状几何特性，一般选用以下两种消隐算法：峰值线算法、画家算法。前者以线框模型为基础，用于产生线框模型透视图；后者以面模型为基础，可以产生彩色面模型透视图。

4. 道路透视图三维动画实时显示

通过设计者设置有关透视参数，然后显示或输出透视图的模型，也可以直接在计算机屏幕上观看动态透视图。通过透视图的检查，对道路平面、纵断面、横断面设计进行分析，对线形存在的问题，进行修改，然后再绘出透视图进行分析研究，直至满意为止。如图 3-79 所示。

随着计算机的发展，我们可以产生动画的类型得到了拓宽和改进。在工程设计领域也被大量用于制作渲染图和动画。交互式的动态透视图，即实时动画，是画面显示和画面生成同时进行，采用"双缓冲区"方式进行。最大优点是交互性强，用户能通过键盘、鼠标等外部设备控制透视画面的生成，例如改变车速、视点、视线方向等，透视画面随之改变。

图 3-79　道路透视图三维动画显示

第4章
数字地面模型与道路 CAD 新技术

要实现公路测设的数字化、自动化和智能化，其模式是建立 3S(GIS，GPS，RS)技术集成和 4D(DEM(Digital Elevation Model)—数字高程模型，DOM(Digital Orthophoto Map)—数字正射图，DRG(Digital Rastar Graphic)—数字栅格地图，DLG(Digital Line Graphic)—数字线划图。

从我国"六五"一直到现在，作为道路 CAD 系统的核心技术，数字地形模型的应用研究一直没有间断。在交通部制订的《公路交通科技发展"九五"计划到 2010 年长期规划》中，"卫星定位 GPS 技术、航测遥感技术在公路勘测中的应用"，"新一代数字地面模型与 CAD 系统的开发"，"工程数据库的开发与应用"等课题是已基本完成的重要内容。并且，随着计算机软、硬件技术的发展，数字地形模型技术会得到更高的发展。

4.1 地形数据的采集与处理

地形数据是进行公路设计的基础，数据采集是指选取构造数模的数据点及量取其坐标值的过程，是建立数字地形模型的基础工作。

传统的数据采集方式已不能满足现代道路测设的需要，并且是影响设计周期及质量的关键，因此，获取高速、精确的地形数据是现代道路测设中急需解决的问题。

公路设计原始地形数据的来源，通常有三种方法：利用航空摄影测量和遥感方法采集地形数据；利用已有的图形数字化、矢量化；野外实测采集地形数据。对于以上每种方法，根据设备及手段的不同又有多种数据采集形式。比如航测数据采集按设备不同又可分为模拟法测图、解析法测图及数字测图等方式。地形图数字化有人工手扶跟踪数字化仪输入法和全自动数字化仪(扫描仪)输入法两种；野外实测数据可采用常规的野外测量方式、由人工实测和记录获得地形数据，也可用电子速测仪从野外实测获得地形数据，还有采用全球卫星定位系统 GPS 从野外采集地形数据等。或利用 GIS 和 DTM 直接与 CAD 嫁接，地形数据采集分类如图 4-1 所示。

1. 航测法采集地形数据

摄影测量是利用摄影所得的像片，研究和确定被摄物体形状、大小、位置、属性相互关系的一种技术。航空摄影测量技术是利用航空摄影和遥感手段采集地形数据和地面、地物、地质等信息的技术。

在公路设计中，充分利用航片所反映的信息和地表现象，进行判释和量测，配合立体观察和处理，可得到测区的地形、地貌、地质、水文等多种资料，为路线设计提供原始数据。

(1) 航测地形数据采集

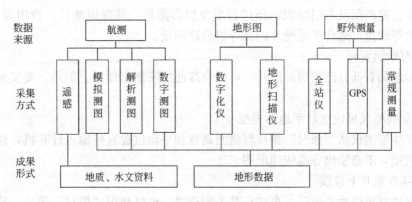

图 4-1　数据采集分类

航测方法采集数据能直观地观察地表形态，控制地形点的分布和密度，信息可靠，精度高。利用解析仪测图的同时，可以附带记录测图信息，不需要专门为建立数字地面模型重新采集，给数据采集带来极大方便。因此，航测采样是理想的地形数据采集手段。

航空摄影测量步骤包括航片的获取；飞机航空照相、摄影航片的判读、调绘；使用立体测图仪等建立数字地形模型、绘制等高线地形图。

全数字化测图利用相关技术和扫描技术将像片影像数字化，得到测区的地表三维数据。其过程是：首先将像片影像的灰度数字化，然后在计算机上进行数据处理，通过扫描方式将像片上影像的灰度值转换成电信号或数字信号，形成"数字影像"，然后用相关技术自动地立体照准同名像点。随着研究的深入进行，代表航空摄影测量学科发展方向的全数字化、自动化测图方式，将成为公路设计中地形数据采集的理想方法之一。

航测技术的发展阶段：从常规摄影测量（即纯光学摄影测量），到解析摄影测量（即借助计算机自动解析），再到数字摄影测量即数码摄影技术的运用。

数字摄影测量利用一台计算机，加上专业的摄影测量软件，代替了过去传统的、所有的摄影测量的仪器。其中包括纠正仪、正射投影仪、立体坐标仪、转点仪、各种类型的模拟测量仪以及解析测量仪。这些仪器设备曾经被认为是摄影测量界的骄傲，但是，目前除解析测图仪还有少量的生产外，其他所有的摄影测量光机仪器已经完全停止生产。

采用现代化的数字摄影测量技术，具备计算机和相应的可视化和摄影外围设备，则可以直接形成数字地形模型及其数字化产品。

（2）航测判释及遥感

遥感（Remote Sensing）这个词最早出自于 1960 年。当时，美国海军科研局一位官员把一项研究照相判读技术的计划称为"遥感"计划，是指通过飞机、卫星、行星等设施对地球进行地球观测（Earth Observing）。

路线经过区域的地质、地貌、水文等信息是公路设计中很重要的原始数据。在图像中通过航测判释及遥感技术可以获得大量地质及水文资料，使得勘测设计工作目标明确，避免了盲目性，提高了勘测设计的质量和速度。

（3）航测技术在公路测量中的应用

1）沿线专摄航片

为某条公路的测设专门组织队伍进行航空摄影测量，具有周期长、费用高、受季节、气候影响大等缺点，适合于无航片的高等级公路测量。

2）既有航测资料

各省测绘局有部分已拍摄的航片，可以直接使用或加密使用。但是，要实地校核、现场补测。

3）依靠航测成果建立数字地形模型

利用立体量测仪从"像对"相片将量测高程和平面位置直接输入计算机，建立三维的数字地形模型，不必绘出等高线地形图。

4）直接在航片上选线

利用航片制成像片平面图，直接在其上面选线，也可利用"像对"像片，放在立体镜下，直接凭经验选线。最后实地检校。

2. 地形图数字化

大比例尺地形图的数字化是目前公路路线初步设计阶段地形数据的主要来源。在实际工程中通常采用数字化仪将地形图数字化，它可将图形转换成坐标数据，并输入计算机，操作时用游标（鼠标和定标器）确定数字化仪平面上的各个位置，数字化仪与主机相连后进行数据通讯，鼠标所在位置上的 x, y 坐标可实时送到计算机系统中，完成平面图形到坐标数据的转换和采集。数字化仪采集数据必须解决数据转换、图纸变形的纠正、地形图的数字化输入等问题。

（1）数字化仪坐标转换

数字化仪发送到计算机的数据是笛卡尔坐标系的数据。因此必须根据图形要求进行旋转、平移和缩放，将其转换成大地坐标或特定坐标系。坐标转换前需事先求出数字化仪坐标系和所需坐标系的关系，确定 xy 的平移值、旋转角等定向元素。

（2）图纸变形纠正

由于各种原因，图纸变形存在误差很难避免。为保证数据的可靠性，必须对数据逐点纠正，从而减少精度损失。一般方法是事先确定所需数字化的图纸分别在 X 方向和 Y 向的最大变形，可由相应点的转换坐标和实际坐标之间的关系求得。在量测过程中，对发送的每一对坐标，经转换后根据其 x, y 坐标值的大小按线性关系分别纠正。

实际上图纸变形不仅存在线性变形，还存在非线性变形以及具有旋转形式的变形。依据数学中仿射变换的思想，采用双线性函数逐点改正，效果很好。具体做法：先量测测图区域四个角点的坐标值，并进行误差改正，得到其转换过后的四对平面坐标。对经转换后的平面坐标 x, y 进行逐点变形纠正后得大地坐标 x, y，并输入。

（3）地形图的数字化输入

在地形图的输入中，数字化仪最适合按等高线点串的方式采集数据。对每一条等高线来说，操作人员只需从键盘或自定义的数字化仪菜单中输入等高线高程值一次，然后用十字丝跟踪该等高线，依次以点列方式输入即可。

地形图的数字化输入，除地形点的三维坐标外，还有建立数模和建立地图数据库，建立地理信息库所需的各种地形、地貌、地物等的图形、符号及说明注记等原始资料。从而便于识别和处理，数字化时除平面坐标外，其余属性和特征要以编码方式和补充信息输入。这些编码及补充信息输入方法是：在数字化仪面板感应区内，根据地形图的各种图式、符号及高程值输入的特点，自定义一个数字化仪输入的菜单。操作人员在点入其坐标的过程中，根据需要可随时在菜单上点入其编码或高程值等信息，不需记忆编码，简化了作业过程，加快了速度。最后，程序对输入的各种数据，按其属性和编码，自动进行分类管理，存入相应数据文件中，以便于调用和处理。

3. 野外实测采集

在没有航摄资料及地形图的情况下，可以采用野外实测的数据采集方法，目前主要有全球定位系统(GPS)测图法、全站仪测图法及常规测量法等。

(1) 传统测量方法采集数据

在传统的公路测量中，通常采用野外实测，其方法是：

1) 导线测量采用改装经纬仪；

2) 中线测量采用经纬仪和皮尺；

3) 地形测量采用小平板仪或大平板仪；

4) 水平测量采用水准仪；

5) 断面测量采用花杆和皮尺。

传统的测量方法在测量速度和数据精度上均相对较差，故近年来在测量方法上做了一系列革新，现代地面速测应运而生。

(2) 现代地面速测

现代地面速测是采用光电测距仪、全站仪、手持式电脑、配以无线电对讲机等，形成精度较高、速度较快的野外数据采集系统。或是采用带有电子外业手簿的全站仪直接在野外建立数字地形模型，供计算机辅助设计时使用。

1) 光电测距仪：是一种电磁波测距仪，它利用光波往返于两定点之间的时间和速度计算两点的距离。

2) 全站仪(自动电子速测仪)：全站仪在测量过程中，同时完成测角与测距的工作。得到被测点的水平角和竖直角，以及测点距测站的距离，根据测站的已知坐标和高程，及仪器后视点的方向就可以通过微处理器中的程序实时直接求得待定点的坐标和高程。这些数据直接存储在数据终端内，可将数据传送至微机中。

对于公路 CAD 系统来说，除地形数据外，还要记录各种地物信息，地形断裂线、水系、地貌以及建立数模和测绘地形图所要求的其他信息。为了准确再现所测的各种数据，必须给各类数据赋予不同的、明确的编码。这些信息、注释及数据存储格式等均可由用户从全站仪的键盘中给定或输入，与测量数据一起存入数据终端中，使用灵活方便。

3) 手持式电脑：即笔记本电脑。

4) 电子板测绘系统

该系统包含全站仪、笔记本电脑和相应的图形软件，电脑带有高分辨率的液晶显示器和光笔。该系统可以实现野外数据自动采集，并可以在现场自动展点、自动绘制等高线地形图，同时建立数字地形模型，从而完全替代手工平板绘图。该系统特别适用于测绘大比例尺等高线地形图并建立数字地形模型。

地面速测的方法包括用全站仪作导线测量(必要时，辅以 GPS 作闭合)、导线点作图根，进行碎部地形测量、水准仪作基平和中平测量、逐桩横断面测量。

5) 全球定位系统(GPS)

GPS 作为新一代卫星导航与定位系统,不仅具有全球性、全天候、连续的精密三维导航与定位能力,而且具有良好的抗干扰和保密性。GPS 定位技术具有观测点之间无需通视、定位精度高、观测时间短、提供三维坐标、操作简便、全天候作业等主要特点。目前,GPS 在道路测设中主要用来作平面控制,高程则配合电子经纬仪的三角高程测量来求得。

4.2 数字地形模型及应用

数字地面模型不同于地形图、地形立体模型等直观地表示地形的方法,而是以抽象的数字阵列表示地貌起伏、地表形态的。虽然数字地面模型是一种不直观的、抽象的地表形态表示,人眼不能观察,但这种形态对计算机的处理很有利,计算机可以从中直接、快捷、准确地识别,进行数据处理,提供出方便的地形数据,以实现各项作业的自动化。

由于采用了数字地形模型,设计人员几乎只要根据地形图资料而不必进行极为艰苦的外业测量,或者只需要做一些必要的外业资料调查,便能既保证精度也能高效地完成各个阶段的设计工作。如果配有计算机绘图设备,同时还可绘出包括平、纵、横三方面的设计图纸,甚至公路透视图。图 4-2 所示框图说明了数字地形模型的应用。

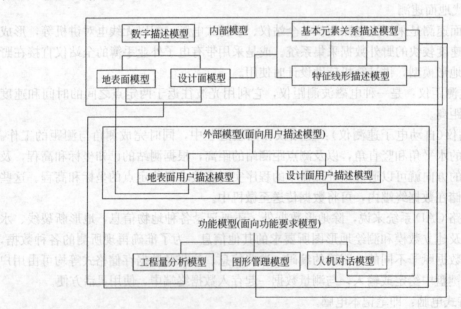

图 4-2 核心模型的总体框架结构

目前,国内道路 CAD 系统中,就模型表达而言,还存在着许多不足。首先,模型的适应面极为有限,不能适应更广泛的领域,如:平面、立体交叉口、停车场、收费站、机场等;其次,对模型表达的认识和研究还极为欠缺。

4.2.1 道路 CAD 系统核心模型

1. 系统核心模型表达问题的提出

(1) 模型应设计手段的进步而出现;

在过去没有计算机的时代，工程图一直是描述和传递几何信息的有效工具。传统的选线设计方法以等高线地形图作为基本资料来获取设计所需的高程数据，或者是在野外实地定线后实测出纵断面、横断面高程，然后由设计人员依据经验和一定的技巧作出设计方案，最后通过大量的繁复而又机械的计算，得出设计结果。随着高等级公路道路设计精度和质量要求的提高，要求提出多方案成果，进而进行优化设计，在广泛的地域内进行平面的方案比选，如果应用等高线地形图，每一个平面变动都将意味着完全重新进行平纵横设计，更不用说纵断面设计的不断优化和调整及平纵组合的优化，工作量是非常巨大的。如果我们能够运用电子计算机来帮助我们在地形图上进行平面的多方案比选，多个纵断面的优化，平纵横的调整，利用计算机的快速计算能力，那么这些将是比较轻松的了。

要利用计算机进行公路设计，就要让计算机认识地形图和处理地形资料，为此必须用数字的方式来表示地形。数字地形模型(DTM)就是将地形按照某种数字模型对已知平面坐标的地形点进行高程计算，是一个表示地形特征的、空间分布的、有许许多多有规则或无规则的数字阵列，也就是将地形表面用密集的三维地形点坐标(x, y, z)组成。对于呈带状的公路来说，需要的是公路左右一定范围内的地形资料，它所对应的数字地形模型，则为带状数字模型。有了数字地形模型，就可以采用一种数学内插方法，把这种地形信息拟合成一个表面，以便在公路设计时根据已知点的坐标计算出它的高程来，利用航测相片形成的不同比例的数字地面模型可分别进行公路的方案比选、初步设计和技术设计。

(2) 从已有模型的局限性来看，必须建立系统的核心模型——三维数字模型；

我国早期的各种道路CAD系统中，地形模型是二维骨架模型(或简称骨架模型)，骨架模型借鉴了人的手工设计方法，分别用平、纵、横二维子模型描述道路空间三维问题，其实质是"以中心描述设计面"，适用于简单路段、立体交叉的单个匝道，机场道区的单一跑道、滑行道等，而对复杂的面状区域，如不在同一平面上的双幅式车道、道路枢纽、互通式立体交叉、平面交叉口、收费站、加油站、停车场、机场等区域存在大量的多轴关联关系，用"中线"是无法描述的，这就产生模型与现实问题不相适应的矛盾。

针对如上的问题，人们对于面状区域建立三维模型，即三维数字模型。

2. 系统核心模型的内容及总体结构

对于道路等土建工程，设计者在地表面采集数据，进行工程结构物设计，其成果是地表面和设计面之间的空间体，最终提出工程项目实施时用以施工的图纸和其他文件。为满足道路、机场CAD系统开发需要，可把地表面与设计面的描述模型以及基本元素关系模型、特征线形描述模型、面向用户描述模型和面向功能要求模型等组成的模型群作为系统的核心模型，并实现相应的算法，形成系统开发的基础模块。

从研究对象角度看，系统核心模型包含设计对象模型和自然地表面模型，这些是严格的数学模型。此外还应有描述其相互关系的模型如基本元素关系描述模型、特征线形描述模型及面向用户描述模型和功能模型等。

从计算机建模角度看，模型又分为内部模型、外部模型和功能模型。

内部模型是计算机的存储模型，亦称结构模型，包含有：设计对象模型、自然地表面模型、特征线性描述模型和基本元素关系描述模型等。

外部模型即面向用户的模型，包含有：地表面用户描述模型和设计面用户描述模型，它是以人的表达习惯对地表面和设计对象进行描述的模型。

地表面模型又有三角网和格网两种表现形态，对于三角网模型，地表面用户描述模型可用散点＋串状地性线表达，对于格网模型，地表面用户描述模型可用格网结点高程＋地形特征线表达。

设计面用户描述模型可采用平、纵、横骨架模型（二维子模型和三维特征点、串描述模型）等。

功能模型即附加模型，它是针对用户的功能需要而产生的模型，例如工程量分析模型、图形管理模型和人机对话模型。

根据道路和机场场道工程几何线形设计支持软件的功能要求，系统核心模型的总体框架结构可确定为图 4-2。

图中示出了从系统角度而言的系统核心模型的三个组成部分的相互关系，即内部模型、外部模型和功能模型的信息流和功能结构关系表达。

内部模型中关于地表面和设计面的数学模型是系统核心模型的关键，其理论支持为数值分析和计算几何理论；基本元素关系描述模型（包含相互转换模型）是系统的内核，它以数据结构理论为基础，功能是表明系统基本元素的相互关系，完成各子模型间的相互变换，实现与现状表达方式的对接，并对系统基本数据加以管理；外部模型，即面向用户描述模型，是设计者以传统方式表达设计问题的模型，它为系统提供有关设计对象的描述，并接受系统的对外信息交流；功能模型是系统为用户提供的各种功能服务的模型，是核心模型的行为（对外服务功能）的具体体现。

上述三种模型相互联系，形成有机的整体，共同构成系统的核心模型，为 CAD 系统提供基础功能服务。

3. 设计对象模型和地表面模型的表现形态及特点

（1）表现形态

研究区域按范围和形状可分为带状区域和面状区域。

对于带状区域，设计对象模型可以是骨架模型，如平、纵、横模型；也可以是线框模型，如三角网模型、格网模型等。一般的，骨架模型为二维模型，线框模型为三维模型。地表面模型为三维模型，如三角网模型等，且需充分考虑地形特征。

对于面状区域，均需建立三维模型。设计对象模型可以是线框模型，如三角网模型、格网模型等；也可以是曲面模型，如 Coons 曲面模型、Bezier 曲面模型等。地表面模型可采用三角网模型、格网模型、三角网加边界线以及各种形态相互结合转换而成的模型等。图 4-3 为纬地绘制的三维道路透视图。

（2）模型特点

1）设计对象模型

① 二维骨架模型给出道路的平面信息、纵断面信息以及典型横断面信息，然后建立平、纵、横子模型，其特点是以中线或轴线表达设计对象，特别适宜于带状区域，但对面状区域难以适应，主要原因是中线描述方式不能明确表达几个轴线之间的关联关系。

② 三维模型的特点是以边界曲线来描述设计面，对带状区域和面状区域均能适应，例如，立交、停车场、收费口、服务设施等。

2）地表面模型

① 三角网模型适宜于野外实测数据的情形，也可用地形图模拟野外实测，且能自动

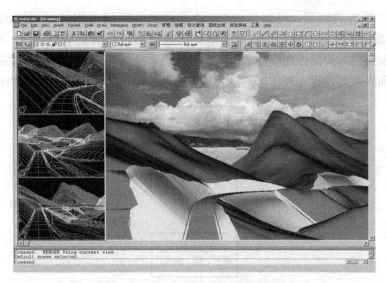

图 4-3 纬地绘制的三维道路透视图

联成三角网。其特点是联网、内插、计算时均考虑地形特征，因而精度较高。

② 格网模型适宜于野外测量规则格网数据及由立体航测仪（如解析测图仪）采集格网数据的情形，关键问题是在内插计算时要能恰当处理地形特征线，从而提高点的插值计算精度。

4.2.2 数字地形模型

1. 数字地形模型的概念

数字高程模型：Digital Elevation Model 简称 DEM，是用某一区域内一群地面点的平面坐标和高程的数值来描述地表形状。它实际上是个不完善的数字地形模型（但足以满足特定的需求）。

数字表面模型：Digital Surface Model 简称 DSM，是用某一区域内地表覆盖物（如森林、水库、房屋等）的平面坐标和高程的数值来描述地表形状。

数字地形模型：Digital Terrain Model 简称 DTM，是用离散量模拟地表形态与地表有关的各种信息（包括地形、地物、土壤地质、植物覆盖等）的一种方法，它实际上是一个地理信息系统的子系统。

例如在森林地区测图还必须减掉树高才得到数字高程模型 DEM，因为，传统的摄影测量都是以地形为准，所以它必须表达地形的等高线。

工程土石方计算要使用数字高程模型 DEM，但是众所周知的巡航导弹，它不仅需要数字地面模型，而更需要的是数字表面模型，这样才有可能使巡航导弹在低空飞行过程中，逢山让山，逢森林让森林。

数字地形模型是根据地表面上一些地形点的三维大地坐标$(x，y，z)$的集合以及在集合中配有的内插规则，而建立起来的一个数字化的地形模型。所谓数字化就是说地形模型不是实物而是用一组数据来构建的；所谓内插就是通过构成 DTM 的一组数据来求算地面上任意一个给定了平面坐标$(x，y)$的地形点的高程(z)的数学方法。DTM 对人而言是一个看不见、摸不着的非视觉模型，它的存储介质是磁盘或磁带，但对于计算机却是一个易于接受、易于处理的模型，可以认为 DTM 就是给计算机使用的等高线地形图。有了 DTM，只要确定了平面位置，计算机就能够迅速地通过内插获取路线纵、横断面高程，进行纵、横断面的有关设计计算，求得土石方工程数量，进一步还可以按一定的方法对路线平面位置和纵断面设计方案作出调整，实现工程的优化设计和自动化设计(图 4-4)。

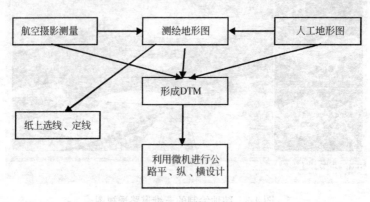

图 4-4 数字地形模型的应用

2. 数字地形模型的发展过程

从 1849 年开始，就出现了利用地面摄影测量进行地形图编绘技术。20 世纪初期航空技术的发展，使得摄影测量从地面走向空中，航空摄影测量技术从此诞生。利用航空摄影测量像片，不仅可获取地面景观的平面影像，而且通过多张具有一定重叠度的航摄像片可以重建实际地形表面的立体模型，并在仪器帮助下进行精确的三维量测，如同在以缩小的地形模型上进行实地测量一般。航空摄影测量技术的出现，使得影像数据在周期、覆盖面、应用范围等方面大幅度提高。

20 世纪 40 年代计算机技术的出现和随后的蓬勃发展，以及相关技术，如计算机图形学、计算机辅助制图、现代数学理论等的完善和实用，各种数字地形的表达方式得到迅速发展。计算机技术在制图、测绘领域中的应用，不但推动着制图、测绘逐步向自动化与数字化、实时处理与多用途的方向发展，改变着地图制图的生产方式，也改变着地图产品的样式和地图应用的概念。借助于地形的数字化表达，现实世界的三维特征以及可量测性能够得到充分而真实地再现。

20 世纪 60 年代以后，随着空间技术、通信技术等的迅速发展，在航空摄影测量、航空地质探矿、航空像片判读应用发展的基础上诞生了遥感科学技术。伴随着 70 年代美国地球资源卫星(LandSat)的升空，地形观测从航空发展到航天，遥感技术获得极为广泛的应用。在遥感技术中，除使用对可见光摄影的框幅式黑白摄影机外，还使用了彩色或红外摄影机、全景摄影机、红外扫描仪、多波段扫描仪、雷达扫描仪、微波扫描仪、成像光谱仪、CCD 推扫式逐行扫描仪、矩阵数字摄影机等，比常规黑白像片能提供更为丰富的几何、物理等影像信息。

1957 年，Roberts 首次提出将计算机技术应用到摄影测量中。1958 年，美国麻省理工学院摄影测量实验室主任 Miller 教授对计算机和摄影测量技术的结合在计算机辅助道路设计方面进行了实验。他在用立体测图仪所建立的光学立体模型上，量取了设计道路两侧大量的地形点三维空间坐标，并将其输入计算机，由计算机取代人工进行土方计算、方案比选等繁重的手工作业。Miller 教授在成功地解决道路工程计算机辅助设计问题的同时，也证明了用计算机进行地形表达的可行性、巨大的应用潜力与经济效益。随后 Miller 和 LaFamme 在 Photogrammetric Engineering 杂志上发表了题为"The digital terrain model：theory and application"的论文，首次提出了数字地形表达的概念：数字地形模型，英文名为 Digital Terrain Model，简写为 DTM。在随后的四十余年间，对 DTM 的研究经历了四个时期：20 世纪 50 年代末是其概念形成时期；60～70 年代对 DTM 内插问题进行了大量的研究，如 Schut 提出的移动曲面拟合法，Arthur 和 Hardy 提出的多面函数内插法，Kraus 和 Mikhail 提出的最小二乘内插法及 Ebner 等提出的有限元内插法。70 年代中、后期对采样方法进行了研究，其代表为 Makarovic 提出的渐近采样（Progressive Sampling）、混合采样（Composite Sampling）。80 年代以来，对 DTM 研究已经涉及 DTM 系统的各个环节，其中包括用 DTM 表示地形的精度、地形分类数据采集、DTM 的粗差探测、质量控制、DTM 数据压缩、DTM 应用以及不规则三角网 DTM 的建立与应用等等。很多国家开始应用由航测设备、计算机、数字化仪和专用软件包组成的系统，整个系统包括数据采集、建立 DTM、优化技术以至进行全套计算、绘图和制表；数字地形模型使技术的优化、辅助设计系统更加完善。

数字地面模型在测绘和遥感、农林规划、土木工程、军事、地学分析等领域得到广泛深入地研究。地形表达从模拟表达时代走向数字表达时代。

（1）国外对数模的研究比较成熟的系统有：

1）英国的 MOSS

MOSS 数据采集系统内容广泛，包括输入建模、编辑和反复查找，并具备综合性的地面模型功能，保证了有效测量、精确地建模和制图。采用 MOSS 系统也可保证在设计、投标准备和营造阶段的过程中获得完整的数据信息。

2）德国的 CARD/1

CARD/1 功能较齐全，其中有测量，数据传输，平、纵、横设计，绘图制表，数字化，数字地形模型，数据转换，费用计算等模块。其基础部分——数字地形模型的功能较全，为其他模块提供基础数据。数模由点、网格、三角形和边界线组成。

3）法国的 MACAO

MACAO 具有 30 年历史，数据来源于一个"数字化的文件"或"测量者的磁带"，建立"自然地面模型"，进而进行道路计算机辅助设计、项目分析与优化。

可见，国外对数模的研究比较成熟，先进的系统能够将地表面和设计面建成统一模型，从而增强了系统的适应性及有效性。

（2）国内对数模的研究状况

我国道路设计应用计算机起步较晚。20 世纪 80 年代末，在数据采集、优化技术和辅助设计上均有较多成果，但数据采集还只限于传统方法，到了 90 年代，集电子测距、测角、计算于一体的电子全站仪引起人们的关注而广泛用于自动化的三维坐标测量与定位，城市与工程三维控制测量，大型精密工程建设施工，大型构件装配，空间与水上定位，以及各种场合的数据采集。这为形成高精度的数模创造了良好的条件，促使人们开始研究高精度数模及现代化的数据采集方法。但从目前国内关于数模的研究水平看，对于地形特征的考虑还欠缺，因而数模的精度也很难提高。

较常用的数模有三角网模型和格网模型，无论采用哪种都必须充分考虑地形特征。这是提高数模精度的关键，也是目前研究数模的方向之一。

数字地形模型具有非常广泛的内容，除了地形信息外，还应有非地形信息。

3. 有关数模的基本概念

(1) 地形特征

众所周知，整个地表曲面的形态是千变万化而无规律性可循的，实际地形的连续性有限，而且有不光滑或不相关的地形存在，即所谓"地形断裂"，因此，要获得高精度的数模，无论用何种方法，都必须充分考虑地形特征，即考虑地形的不光滑性、不连续性和不相关性(弱相关性)。

习惯上，人们把地形特征分为四类：地形单点、边界线、构造线和断裂线。考虑到数据采集、存贮、处理的方便，我们把采样地形点归纳为两类：散点和串状地性线。

散点包括地形特征单点(如山顶、马鞍点、洼地底部等地形表面曲率变化点和坡度变化点)和其他地形单点(如碎部地形点、一般高程点等)；串状地性线包括边界线、构造线和断裂线。

边界线即标出禁止内插区域的封闭串线。禁止内插区域又分为两类：一类需计算高程(区域内点的高程均相同)，如小河流(需填平)、池塘、房屋、居民地等。另一类无需计算高程(不算土方量)，如架桥河等；构造线即地形的骨架线，是由连续的地形特征单点构成的空间曲线，如山脊线、山谷线等；断裂线即断层的边缘线。从统计学意义上讲，位于断裂线两侧的点是不相关(或弱相关)的，两侧点间的协方差为零(或接近于零)。从几何意义上讲，断裂线表明了地形的不光滑性(偏导数不存在或不连续)，考虑了断裂线就是考虑了地形的不连续性。断裂线又分成两类：一类是双高程断裂线，空间上具有双高程，平面投影为一条曲线。建模时，要根据不同情况判定其实际空间位置，如田埂、悬崖线等。另一类是单高程断裂线，如陡坎线，土坑、土堆边缘线，三角形或梯形断面的沟(或堤)边缘线等。对于双高程断裂线，三角形联网时只考虑平面位置，且不应跨越断裂线，内插计算时需判断待插点所在三角形的三顶点高程。

存贮串状地性线的数据称为串状数据。

(2) 数模的效率

数模的效率主要在于精度和速度。

影响数模精度的主要因素是：点的分布、密度和采点精度。

DTM 的实际精度主要是由原始数据的采集误差和高程内插误差两方面决定的。

数据的采集误差包括原始资料误差、仪器设备误差、人为误差和坐标转换误差等。对于摄影测量方法生产 DTM 来说，原始资料的误差主要表现为航片本身的各种误差，控制数据的误差；仪器设备误差包括测图仪的误差，计算公式的近似误差和计算机的有效位数等；人为误差指的是作业员的测量误差(数字相关时的影像相关误差)；坐标转换误差包括定向误差。对于利用地形图等高线和高程点方法生成 DTM 来说，误差还包括原始地形图的精度、采点误差、控制转换误差等。

高程内插误差指的是，内插点计算高程和实际量测高程之间存在的误差。它一方面和选用的数学方法(内插算法)有关，另一方面和采点的方式有关。

1) 点的分布

采样点的分布要合理，一般应根据地形变化取点，即采样点应沿地形趋势分布，尤其不能忽略充分体现地形特征的点、线，例如：地性线坡度改变处或等高线的方向改变处等。

2）点的密度

采集点的分布和密度是影响数模精度的关键。采样意味着对数据的压缩，数据压缩的依据是地形的连续性和相关性。采样时丢失的信息用任何内插方法都难以恢复。因此，采样点的密度要适中。密度太大，精度虽高，但数据量也大，处理速度就会变慢；密度太小，则不能充分表现地形状态。所以应综合考虑采样设备、地形起伏情况及精度要求，选择适当的密度，进而最经济地表现地表形态。

《工程摄影测量规范》第5章数字地形模型对数据获取要求作了以下的规定（表4-1）：

采样实地间隔 *   表 4-1

地 形 \ 比例尺	1：1000	1：2000	1：5000
平原微丘	10	20	50
山岭重丘	5	10	30

* 在野外实测时可适当放宽。

《公路路线勘测规程》（JTJ 061—99）（以下简称《规程》）规定：地形点的分布密度，应能反映地形、地貌的实际情况，满足正确插入等高线的需要。在图上的点间距离：地面横坡陡于1：3时，不宜大于15mm；地面横坡等于或缓于1：3时，不宜大于20mm。若测图比例尺为1：1000，则实地相应为15m和20m。

总之，采样点间距应以地表面形态和对数字高程模型的精度要求为依据。由以上分析可看出，《工程摄影测量规范》对数字地形模型采样点的密度要求要比《规程》严格，实际作业时可酌情参考。

目前一般认为：《规程》的这一精度仅能满足绘制等高线地形图以及初步设计时估算土方的要求。对施工图设计中，利用它进行纵横断面设计和土方量计算，则不能满足精度要求。因此，采样点间隔（密度）应达到多少才能满足施工图设计要求，目前似难于有定论。

3）点的获取精度

点的获取精度取决于采样方法与设备。

《规程》规定：地物点在图上的点位中误差，当测图比例尺为1：500～1：2000时，不应超过±1.6mm。则当测图比例尺为1：1000时，实地为±16m。这是对采样点平面精度的要求。1：1000地形等高线高程中误差平地（坡度为1：5以下）不得超过0.5m，山区（坡度为1：1.5～1：1）不得超过1.50m。

通过试验可获得采样点的平面精度和高程精度。

4）内插方法

从理论上说，只要上述三个因素确定，就能找到一种内插方法，达到一定的精度。也就是说，各种内插方法总能达到相同的精度。

此外，数模的精度还与地形类别有关，一般平原微丘区简单地形的精度容易满足，山岭重丘区复杂地形则难于满足。

研究结果表明，数模的精度主要取决于采样点的分布和密度以及地形类别，而与内插的方法关系不大，对于某一类别的地形，按一定精度采样，点的分布和密度起决定作用；

当点的分布和密度一定时，选择合适的内插方法将有利于提高数模的精度。

关于数模精度问题有许多观点，并展开诸多研究，但只要采样点分布合理、密度适当，就能建立高精度的数模而满足设计要求。

4. 内插方法与数模的表现形态

(1) 内插方法

原始地形数据采集，经处理后以散点数据的形式存储在计算机内，如何形成数字地形模型呢？简单地说，在计算机中，根据合适数量的已知点的 x，y，z 坐标用各种适合的面，如三角平面、双曲抛物面、二次多项式曲面、双曲面、三次曲面按照一定的原则比如最小二乘原理（各点到拟合面的距离平方和最小）来拟合地表面，在拟合面的方程中代入各已知点的 x，y，z 坐标，解方程组求出方程中的待定系数，这样就相当于确定地表面方程，由此拟合方程即可根据此方程范围内的任意一点 x，y 坐标求出该点 z 坐标，即高程值，达到利用数字地形模型获取地面上任意点高程产生纵、横断面地面线资料的目的，进行纵、横断面设计。

DTM 是将地面上无数的地形点压缩后，选取一些有代表性的离散点来反映地形起伏的，实际应用中必须用插值的方法重建原地面，以便获得地表面任一点的高程值。DTM 内插就是根据已知点上的高程求出其他待定点上的高程。由于所采集的原始数据一般是不规则的，为了得到规则格网的 DTM，内插是必不可少的。所以 DTM 内插是 DTM 生产中的一个核心问题。按内插点的分布范围，可将内插分为三类：局部内插，逐点内插和整体内插。而按二元函数附近数学面和参考点的关系，内插又可分为纯二维内插和曲面拟合内插两种。

1) 整体函数内插

对整个区域（或一个子区）应用一个数学模型（一般以地形特征线将整个测区划分成若干个子区），由区域内所有已知点的数据求解待定参数来定义整体函数。其基本思想是：任何一个规则或不规则面均可以由若干个简单面，如二次曲面、三次曲面等叠加到任意精度等级。

插值公式为：
$$f(x, y) = z = \sum_{i=1}^{n} K_i Q(x, y, x_i, y_i)$$

式中　K——待定系数；

　　　Q——核函数。

2) 局部函数内插

用一个函数式拟合一个局部地表面，通常只在格网小范围内使用。如线性内插、双线性多项式内插、有限元法等。

3) 逐点内插

以任意待定点为中心，以邻近的已知点定义内插函数，拟合该点邻近的地表面形态。内插函数的选择应以能最好地反映插值区的地形为准。内插的关键是处理好地形特征点、线。整体函数内插计算量大，速度慢，一般用于大范围的航测建模。

(2) 数模的表现形态

常用的数模有以下四种表现形态：

1) 散点数模

散点数模，又称离散形数字地形模型，是由随机分布的离散地形数据构成，是公路设计中常用的形式之一。可通过内插产生路线设计所需要的纵、横断面地面线资料。

内插方法是移动曲面法（典型的逐点内插），其基本思想是：在地面某一小范围内，认为可用一圆滑曲线面表示之。即用一曲面去拟合地面。因此，对于每一待定点，从存储的地形中选择该点附近若干个地形点，按距离远近考虑其相应权值，确定一拟合曲面 $Z=f(x, y)$。道路设计中常采用二次多项式曲面作为拟合曲面，插值公式为：

$$z=Ax^2+Bxy+Cy^2+Dx+Ey+F$$

任一点高程，都可作为这一曲面的一点，根据上式求得。上式中系数是按照最小二乘原理，即该曲面到各已知点的距离的平方和为最小的原则确定的。

移动曲面法的特点是运算简单灵活，精度高，但速度较慢。常用于方案计算和模型换算等。移动曲面法是根据以待插点为中心的一定邻域 D 内的若干参考点进行带权曲面拟合，需解决的问题是参考点的搜索方法和权的确定。其中邻域 D 有四种形式：①以待插点为圆心某一半径的圆，如图 4-5(a)所示；②以待插点为中心的八分圆（或方形）分块，图 4-5(b)示出了八分圆形分块，根据点落入不同区域分别处理；③把待插点所在子块的邻近九个子块范围平分成五个段，如图 4-5(c)所示；④在格网范围内，以特征线为边界划分的地势连续区域，如图 4-5(d)所示。

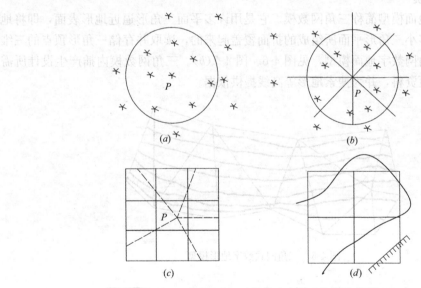

图 4-5 移动曲面法插值中参考点的搜索方法

一般情况下，搜索点的数目为 10（以邻近九个子块范围为上界），但在地形平缓处、数模区边缘以及特征线附近参考点稀疏，不足以用完全二次曲面方程拟合内插，则根据邻域内所在地形平缓处、数模区边缘以及特征线附近参考点个数决定内插函数的形式。

① 当 $n \geq 8$ 时，采用 $z=Ax^2+Bxy+Cy^2+Dx+Ey+F$

② 当 $6 \leq n < 8$ 时，采用 $z=Ax^2+Cy^2+Dx+Ey+F$

③ 当 $4 \leq n < 6$ 时，采用 $z=Dx+Ey+F$（平面形式）

④ 当 $n=3$ 时，采用 $z=\sum_{i=1}^{3} z_i P_i \Big/ \sum_{i=1}^{3} P_i$ 为权函数（加权平均法）

其中，n 为邻域 D 内搜索到的参考点的个数。

权的确定有几种形式，可取 $P=\dfrac{1}{d^2}$，或 $P=\dfrac{(R-d)^2}{d^2}$，或 $P=e^{-(d^2/R^2)}$ 等。权是距离的单减函数，各国有多种选权方法。

例如，为了计算某一内插点的高程，可以该内插点为圆心，以确定值 R 为半径确定一个圆，使该圆内的采样点为 6~10 个。如搜索的点过少或过多，则改变搜索圆的半径。以这些采样点为依据使用上述各式的二次曲面逼近地形求解，其中的系数 A、B、C 等是按照最小二乘原理确定的。

内插点高程也可使用加权平均法，即将临近的 n 点使用下式插值：

$$z=\sum_{i=1}^{n} (P_i z_i) \Big/ \sum_{i=1}^{n} P_i$$

式中，P_i 为权，可认为权的大小随内插值点和采样点之间的距离平方的大小成反比，当内插点与某一采样点重合时，即采用采样点的高程。

2）三角网数模

三角网数字地面模型简称三角网数模。它是用许多平面三角形逼近地形表面，即将地表面看成是由许多小三角形平面所组成的折面覆盖起来的，读取并存储三角形顶点的三维坐标，即构成三角网数字地面模型，见图 4-6、图 4-7(b)。三角网数模内插产生设计所需的路线纵、横断面资料，并为搜索地形等高线提供依据。

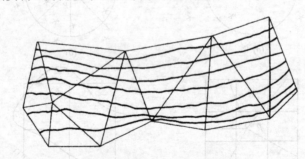

图 4-6　三角网式数字地形模型

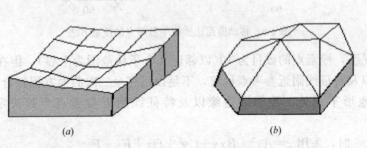

(a)　　　　　　　　　　(b)

图 4-7　格网式数字地形模型与三角网式数字地形模型

三角网数模中任一待定点的高程，由该点所处的三角形平面而定，而每个三角形平面可用方程 $ax+by+cz+d=0$ 表示，待定点的高程可用线性内插求得，即 $z=Ax+By+C$。

式中系数 A、B、C 均为三角形三顶点坐标函数。

这种数字地形模型虽然要储存各三角形顶点的三维坐标，但为了达到同样的使用精度，其网点数可以远小于方格网数字地形模型所需要的网点数，因而能节省很多的计算机内存。如果是采用数字化仪等自动坐标输入装置，获取原始数据亦颇为方便，只是要求操作者应有一定的工作经验，以免取点不当，降低计算精度。此外，为了有效地查询，还应将所有三角形按一定规律编号排列起来。

三角网数模的特点是精度较高，成网速度较快，但要求采样点分布均匀。适用于由野外实测数据建立模型。

为了保证三角网数模的内插精度，数据采集时，建议沿地形特征线采集，在坡面适当地选择控制点；构造三角网时，应尽可能地确保每个三角形都是锐角三角形，或者三角形三边的长度近似相等，避免出现过大的钝角和过小的锐角；并应尽量使三角形的周边以内所有等高线都呈直线，而且相互平行。

三角网数模通常是由散点按照一定的规则连接而成，在联网、内插及等高线绘制时均应考虑地形特征。对于双高程断裂线，三角形联网时只考虑平面位置，且不应跨越断裂线，内插计算时需判断待插点所在三角形的三顶点高程。

3)（方）格网数模

方格网式数字地形模型是将路中线左、右一定宽度内的地面划分成大小相等的方格或长方格，按一定次序读取网格点的高程，输入计算机而构成的数模。如图 4-7(a)和图 4-8。可通过内插产生路线纵横断面地面线资料，并为搜索地形等高线提供依据。

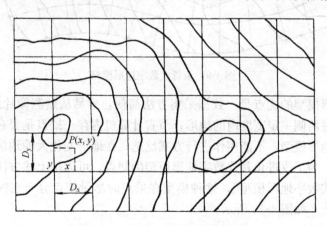

图 4-8 （方）格网式数字地形模型

格网内的待定点高程，根据网格四个节点高程，采用双线性多项式内插求得。假设某个方格四个节点的高程为 z_1, z_2, z_3, z_4，则方格任意地形点 $P(x, y)$ 的高程为：

$z=Ax+Bxy+Cy+D$ 式中的系数可写成为格网结点高程的函数，即：

$$A=(z_2-z_1)/dx \quad B=(z_1+z_4-z_2-z_3)/(dxdy)$$

$$C=(z_3-z_1)/dx \quad D=z_1$$

其中，dx 和 dy 为格网两边的边长。这个公式相当于把四个顶点拟合成一个双曲抛物面。

为了提高格网数模的精度，可根据不同的地形类别及设计阶段的精度要求，在不同区段选用不同的方格大小。平坦地区边长可长些，陡峻地区边长宜短些，初步设计边长可长些，技术设计边长应短些。一般在 5～20m 之间为宜。

格网数模的优点是速度快，只需存储格网节点的高程而不需存储平面坐标值，节省内存等特点，检索和内插简单、快速，数据采集方便，选点不依赖经验，并且输出格式良好，便于应用。缺点是不适应地形的突然变化，节点不一定是地形变化点，因此，地形变化大的地方精度低，因为这时常常漏掉了地形的真正变化点。

格网数模可用于可行性研究阶段的多方案比选，初步设计中的移线、改线设计，全景透视图的绘制，以及当格网内无地形特征线时点的高程插值计算等。

4）鱼骨式数字地形模型

数模视不同应用领域，其种类可有更多种形态，如沿道路中线和横断面的所谓"鱼骨"状数模等，通过模型转换可变换成以下的形式进行处理。

鱼骨式数字地形模型是在路线方案确定以后，沿路线方向和垂直于路线方向上采集地形点而构成的数字地形模型。如图 4-9 所示，这种数模是数字地形模型的最初方案，与传统的人工计算方法相同。

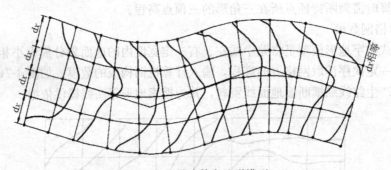

图 4-9　鱼骨式数字地形模型

这种数字地形模型的优点是：数据采集方法简便，容易从航测像片或地形图上采点，只考虑中桩及中桩两侧一定宽度内的地形；节省计算机内存。缺点是要在路线方案确定以后才能建立数字地形模型，不能用作进行方案比选，在地形变化大的地区或远离中线的地方内插精度较低。为了改进鱼骨式数字地形模型的缺点，可以按上述方法建立一种较为实用的"随意鱼骨式数字地形模型"，这种模型在采点时尽量使点分布在纵向和横向都处于地形变化特征点上，如图 4-10 所示。

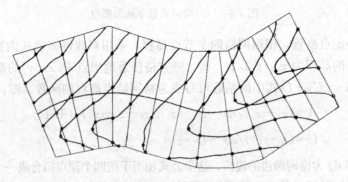

图 4-10　随意鱼骨式数字地形模型

4.2.3 数字地形模型用于路线设计的基本方法

1. 绘制等高线地形图

DTM 是一个人眼看不见的非视觉模型，因而首先应根据 DTM 绘制出人们习惯使用的等高线地形图，这步工作通常由自动绘图系统根据专门的等高线绘制程序来完成。

2. 拟定路线平面位置

由于道路选线的复杂性，该项工作主要还是由人来进行的。设计人员在绘出的等高线地形图上，同常规纸上定线一样，进行平曲线设计，然后根据数字地形模型自动确定各中桩里程、逐桩坐标、各曲线要素等。

3. 建立路中线及横断面方向线的参数方程

路线坐标系与 DTM 坐标系统相同，通常采用高斯投影的大地坐标系，路线方程即在大地坐标系中确定。

以路线里程桩号 I 为参数，路中线方程可表示为：

$$x = f_1(I)$$
$$y = f_2(I)$$

路线平面可分解为直线、圆、缓和曲线四种计算单元，各单元的参数方程可分别定义。有了路中线方程后，求出路中线上各点的法线方程，即可得到横断面方向线参数方程。

4. 路线纵、横断面地面高程内插

路线方程可求得路中线上各中桩点及其横断面地面线上各点的平面大地坐标 x，y，再由下述 DTM 高程内插方法即可求得路线各点的地面高程值 z，从而可由绘图机自动绘出路线纵断面地面线和横断面地面线。

图 4-11 中，路线上某桩号为 L 的中桩号点 P 的大地坐标 x，y 已经求出，根据 x，y 可以判断点 P 所在格网，然后计算点 P 所在网格左下角的行、列号数 I，J：

$$I = \text{INT}[(y - y_0)/dl]$$
$$J = \text{INT}[(x - x_0)/dl]$$

式中 x_0，y_0 为格网左下角的大地坐标，dl 为格网间距。

有了行列号 I，J 后，就可以把点 P 所在网格提出来单独加以讨论。如图 4-12 所示，点 P 所在网格的四个格网点的高程分别为 $z(I, J)$、$z(I+1, J)$、$z(I+1, J+1)$、$z(I, J+1)$，我们建立以网格左下角为原点的坐标系，并设格网间距为 1，则四个网格点的平面坐标分别为 $(0, 0)$、$(0, 1)$、$(1, 1)$、$(1, 0)$。将网格对应的曲面（即地表面）拟合为一个双曲抛物面，曲面函数为式(4-1)：

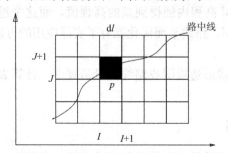

图 4-11 方格网高程内插平面位置

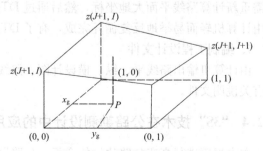

图 4-12 方格网高程内插高程

$$z = a_1 + a_2 x_g + a_3 y_g + a_4 x_g x_g \tag{4-1}$$

将四个已知的格网点坐标代入上式，则求得待定系数：

$$a_1 = z(I, J)$$
$$a_2 = z(I, J+1) - z(I, J)$$
$$a_3 = z(I+1, J) - z(I, J)$$
$$a_4 = z(I+1, J+1) - z(I, J+1) - z(I+1, J) + z(I, J)$$

点 P 在建立的归一化坐标系中的坐标：

$$x_g = (x - x_0 - J \times S)/S$$
$$y_g = (y - y_0 - I \times S)/S$$

将 x_g，y_g 代入 (4-1) 式即可求出点 P 的高程值 z。由于式 (4-1) 所定义的曲面函数，其 z 值在平行于坐标轴的两个方向上为线性的，故这种内插称为双线性多项式内插，该法只需四个网格点的高程信息，计算简单，内插速度快，是 DTM 选线设计常用的内插方法。

5. 路线平纵横设计

使用电子三维地形图或将电子二维地形图三维化，或将纸质地形图扫描，并用矢量化软件进行矢量化处理得到电子地形图，然后再将得到的二维地形图三维化。建立数字地面模型，在数字地形模型支持下，借助数学方法，由计算机初定路线平面位置，进行优化设计，根据计算机选择的最优方案和数模提供的地形资料，完成整个路线设计工作。这种方法实现的 CAD 系统，自动化程度很高。

道路平面位置确定以后，利用数模，计算机进行数模内插，得到道路中线上任意点的高程值，从而获得纵断面地面线。进行纵断面优化设计。

利用数字地形模型内插获得横断面地面线，进行横断面设计。

当然数字地形模型在路线平纵横设计中是否能够较好的应用，取决于地形特征点、变化点数据的处理、内插方法、数据采集的点的分布是否合理、点的密度是否足够、点的精度等，通常都需要用其他方法，比如实地补测等来补充数据和人为判断等。

6. 设计成果评价与设计方案优化

计算机向设计人员提供路线平、纵、横设计图、路线透视图、工程量、工程造价等目标函数值，由设计人员最后决定设计方案的可行与否。若方案欠佳，则调整纵面设计甚至修改平面设计后重新计算；反之，采用该设计方案。

这步工作最能发挥 DTM 的作用。对常规设计而言，路线平面位置的每一次变动，都要求重新进行纵、横断面测量以获得新的地面高程，这实际上是很难办到的，采用 DTM，只需重新计算路线平面大地坐标，然后通过 DTM 高程内插得到新的高程值，而这个过程可由计算机轻而易举地反复循环完成，有了 DTM，路线平面优化就有了实际应用的可能。

7. 编制工程设计文件

由计算机输出路线平、纵、横设计图，路线线形透视图或路线全景透视图，计算表格和有关说明文件。

4.2.4 "3S" 技术在公路勘测设计中的应用

在大规模进行高速公路建设的今天，公路勘测质量的好坏以及设计水平的高低直接影响着整个工程的质量。因为一个公路建设项目质量的好坏、投资的多少以及运营的完善与否，直接取决于勘测工作是否周全，设计方案是否合理，二者是相辅相成，互为影响的。但目前的公路勘测设计仍然没有完全摆脱传统的勘测设计模式和方法，技术含量低，特别是高科技含量不足，制约了高速公路建设的发展。如何有效地加快勘测速度，缩短设计周期，优化设计方案，提高设计质量是公路设计人员面临的重要任务。

目前已提出了"数字化地球"概念。并通过"3S 计划"来实现，即：

(1) 丰富的全球地理信息系统(GIS)；

(2) 精确的全球卫星定位系统(GPS)；

(3) 先进的遥感测设系统(RS)。

1. 地理信息系统(Geographic Information System)

地理信息系统 Geographic Information System 简称 GIS：是地理学科和计算机学科运用测绘遥感、卫星定位、信息传递等高新技术而发展起来的。它以三维地理空间系统为骨架，包含与该地理空间系统有关的各种属性信息，并随时间进程不断更新，为国民经济各行各业服务。

地理信息系统按其内容可以分为如下 3 大类：

(1) 专题型：是具有有限目标和专业特点的地理信息系统，是服务于特定的专门目的的，如水资源地理信息系统、矿产资源地理信息系统等。

(2) 区域型：主要以某一特定的研究区域综合研究和全面服务为目标，可以有不同规模的，如国家级、地区级等。

(3) 工具型：它是具有地理信息系统功能的软件包，是一种工具平台。目前这类工具型的地理信息系统还不是很成熟，在功能覆盖、应用程序接口、硬件适应面和使用灵活性上还不能满足不同领域的不同层次需要。目前地理信息系统平台主要应用在资源普查、城乡规划、灾害监测、环境管理、宏观决策等方面。

交通地理信息系统(Geographic Information System for Transportation 缩写为 GIS-T)是在传统的 GIS 基础之上，加入几何空间网络概念及线的叠置和动态分段等技术，并配以专门的交通建模手段而组成的专门系统，是收集、存储、管理、综合分析和处理空间信息和交通信息的计算机软硬件系统。它是 GIS 技术在交通领域的延伸，是 GIS 与多种交通信息分析和处理技术的集成。应用：交通管理、公路网规划、公路管理、道路运输管理、智能运输系统(ITS)等。

公路 GIS 是综合处理三维公路信息的一个计算机软硬件系统，它是 GIS 技术在公路领域的发展，是 GIS 与多种公路信息分析和处理技术的集成。早在几年前，北京市公路局科技处就着手开发了北京公路地理信息系统，它是未来数字化地理信息系统的雏形。数字化地理信息系统应该具备详细的地形数据资料，包括平面点的坐标、高程、已建道路和桥梁的位置、名称，道路沿线的民宅、工矿企事业单位、田地、果林、鱼塘、水渠、河流、电力管线等详细地面资料。建立一个庞大的 GIS，单靠公路一家是无法实现的，还需与其他单位通力合作，如测绘部门、航测部门、规划部门、地勘部门。系统完成以后，完全可以实现资源共享，具有较大的经济效益和社会效益。应用 GIS，可以方便打开某一个区域或某设计路段数字化地形图，通过鼠标在地形图上选取控制点，控制点的属性也同时显示(包括点的坐标、高程)，控制点连线后，路线的走向就基本确定，输入一些平曲线要素，一条路线方案很快就选定。如果对所选路线方案不满意，可随时用鼠标修改，同时地形图比例也可以根据需要随时调节。在路线方案选定的同时，可以从地理信息系统数据库中获取其他相关信息资料，如最佳路径、最短出行时间、交通流量、道路沿线地区人口数量、经济状况、建材分布与储量、运输条件、土壤、地质和植被情况等。同时设计人员对于同一起终点的路线，可以选取不同的路线方案进行分析、对比、筛选直至获得最佳满意方案为止。

GIS 在道路前期规划中发挥了巨大作用。占地拆迁作为前期规划工作中的一项重要工作，它的估算准确与否直接影响到工程总造价的高低和经济评价的好坏。在 GIS 电子地图上准确定出占地线宽度，自动算出占地亩数，算出占地线范围内的鱼塘、麦地、果树、电线杆、水井和电力管线等分项拆迁工程量，减轻了前期规划人员外业工作强度，提高了工作效率。可以随时到现场进行碎部测量并采集数据，以补充更新原有的 GIS 数据库。现在许多省、市，尝试把 GIS 技术引入到初步设计和施工图设计中，并且已经取得了良好的效果。美国、英国、瑞典等国家已经把 GIS 技术引入到施工图设计阶段中，并处于领先地位，开发和推出了不少关于这方面的软件，如 INROADS 和 MOSS、CARD/1。

2. 全球卫星定位系统(Global Positioning System)

(1) GPS 全球定位系统

卫星定位是依靠空间卫星传送到地面接收机的信号，从电磁波的时间和速度或是波长与相位判断距离。

全球定位系统(Global Positioning System 简称 GPS)——即全球性的卫星定位和导航系统，它能向全世界任何地方的用户观测站提供连续的、实时的位置(即三维坐标)，速度和时间等信息。全球定位系统是美国从 20 世纪 70 年代开始研制，历时 20 年，耗资 200 亿美元，于 1994 年全面建成，具有在海、陆、空进行全方位实时三维导航与定位能力的新一代卫星导航与定位系统。GPS 以全天候、高精度、自动化、高效益等显著特点，广泛应用于大地测量、工程测量、航空摄影测量、运载工具导航和管制、地壳运动监测、工程变形监测、资源勘察、地球动力学等多种学科，从而给测绘领域带来一场深刻的技术革命。随着全球定位系统的不断改进，硬、软件的不断完善，应用领域正在不断地开拓，目前已遍及国民经济各部门，并开始逐步深入人们的日常生活。

目前世界上已有的两大卫星导航定位系统在运行：一是美国的全球定位系统(GPS)，二是俄罗斯的"格鲁纳斯"(GLONASS)。但是这两个系统受到美、俄两国军方的严密控制，其信号的可靠性无法得到保证。长期以来欧洲只能在美、俄的授权下从事接收机制造、导航服务等从属性的工作。科索沃战争时，欧洲完全依赖美国的全球定位系统。当这个系统出于军事目的而停止运作时，一些欧洲企业的许多事务被迫中断。为了能在卫星导航领域中占有一席之地，欧洲认识到建立拥有自主知识产权的卫星导航系统的重要性。同时在欧洲一体化的进程中，建立欧洲自主的卫星导航系统将会全面加强欧盟诸成员国间的联系和合作。在这种背景下，欧盟决定启动一个军民两用的与现有的卫星导航系统相兼容的全球卫星导航计划——"伽利略"(GALILEO)计划。

伽利略"系统的基本结构包括星座与地面设施、服务中心、用户接收机等。卫星星座将由 30 颗卫星组成，卫星采用中等地球轨道，卫星均匀地分布在高度约为 2.3 万 km 的三个轨道面上。每颗卫星都搭载导航载荷和一台搜救转发器。每次发射将会把 5 或 6 颗卫星同时送入轨道。地面控制设施包括卫星控制中心(用于卫星轨道改正的遥感和遥测中心)和提供各项服务所必需的地面设施。地面控制设施管理卫星星座及测定和播送集成信息。系统使用4个载频向全球播发5种导航信号,这些导航信号支持开放、商用、生命安全和政府管理和搜救服务。

种类齐全的"伽利略"接收机不仅可以接收本系统信号,而且可以接收GPS、"格鲁纳斯"这两大系统的信号,并且实现导航功能和移动电话功能的结合,与其他飞行导航系统的结合。"伽利略"系统的精度将比现在的GPS提高近十倍。

GPS系统包括三大部分:空间部分(GPS卫星星座)、地面控制部分(地面监控系统)、用户设备部分(GPS信号接收机)(图4-13)。

GPS卫星及星座如图4-14所示。

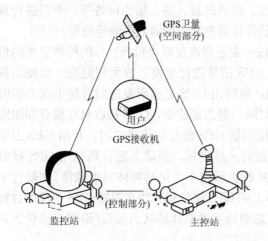

图4-13　GPS系统组

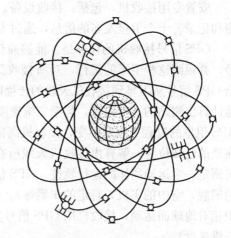

图4-14　GPS卫星星座

美国的GPS系统由空间卫星、地面控制和用户接收站三个部分组成:

1) 空间卫星

由21颗工作卫星和3颗在轨备用卫星组成GPS卫星星座,记作(21+3)GPS星座。24颗卫星均匀分布在6个轨道平面内,轨道倾角为55°,各个轨道平面之间相距60°,即轨道升交点(与赤道交点)之间的角距为60°,每个轨道平面内各颗卫星之间的升交角距相差90°,轨道平面上的卫星比西边相邻轨道平面上的相应卫星超前30°。在两万公里高空的GPS卫星,当地球对恒星来说自转一周时,它们绕地球运行二周,即绕地球一周的时间为12恒星时。这样,对于地面观测者来说,每天将提前4min见到同一颗GPS卫星。位于地平线以上的卫星颗数随着时间和地点的不同而不同,最少可见到4颗,最多可见到11颗。在用GPS信号导航定位时,为了结算测站的三维坐标,必须观测4颗GPS卫星,称为定位星座。这4颗卫星在观测过程中的几何位置分布对定位精度有一定的影响。对于某地某时,甚至不能测得精确的点位坐标,这种时间段叫做"间隙段"。但这种时间间隙段是很短暂的,并不影响全球绝大多数地方的全天候、高精度、连续实时的导航定位测量。GPS工作卫星的编号和试验卫星基本相同。

2) 地面监控系统

主控站位于美国科罗拉多州的Springs,负责监控GPS的工作情况。若干个注入站,位于大西洋、太平洋、印度洋的各岛，主要任务是跟踪所有可视卫星、控制和预报飞行轨道。

对于导航定位来说，GPS 卫星是一动态已知点。星的位置是依据卫星发射的星历（描述卫星运动及其轨道）的参数算得的。每颗 GPS 卫星所播发的星历，是由地面监控系统提供的。卫星上的各种设备是否正常工作、卫星是否一直沿着预定轨道运行，都要由地面设备进行监测和控制。地面监控系统的另一重要作用是保持各颗卫星处于同一时间标准——GPS 时间系统。这就需要地面站监测各颗卫星的时间，求出钟差。然后由地面注入站发给卫星，卫星再由导航电文发给用户设备。GPS 工作卫星的地面监控系统包括一个主控站、三个注入站和五个监测站。

3）GPS 信号接收

安置专用接收机，包括：接收设备、天线、微处理器、输入输出设备等，专门进行观测和记录若干个卫星发布的信息，通过专业软件计算并获得所需要的测绘数据。

GPS 信号接收机的任务是：能够捕获到按一定卫星高度截止角所选择的待测卫星的信号，并跟踪这些卫星的运行，对所接收到的 GPS 信号进行变换、放大和处理，以便测量出 GPS 信号从卫星到接收机天线的传播时间，解译出 GPS 卫星所发送的导航电文，实时地计算出测站的三维位置，甚至三维速度和时间。静态定位中，GPS 接收机在捕获和跟踪 GPS 卫星的过程中固定不变，接收机高精度地测量 GPS 信号的传播时间，利用 GPS 卫星在轨的已知位置，解算出接收机天线所在位置的三维坐标。而动态定位则是用 GPS 接收机测定一个运动物体的运行轨迹。GPS 信号接收机所位于的运动物体叫做载体（如航行中的船舰，空中的飞机，行走的车辆等）。载体上的 GPS 接收机天线在跟踪 GPS 卫星的过程中相对地球而运动，接收机用 GPS 信号实时地测得运动载体的状态参数（瞬间三维位置和三维速度）。

接收机硬件和机内软件以及 GPS 数据的后处理软件包，构成完整的 GPS 用户设备。GPS 接收机的结构分为天线单元和接收单元两大部分。对于测地型接收机来说，两个单元一般分成两个独立的部件，观测时将天线单元安置在测站上，接收单元置于测站附近的适当地方，用电缆线将两者连接成一个整机。也有的将天线单元和接收单元制作成一个整体，观测时将其安置在测站点上。GPS 接收机一般用蓄电池作电源。同时采用机内机外两种直流电源。设置机内电池的目的在于更换外电池时不中断连续观测。在用机外电池的过程中，机内电池自动充电。关机后，机内电池为 RAM 存储器供电，以防止丢失数据。近几年，国内引进了许多种类型的 GPS 测地型接收机。各种类型的 GPS 测地型接收机用于精密相对定位时，其双频接收机精度可达 5mm＋1PPM. D，单频接收机在一定距离内精度可达 10mm＋2PPM. D。用于差分定位其精度可达亚米级至厘米级。目前，各种类型的 GPS 接收机体积越来越小，重量越来越轻，便于野外观测。GPS 和 GLONASS 兼容的全球导航定位系统接收机已经问世。

（2）GPS 定位原理

GPS 定位的实质是空间距离后方交会，即将空间卫星作为已知点，同时测定接收机到几颗卫星的空间位置。与传统的距离交会有所不同的是，GPS 定位中的已知点是离测点距离很远的高速运动的卫星，距离的测量方式也不同。

GPS 的定位方法，若按用户接收机天线在测量中所处的状态来分，可分为静态定位和动态定位；若按参考点的不同位置来分，可分为绝对定位（或单点定位）和相对定位（或差分定位）。

1）绝对定位原理

以 GPS 卫星与用户接收天线之间的几何距离观测量为基础，并根据卫星的瞬时坐标，以确定用户接收机天线所对应的点位，即观测站的位置。该接收机天线的相位中心坐标为观测站相对于地球质心位置的三维坐标。

① 卫星的轨道和速度是按人类输入的参数运行的，所以每颗卫星的瞬时坐标视为已知。

② 通过三颗卫星同时向某一点发送信号，测得各卫星距离该点的空间距离，由此可以推算出该点的三维地球坐标，此方法称为单点绝对定位法。其精度为 10m，仅能满足导航和初步勘察的作用，无法满足工程测量要求。

2）相对定位原理

在两个接收站同时观测同一组卫星，则可以测出两站之间的相对距离（坐标差），如果其中一点坐标已知的话，可以方便地推算出另一点的坐标，此方法称为相对定位法。此方法精度可以达到 5mm 级，完全满足大地测量和工程测量的要求，见图 4-15。

GPS 相对定位是目前 GPS 定位中精度最高的一种定位方法，其原理是用两台 GPS 用户接收机分别安置在基线的两端，并同步观测相同的 GPS 卫星，以确定基线端点在 WGS-84 坐标系中的相对位置或基线向量，即相对定位确定的是观测站与某一地面参考点之间的相对位置。

相对定位法用于测量两点的坐标差。由已知的一点坐标就可以推算另一点的坐标。此方法可以抵消两测点的共同误差，精度可达±5mm。

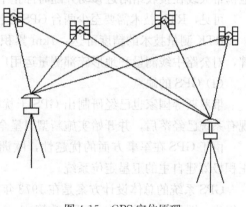

图 4-15 GPS 定位原理

实践表明：相对定位法用于平面控制测量中，精度相当高，但在高程测量方面，精度闭合较差。

（3）GPS 测量的实施

线路测量中应用 GPS 技术的形式是沿设计线路建立狭带状控制网。目前主要有两种情况，一种是应用 GPS 定位技术替代导线测量；一种是应用 GPS 定位技术加密控制点或建立首级控制网，在实际生产中较多的用了后者。

1）用 GPS 布设控制网，与全站仪联测（图 4-16）

利用 GPS 布设控制网，全站仪进行加密等碎部测量，两者快速配合。一般可以沿公路新线方向，每隔 5km 左右布设一对（两个）GPS 控制点，就可以完成公路的全线控制测量。方便快捷，不受通视条件限制。

2）GPS 与航测技术联合

如果配合数字摄影测量，可以快速得到数字地形模型，见图 4-17。

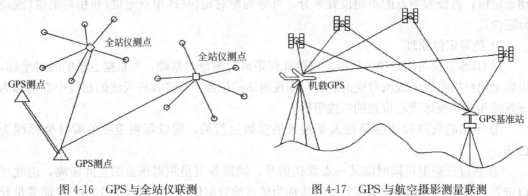

图 4-16　GPS 与全站仪联测　　　　　　图 4-17　GPS 与航空摄影测量联测

3）实时动态测量（RTK 技术）

RTK，即 Real Time Kinematics：实现了实时定位的要求。它可以直接用于地形测绘，不需要与常规全站仪或航空摄影设备配合。

RTK 技术将 GPS 接收机技术和移动的无线通讯技术结合在一起，使测绘人员能自如地携带天线在接收站附近移动并随时停止下来收集目标点的位置数据。

可见，RTK 技术需要至少两台 GPS 接收机，一台固定，另一台或多台作为"移动台"。

RTK 测量技术的精度可达：1km 累积误差小于 2mm，是 GPS 定位技术的一个里程碑，对公路中线测量和地形碎部测量运用广阔。

（4）GPS 的缺点

俄罗斯等国家也已经研制出 GPS 干扰机，并开始投放国际军火市场。美国也认识到现有系统已经落后，并开始实施新型卫星全球定位系统 GPS-3 计划。

由于 GPS 在军事方面的优越性，欧洲各国、中国等国家也在积极发展、奋起直追，正积极筹建自主的卫星定位系统。

GPS 系统的总体设计方案是在 1973 年完成的。实践证明，无论在系统的总体设计（系统组成，图形和信号结构，GPS 政策）上，或在实际应用中，GPS 系统都存在一些不足之处。与俄罗斯的 GLONASS 系统相比，在某些方面，也显得落后。

20 世纪 90 年代以来，微电子技术和数字化技术已获得重大进展，卫星导航/定位的理论也日趋成熟。时至今日，GPS 系统的现代化已成为可能。

GPS 系统的主要问题有：

1）GPS 的系统组成和信号结构都不能满足当前的需要。例如：目前的卫星图形在高纬度地区，严重影响导航和定位，在中、低纬度地区，每天总有两次盲区、每次盲区历时 20～30min，盲区时，PDOP 值远大于 20，给导航和定位带来很大的误差。

2）不仅将来，即使现在，GPS 既不能满足美国军方的要求，也不能满足全世界民用的需要。

3）现行的 GPS "双用途政策"，既遭到包括美国在内全世界民间用户的强烈反对，也得不到美国军方的支持。军方声称：影响美国国家安全利益。因此，亟待制定新的 GPS 政策。

4）实时导航定位的精度低于 GLONASS。

（5）GPS 的改进

2010 年前，美国对 GPS 系统采取的重大改进措施，简述如下：

1）新一代工作卫星（Block Ⅱ F）的研制工作，于 1999 年底完成。Block Ⅱ F 卫星共有 24 颗，其寿命为现有卫星的 3 倍。它们逐步代替目前轨道上的 Block Ⅱ R 卫星。

2）GPS 系统空间部分的卫星数，由 24 颗卫星增加到 30 颗，即 6 个轨道平面中的每个平面均匀分布 5 颗卫星。这种星座结构有两大优点，即：

① 卫星可见性将大大提高；

② 全球任何地方、任何时间都不再有"盲区"，即可见卫星至少多于 4 颗，其 PDOP 值<10。单个卫星的死角可忽略不计。GPS 观测者无需再在外业前制定观测计划，以选择有利的观测窗。

③ GPS 系统在 2008～2010 年前仍将维持现状，即继续使用 L1/L2 频率发播 GPS 信号。

④ 如可能，美国国防部和交通部门为民间用户提供不保密的 L2C 频率。

⑤ 在尚未开发出 L2C 的情况下，可能利用现有的 L1/L2 频率分别播发军用信号和民用信号，预计 2008～2010 年可望实现，从而减少军、民两用的矛盾。

⑥ 为了彻底解决军、民两用产生的矛盾，可能采用 C 波段或更高频率的波段（例如 5000～5200 MHz）作为军用频率，发播保密的军用 GPS 信号。顺便指出，在此波段上，电离层的时延值小得多，但要求信号强度增大 10 倍。

⑦ 美国也在考虑采用第三个民用频率（L3C）发播不保密的民用信号。如果此方案付诸实施，则将来高精度（厘米级）的民间用户拥有三大优势：无需解算整周相位模糊值，GPS 用户将不再为此问题而困扰；能大大提高观测成果的可靠性；能极大地缩短在点上的观测时间，从而提高 GPS 的作业生产率。

⑧ 民用频率 L3C 可能选在 GLONASS L2 频率附近，即约在 1258.29 MHz 附近。选在此处的优点是：符合国际电信联盟的规定；与 GPS 卫星中信号发生器的频率一致；目前使用的双频接收机及其天线可继续使用；同 GLONASS 系统的信号互不干扰；为 GPS 军事用途提供足够的灵活性。

（6）GPS 在道路设计中的应用

1）绘制大比例尺地形图

公路选线多是在大比例尺（1∶1000 或 1∶2000）带状地形图上进行。用传统方法测图，先要建立控制点，然后进行碎部测量，绘制成大比例尺地形图。这种方法工作量大，速度慢，花费时间长。用实时 GPS 动态测量可以完全克服这个缺点，只需在沿线每个碎部点上停留一两分钟，即可获得每点的坐标、高程。结合输入的点特征编码及属性信息，构成带状所有碎部点的数据，在室内即可用绘图软件成图。由于只需要采集碎部点的坐标和输入其属性信息，而且采集速度快，因此大大降低了测图难度。

2）公路中线放样

设计人员在大比例尺带状地形图上定线后，需将公路中线在地面上标定出来。采用实时 GPS 测量，只需将中桩点坐标输入到 GPS 电子手簿中，系统软件就会自动定出放样点的点位。由于每个点测量都是独立完成的，不会产生累计误差，各点放样精度趋于一致。

公路路线主要是由直线、缓和曲线、圆曲线构成。放样时，只要先输入各主点桩号

（*ZH*、*HY*、*QZ*、*YH*、*HZ*），然后输入起终点的方位角 α_1、α_2，直线段距离 D_1、D_2，缓和曲线长度 LS_1、LS_2，圆曲线半径 R，即可进行放样操作。这种方法简单实用，比起传统的弦线拨角法要快速得多。另外，如果需要在各直线段和曲线段间加桩，只需输入加桩点的桩号就能自动计算放样元素。

3) 公路的横、纵断面放样和土石方数量计算

① 纵断面放样时，先把需要放样的数据输入到电子手簿中（如：各变坡点桩号、直线正负坡度值、竖曲线半径），生成一个施工测设放样点文件，并储存起来，随时可以到现场放样测设。

② 横断面放样时，先确定出横断面形式（填、挖、半填半挖），然后把横断面设计数据输入到 电子手簿中（如边坡坡度、路肩宽度、路幅宽度、超高、加宽、设计高），生成一个施工测设放样点文件，储存起来，并随时可以到现场放样测设。同时软件可以自动与地面线衔接进行"戴帽"工作，并利用"断面法"进行土石方数量计算。通过绘图软件，可绘出沿线的纵断面和各点的横断面图。因为所用数据都是测绘地形图时采集而来的，不需要到现场进行纵、横断面测量，大大减少了外业工作。必要时可用动态 GPS 到现场检测复合，这与传统方法相比，既经济又实用，前景又广阔。

4) 桥梁结构物放样

对于在江河上修建的大跨径桥梁，采用传统光学仪器和全站仪来定位是比较困难的，因为江面过宽、雾气较大，易造成仪器读数误差。另外，江面情况变化多端、观测浮标位置飘浮不定，影响定位精度。由于 GPS 在这方面发挥了一定的优势。因为 GPS 采用的是空间三点后方距离交会法原理来定位，不受江面外界情况干扰，点与点之间不要求必须通视，简捷方便，精度高，大大提高了作业效率。它的平面坐标定位精度在 5mm±1ppm 左右，基线长度有几米到几十公里，符合桥梁控制网的精度要求。同样对隧道控制网、立体交叉控制网也可以采用 GPS 的方法进行精确定位。

3. 遥感技术（Remote Sensing ）

遥感（RS）是利用航片或卫星照片上含有的丰富地表信息，通过立体观察和相片判释并经过计算机的自动处理、自动识别，获得与路线相关的各种地质、水文、建材等资料的一个计算机软硬件系统。

遥感技术在公路勘测设计中有以下优点：

（1）它可以帮助设计人员对路线所经区域的地形、地貌、河流、居民点以及交通网系等进行概要判读，以了解其对路线的影响，有助于对路线方案的优化。

（2）同时它提供详细的地质、水文、植被资料，帮助设计人员了解不良工程地质现象对路线的影响程度，以便提早改线，避免不必要的损害和事故发生。

（3）通过遥感资料，可以帮助设计人员了解沿线土壤和植被类型，了解农作物及经济作物的分布情况，以便为绿化设计作准备。

（4）通过遥感资料，还可以帮助设计人员了解沿线建筑材料的分布、储量、开挖、运输条件，为施工创造良好便利条件。

（5）同时通过遥感资料，可以对所选路线线形进行三维透视，可以帮助设计人员了解路线线形是否顺畅，行车视距是否良好，与周围景观是否协调一致。

第 5 章
HintCAD 辅助公路路线设计示例

5.1 设计项目的相关设计资料

5.1.1 设计资料及技术指标说明

本实例采用某三级公路路线的施工图设计中约 10km 的数据。路基宽度为 8.5m，路基各部分组成，如图 5-1 所示。设计车速 40km/h，一般最小半径 100m；极限最小半径 60m；路拱横坡 2%；不设超高最小半径 600m；缓和曲线最小长度 35m；超高横坡 6%；超高渐变率：中线 1/150、边线 1/100；第二类加宽；平曲线最小长度，一般值 200m、最小值 70m；直线的最大长度 20v (车速)；曲线间直线的最小长度：同向：6v；反向：2v。最大纵坡：7%；合成坡度：10%；最小坡长 120m；最大坡长：纵坡坡度为 4% 时 1100m、纵坡坡度为 5% 时 900m、纵坡坡度为 6% 时 700m、纵坡坡度为 7% 时 500m；竖曲线最小半径：一般值 700m、最小值 450m；最小竖曲线长度 35m；三级公路 2 车道路基宽 8.5m。车道宽度 3.5m；土路肩宽 0.75m。

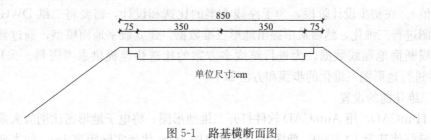

图 5-1 路基横断面图

5.1.2 主要技术指标列表

主要技术指标列于表 5-1。

主要技术指标表			表 5-1
项　　目	技 术 标 准	项　　目	技 术 标 准
公路等级	三级公路	平曲线一般最小半径	200
地形类别	丘陵区	平曲线极限最小半径(m)	70
设计速度(km/h)	40	不设超高最小半径(m)	600
路基宽度(m)	8.5	最大纵坡(%)	7
行车道宽度(m)	3.5	最短坡长(m)	120
土路肩宽(m)	0.75	停车视距(m)	40

5.2　地形原始资料的格式及处理

5.2.1　建立数字地形模型——二维地形图三维化

1. 何为电子地形图

我们大多时候采用的地形图为 AutoCAD 软件绘制的 DWG 或者 DXF 格式的电子地形图，根据电子地形图中图形中等高线是否带有高程值，即是否点为三维坐标点，可分为二维电子地形图和三维电子地形图两种。电子地形图采用的坐标系统与大地测量坐标相同，一般情况下，要求采用 AutoCAD 默认的"世界"坐标系统。AutoCAD 图形中，x 坐标方向表示测量中的东（E）坐标，y 坐标方向表示测量中的北（N）坐标。图中表示各种地形特征的图形二维坐标值与实测值的精度相同，高程注记准确。电子地形图的绘图比例一般为 1：1000（测图比例可以采用 1：1000～1：5000），AutoCAD 软件的图形单位一般为毫米。地形图中的实体信息应该分图层管理，不同的地形图信息分别放在不同的图层中。按规定应该将等高线（计曲线和首曲线）、特征线（水系线、断裂线、陡坎线或山脊线等）、地形点、各种地物、管线等三维数据和图形信息分图层存放，用户通过手工或其他数字化软件（矢量化软件）所建成的三维图形信息也应分图层存放，以有利于管理。

2. 二维 DWG 图形格式及其处理

二维 DWG 图形格式的地形图是指图形中的图形实体全部或主要部分的 Z 坐标为 0（即没有高程值）。在初步设计阶段，为了路线方案的比选和设计，需要将二维 DWG 图形格式的地形图进行三维化，然后从中提出地形三维数据，建立数字地面模型，通过数模内插纵断面与横断面地面线数据，为进行路线多方案的比选快速提供参考资料。采用 Hint-CAD 软件进行地形图三维化的步骤和方法如下。

（1）三维化前的设置

启动 HintCAD，用 AutoCAD 软件打开二维地形图；将电子地形图比例放大或缩小一定比例，最好使其为 1：1000，使图上 1 个单位即 1mm 代表实际距离 1m，如本例，原比例尺为 1：10000，在地形三维化过程中将地形图放大 10 倍，这样在建立数字地形模型以及以后的平纵横设计中输入输出数据可以直接输入实际数据，如曲线半径设计为 800mm，直接输入 800 即可，不用再考虑单位换算，且输出数据直接可以直接使用，不用再考虑单位转换的问题。

单击菜单【数模】—【地形图三维化】—【设置】，弹出如图 5-2 所示的设置菜单，在地形图三维化设置对话框中设置等高线的等高距，选择是否由程序根据坐标判断等高线的自动跟踪，定义赋值后的等高线的颜色将发生变化。如本例计曲线为绿色，首曲线为红色。

（2）等高线的三维化

使用 HintCAD 既可以给单条等高线赋高程值，也可以进行批量赋值。在给等高线赋高程值时，一般先给其

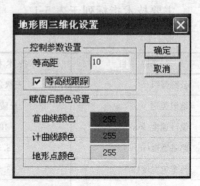

图 5-2　地形图三维化设置

中的一条计曲线赋值,然后使用 HintCAD 的"多等高线赋值(+/-)"赋值工具进行批量赋值。

单击主菜单【数模】—【地形图三维化】—【等高线赋值】,根据命令行的提示"点取一等高线",从图中点取一条计曲线,计曲线取步长为 50 的整数值;根据提示"请输入等高线高程",输入所选取的计曲线的高程值,如"300",结束该命令,此线变为绿色。

单击主菜单【数模】—【地形图三维化】—【多等高线赋值一】(或【多等高线赋值+】,根据地形情况进行选择),根据命令行的提示,在图中拾取两个点,构成一条直线,该直线相交的第一条等高线必须是已经赋过高程值的,且从第一点到第二点的方向为高程减少(或增加)的方向,系统根据已经设置的等高距自动为其后的多条等高线赋上相应的高程值(图 5-3)。

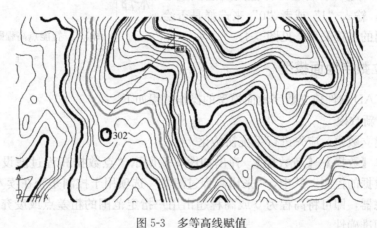

图 5-3　多等高线赋值

注意:赋值时,计曲线之间的首曲线条数是否为 4,否则自动赋的高程值会出现错误。

等高线赋值可以使用"等高线高程刷"给具有相同高程值的等高线赋值,使用"智能高程线赋值"工具进行赋值。

(3) 地形点三维化

给地形图中地形点赋高程值时,可以进行单个点的赋值,也可以进行批量赋值。

1) 单个地形点赋值

单击菜单【数模】—【地形图三维化】—【地形点赋值(逐个)】,根据命令行中的提示"点取一高程点",从图中选取一个地形点(一般为圆或者填充的圆点);

提示"选取高程标注(手工输入请按回车)",直接从图中选取该高程点对应的高程标注文本,程序将自动把标注中的高程赋给地形点,并将其颜色改为黄色;也可以按回车键后直接输入该点的高程值;重复上述过程,直至按"ESC"键退出。

2) 地形点批量赋值

如果地形图中的地形点和其对应的高程标注文本已经连接形成了一个图块或图组,使用"点高程批量赋值(块/组)"工具一次完成所有地形点的赋值。操作步骤如下。

单击菜单【数模】—【地形图三维化】—【地形点赋值(块)】,根据命令行中的提示"点取一高程点"从图中选取一个地形点，系统自动给所有地形点赋高程值。

如果地形图地形点和高程标注文本没有组成一个图块或图组，图中每一个地形点标注都是单独的两个实体(一点和对应的高程文本)，使用"智能点高程赋值"工具，系统将自动搜索每一个地形点就近的高程标注文本，自动对地形点的高程进行批量赋值。

单击菜单【数模】—【地形图三维化】—【智能点高程赋值】，根据命令行中的提示"点取一高程点"，从图中选取一个地形点；

根据提示"点取一高程标注"，从图中选取该地形点的高程注记文本；

根据提示"是否绘制点与标注间的连接关系〔是 1/否 0〕"，输入"1"或者"0"来选择是否绘制点与标注间的连接关系，见图 5-4。

图 5-4　智能点高程赋值

5.2.2　建立数字地面模型

用 HintCAD 软件建立数字地面模型的操作过程如下。

(1) 开始新数模

第一次建立数模，应先进行系统初始化。

单击菜单【数模】—【新数模】，弹出如图 5-5 所示"点数据高程过滤设置"对话框，设置对高程数据的控制。其中，"采用高程过滤器"选项用于控制是否在读入数据时自动启动高程过滤器，即可将高程为 0 或高程超出用户指定范围的粗差点或废弃点自动剔除，保证数模构网准确性。

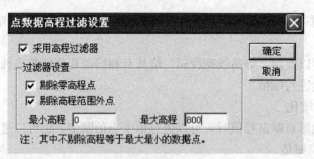

图 5-5　点数据高程控制

(2) 三维数据读入

HintCAD 系统支持三种格式的三维数据的读入，第一种是 AutoCAD 的 DWG 或 DXF 格式的图形文件；第二种是 CARD/1 软件支持的 ASC 和 POL 文本格式的三维数据；第三种是国内测绘部门提供的一种三维数据格式，由三种文件(后缀分别为 * .pnt、* .dgx、* .dlx)组成。下面以第一种格式为例进行说明。

单击菜单【数模】—【三维数据读入】—【DWG 和 DXF 格式】，根据提示选取要读入三维数据的 DWG 文件，程序从中提取出所有的图层信息，列于如图 5-6 所示的对话框中；

单击计曲线所在的图层"dgx"，单击"数据类型"下方的下拉菜单，选择"约束线"；

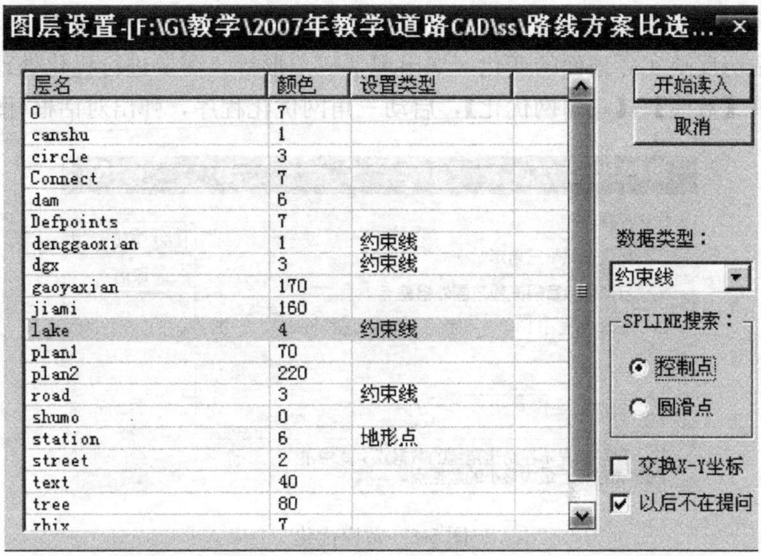

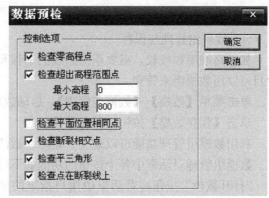

图 5-6　读入 DWG 格式三维数据

单击首曲线所在的图层"denggaoxian"，单击"数据类型"下方的下拉菜单，选择"约束线"；

单击地形点所在的图层"station"，单击"数据类型"下方的下拉菜单，选择"地形点"；

单击流水线所在的图层"lake"，单击"数据类型"下方的下拉菜单，选择"约束线"；

单击陡坎所在的图层"road"，单击"数据类型"下方的下拉菜单，选择"约束线"；

设置"SPLINE 搜索"选项为"控制点"；

单击"开始读入"按钮，程序开始从该 DWG 文件中分类提取三维地形数据。

完成后，AutoCAD 命令行中显示所提取到的三维点的总数目。

（3）数据预检

在进行三角构网前需要对原始三维数据进行检查，对已经读入内存的所有三维点进行排序、检索等操作，同时检查并逐一记录数据中出现的问题。检查的内容主要包括 0 高程点和高程为无穷大的点、高程超出合理范围的点、平面位置相同点、断裂线相交点、在断裂线上而未标识的点、平三角形等。

单击菜单【数模】—【数据预检】，弹出数据预检设置对话框（图 5-7）；

选择需要控制的选项，单击【确定】按钮。

（4）数模构网

根据已经读入的三维地形数据来构建三维数字地面模型。

单击菜单【数模】—【三角构网】，程序完成三维数字地面模型的构建。

（5）数模的优化

图 5-7　设置数据预检选项

数模的优化主要考虑在三维数据采点的密度和位置不十分理想的情况下，所形成的三角网格不能贴切反映实际地面的变化，如出现平三角形等，需要进行优化处理。

单击菜单【数模】—【三角网优化】，启动三角网优化程序，弹出对话框(图 5-8)；

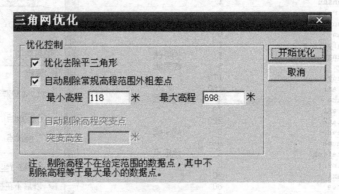

图 5-8　数模优化

单击【开始优化】按钮，系统开始对当前数模中的三角网进行优化。

优化完成后将在命令行中显示优化结果。一般经优化处理后余留的平三角形以红色显示，这些平三角形都是无法避免的(图 5-9)。

图 5-9　数模结果

(6) 数模组管理与保存

如果路线里程较长，需要根据路线的里程和地形情况分若干段分别建模。同一个公路项目可以用数模组来管理。

单击菜单【数模】—【数模组管理】，启动数模组管理功能；

单击【保存数模】按钮，保存数模。

利用数模组管理功能可以建立、删除、激活某个数模。

数模组管理对话框中各个按钮的功能如下(图 5-10)。

"打开数模"按钮将对话框中用户指定的某一数模打开(即激活)，并读入到内存中，以便对其进行编辑、显示或进行数模的高程内插应用。

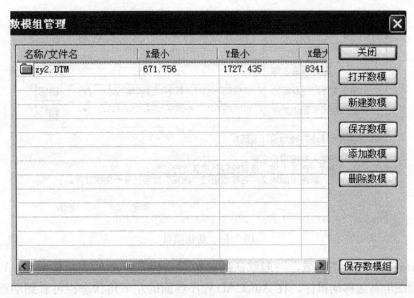

图 5-10 数模组管理

"新建数模"按钮的功能与"新数模"菜单项功能基本相同，用于关闭已打开的数模。

"添加数模"按钮用于将对话框中用户指定的某一数模添加到数模组中。

"删除数模"按钮仅用于将数模组中某一数模项删去，但并不直接将保存到硬盘上的数模文件（*.dtm）删除。

"保存数模组"按钮将用户在同一个项目中建立的若干个数模的信息保存到 *.gtm 文件（系统中称为数模组文件）中，并自动将 *.gtm 文件增加到"项目管理器"中。这样用户下次重新打开项目时，便可方便地浏览到上次所建立的各个数模。

5.3 HintCAD 路线平面设计

5.3.1 项目设置

1. 项目管理

第一次开始项目之前，应先新建立项目，确定项目名称、相关文件存储路径等，退出时应该保存项目，下一次继续设计时，可打开此项目文件。

单击菜单【项目】—【新建项目】，弹出新建项目对话框（图 5-11）；在"新建项目名称"后的输入框内输入项目名称；

单击【浏览】按钮，指定项目路径以及项目文件名称（一般情况下，不需要输入项目文件名称，系统根据"新建项目名称"自动指定项目文件名称和平面线形文件名称）；

单击【确定】按钮，完成新建项目。

2. 项目设置

（1）坐标显示设置

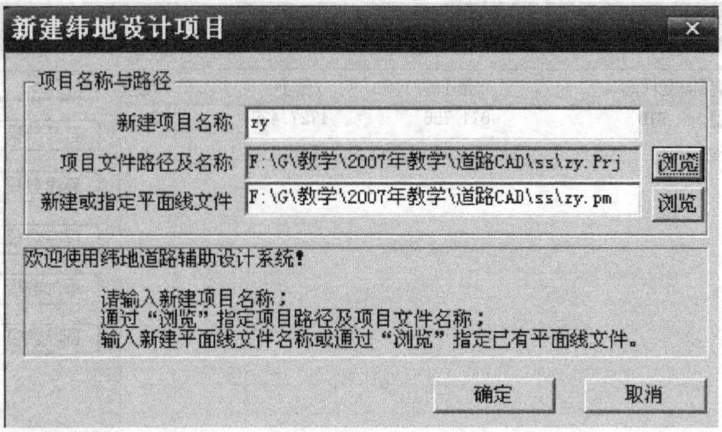

图 5-11 新建项目

在 AutoCAD 的绘图区域，一般默认的是数学坐标系，X 轴表示横坐标，Y 轴表示纵坐标。在绘图屏幕区移动鼠标，在 AutoCAD 程序界面的左下角状态栏可看到动态显示的当前鼠标位置的坐标。公路设计中，平面坐标一般采用大地测量坐标，即 X 轴为北方向(N)，Y 轴为东方向(E)，这与 AutoCAD 的坐标系相反。在用 AutoCAD 绘制地形图时，一般已经把 X、Y 坐标进行互换，即 AutoCAD 程序界面的左下角状态栏显示的 X、Y 坐标分别表示大地测量的 E、N 方向。为了使显示的坐标与习惯一致，可以设置平面坐标显示，操作如下。

单击菜单【系统】—【坐标显示】—【平面坐标】。

AutoCAD 系的左下角状态栏显示鼠标当前位置的大地坐标值(N，E)和在 AutoCAD 坐标系下的坐标值(x，y)，如图 5-12(a)所示。

另外，在进行纵断面拉坡设计时，可以设置显示鼠标当前位置的桩号和高程 [图 5-12(b)]：

N:-89.4431, E:307.0072 307.0072, -89.4431, 0.0000

(a)

桩号:K0+294.708, 标高:-1.#IND 294.7083, 34.1914, 0.0000

(b)

图 5-12 坐标显示

(a)平面坐标显示；(b)纵断面坐标显示

单击菜单【系统】—【坐标显示】—【纵面坐标】。

(2) 图框表格模板设置

在生成图形和表格之前，应先设置图框中设计单位、工程名称、比例、日期等，这样就避免了生成好图形表格后繁琐的人工修改工作，有利于提高设计效率。

一般可以采用 HintCAD 自带的标准图框和表格模板，按照本单位的要求，对图框、表格模板进行修改并存放在其他位置。通过如下步骤，重新指定图框和表格模板的加载路径。

单击菜单【系统】—【图框表格模板设置】，弹出"纬地系统模块设置"对话框(图 5-13)；

单击需要重新指定图框或表格模板的名称，如"纵断面图框"，出现按钮 ···，单击此按钮，选择对应的图框文件；

单击【确定】按钮，关闭对话框。

注意：① 模板文件名称可以与 HintCAD 自带的标注图框和表格模板文件的名称相同，也可以自定义。

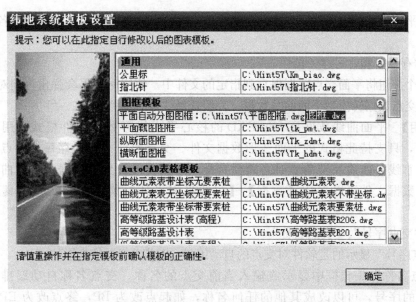

图 5-13　图框表格模板设置坐标显示

② 最好在 HintCAD 自带的标准图框和表格模板的基础上进行修改，并且不得对整个图框进行平移、缩放和旋转操作。

5.3.2　路线平面定线

HintCAD 软件支持两种平面定线方法，即曲线形和直线形（交点法）定线方法。前者主要用于互通式立体交叉的平面线位设计，而后者主要用于公路主线的平面线位设计。两种方法可根据情况分别采用，且两者数据文件格式可以相互转化。

1. "主线平面线形设计"对话框界面

单击菜单【设计】—【主线平面设计】，弹出"主线平面线形设计"对话框（图 5-14）。

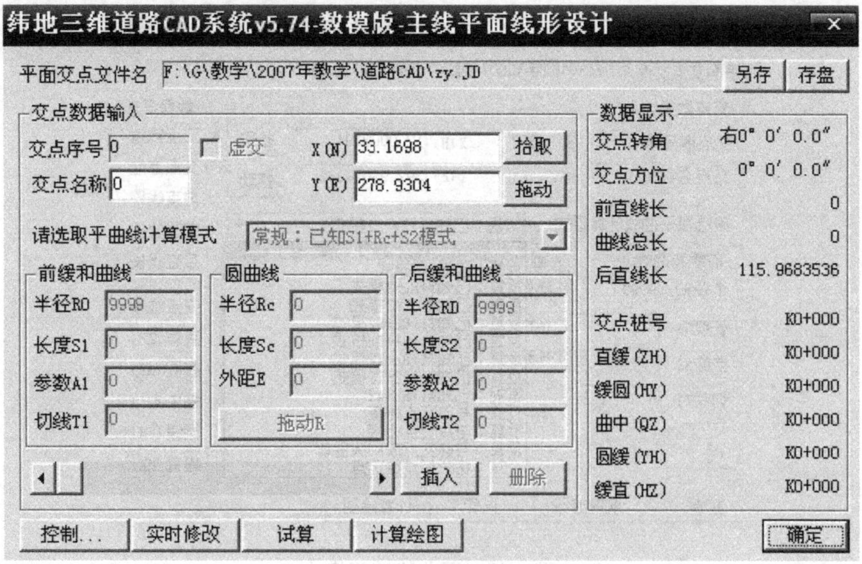

图 5-14　主线平面设计对话框

路线平面设计的主要过程都在此对话框上完成，下面简要介绍这个对话框各个部分功能和应用。

（1）"存盘"和"另存"按钮

这两个按钮将平面交点数据保存到指定的文件中。使用时，将会弹出询问对话框，询问是否将交点数据转换为平面曲线数据，一般选择"是"即可。

【说明】 平面曲线数据是 HintCAD 的核心平面线形数据文件格式，用曲线形定线方法时，只支持此格式的平面线形数据文件。交点数据文件保存每个交点的有关数据，输出直线、曲线及转角表时必须要有交点数据文件。交点数据和平面曲线数据两种格式的数据文件可以采用【数据】—【主线平面设计】菜单内的转换工具进行相互转换。

（2）"交点序号"、"交点名称"

"交点序号"显示的是软件对交点的自动编号，起点为 0，依次增加。

"交点名称"编辑框中显示或输入当前交点的名称。交点名称自动编排，一般默认为交点的序号，可以改成其他的任何名称，如起点改为 BP，终点改为 EP。在调整路线时，如果在路线中间插入或删除交点，系统默认增减交点以后的交点名称是不改变的。

（3）"X(N)"、"Y(E)"编辑框

输入或显示当前交点的坐标数值。

（4）"拾取"、"拖动"按钮

"拾取"可以从地形图上直接点取交点坐标。

"拖动"可以实现交点位置的实时拖（移）动修改功能。

（5）"请选取平曲线计算模式"列表

根据交点曲线的组合类型和曲线控制，选择当前交点的计算方式和各种曲线组合的切线长度反算方式，也可根据不同的需要选择合适的计算或反算方式（图 5-15）。

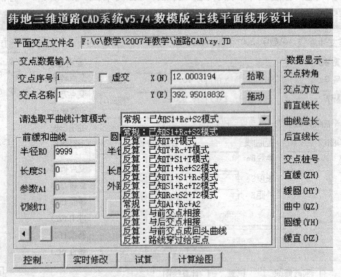

图 5-15 平曲线计算模式

(6)"前缓和曲线"、"圆曲线"、"后缓和曲线"编辑框

"前缓和曲线"、"圆曲线"、"后缓和曲线"编辑框用来显示和编辑修改当前交点的曲线参数及组合控制参数。

"半径 RO"、"长度 S1"、"参数 A1"分别显示或控制当前交点的前部缓和曲线起点曲率半径、长度、参数值;"切线 T1"当前交点的第一切线长度。

"半径 Rc"、"长度 Sc"、"外距"分别显示控制当前交点圆曲线的半径、长度、外距。

"半径 RD"、"长度 S2"、"参数 A2"分别显示和控制当前交点的后部缓和曲线的终点曲率半径、长度、参数值;"切线 T2"当前交点的第二切线长度。

这些编辑框根据选择的计算或反算方式的不同而处于不同的显示状态。半径输入"9999"表示无穷大。

(7)"拖动 R"按钮

该按钮可以实现通过鼠标实时拖动修改圆曲线半径大小的功能。拖动过程中,按键盘上的"S"或"L"键来控制拖动步距。

(8)"插入"、"删除"按钮

"插入"用来在当前交点位置之后插入一个交点;"删除"用来删除当前的交点。

(9)"控制…"按钮

单击"控制…"按钮,弹出如图 5-16 所示的"主线设计参数控制"对话框。该对话框主要控制平面线形的起始桩号和绘制平面图时的标注位置、字体高度等。根据图形的比例来设置字体的高度。

(10)"实时修改"按钮

用动态拖动的方式修改当前交点的位置和平曲线设计参数。

(11)"试算"按钮

计算包括本交点在内的所有交点的曲线组合,并将本交点数据显示于对话框右侧的"数据显示"内。

(12)"计算绘图"按钮

计算并在当前图形屏幕上显示所有交点曲线线形。

(13)"确定"按钮

"确定"按钮用于关闭对话框,并记忆当前输入数据和各种计算状态。但是所有的记忆都在计算机内存中进行,如果需要将数据永久保存到数据文件,必须按"另存"或"存盘"按钮来保存。

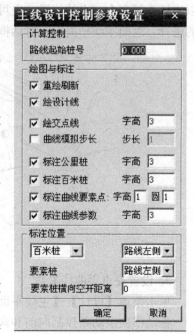

图 5-16 主线设计参数控制

2. 输入交点坐标

单击菜单【设计】—【主线平面设计】,弹出"主线平面线形设计"对话框;

单击对话框上的【拾取】按钮,从图中选择路线起点位置,获得路线起点的坐标,并显示在对话框上(图 5-17),也可以在键盘上直接输入起点的坐标;

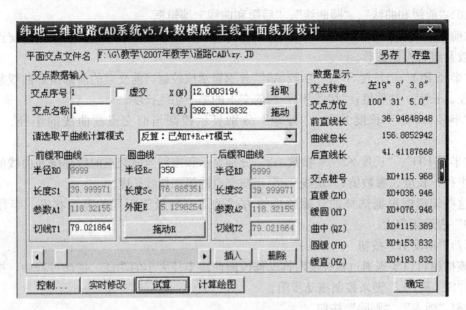

图 5-17　主线平面设计对话框

单击对话框上的【插入】按钮,从图中选择(或者键盘输入)路线其他交点的坐标,可以连续选择多个交点的位置,也可以只选择一个交点的位置,按"ESC"键退出交点位置的选择,返回主线平面设计对话框(图 5-18)。

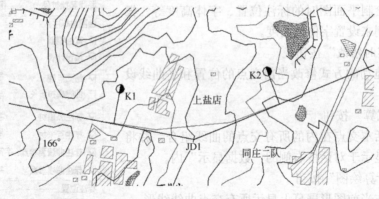

图 5-18　路线交点

3. 设置交点平曲线参数

单击菜单【设计】—【主线平面设计】,弹出"主线平面线形设计"对话框;

拖动横向滚动条控制向前和向后移动,选择需要设置平曲线参数的交点;

单击"请选取平曲线计算模式"右侧的▼,根据曲线类型选择相应的计算或者反算模式(具体的曲线组合及其计算另作详细介绍);

根据计算模式输入相应的设计参数或者采用"拖动R"或者采用"实时修改"的方式获得平曲线设计参数;

单击对话框上的【计算绘图】按钮,计算并显示平面线形;

单击对话框上的【存盘】按钮,保存交点数据;

单击对话框上的【确定】按钮，关闭对话框。

4. 平面线形的调整修改

当路线平面位置不合适时，需要对路线平面线形进行调整修改。对于交点法而言，调整修改路线平面线形主要为以下几方面。

（1）调整交点

在进行路线交点调整时可以重新拾取或实时拖动交点的位置、增加交点、删除交点。

移动交点的位置的操作如下：

滚动横向滑动条，选择要移动的交点；

单击"主线平面线形设计"对话框上的【拾取】按钮（或者单击【拖动】按钮）；

根据命令行提示，从图中点取新的交点位置或输入新的交点坐标。

实时【拖动】交点调整路线的操作如下：

单击"主线平面设计"对话框上的【实时修改】按钮；

根据命令行提示，点取图中需要修改的交点，可选择沿"前边（Q）"、"后边（H）"、"自由（Z）"三种方式拖动该交点，随着鼠标的移动，图中线形会实时刷新，同时屏幕左上角动态实时显示当前交点位置的相关平曲线参数。

在合适位置单击鼠标左键以确定交点位置，来完成该交点的调整。

增加交点的操作如下：

滚动横向滑动条，选择要增加交点位置的前一个交点；

单击"主线平面线形设计"对话框上的【插入】按钮；

根据命令行提示，从图中点取新的交点位置或输入新的交点坐标。

删除交点的操作如下：

滚动横向滑动条，选择要删除的交点；

单击"主线平面线形设计"对话框上的【删除】按钮。

（2）修改曲线参数

在"主线平面线形设计"对话框中调整曲线的有关参数，如半径、缓和曲线长度等。

（3）修改曲线组合

根据曲线间的直线长度、曲线位置、曲线组合的修改要求来调整两个曲线之间的组合形式。操作时，选择 HintCAD 提供的 14 种平曲线计算和反算模式来完成曲线组合设计修改。

5. 外业平面数据的导入

对于一次定测的外业测设得到的平面数据，可根据不同的测量方式，选择不同的导入方式完成在 HintCAD 中的平面线形设计。

（1）平面数据导入

如果在外业平面设计中，采用的是经纬仪测角量距方法进行的路线测设，可在"平面数据导入/导出"对话框中输入每个交点的转角、半径、交点间距（或交点桩号）等数据。数据输入完成并存盘后，然后单击【导入为交点数据】按钮，保存为平面交点数据文件（*.jd）。将其添加到项目管理器后，打开"主线平面设计"对话框进行平面线形的计算绘图。

（2）平面交点导入

如果外业测量是采用全站仪直接测量的交点坐标，可以使用"平面交点导入/导出"功能，在该对话框中输入每一个交点的坐标、半径及缓和曲线长度等数据然后存盘，得到平面交点文件。将其添加到项目管理器后，打开"主线平面设计"对话框进行平面线形的计算绘图。

5.3.3　平面线形组合设计

HintCAD 软件的平面设计考虑了用交点法设计时可能出现的各种组合情况，为了解决山区公路复杂的平面线形组合设计，提供了灵活、方便的计算机辅助工具。交点设置好后，可以根据交点的具体情况就每一个交点选择合适的计算方式，一个交点计算完成，滚动横向滑动条，选择下一个交点，选择另一合适的计算方式，直至所有交点计算完成。下面具体介绍每种组合设计的方法和操作步骤。

1. 单曲线

当路线既不受前后曲线的限制，也不受地形地物控制，或在路线初步布设，给每个交点敷设曲线时可采用该种模式。在这种模式下，可以设置对称单曲线或非对称单曲线。单曲线的设计的要素一般有第一缓和曲线长度 Ls1（或参数 A1）、圆曲线半径 Rc、第二缓和曲线长度 Ls2（或参数 A2）；曲线控制要素主要有第一切线长度 T1、外距 E、第二切线长度 T2。曲线计算或者组合设计就是在已知上述设计和控制要素中的几个，计算或反算其他要素。

下面逐一进行介绍。

打开项目，并单击【设计】+【主线平面设计】。

（1）已知 Ls1、Rc、Ls2，计算曲线的其他要素

滚动横向滑动条，选择交点 1：

单击▼，选择"常规：已知 S1+Rc+S2"，分别输入如图 5-19 所示的数据；

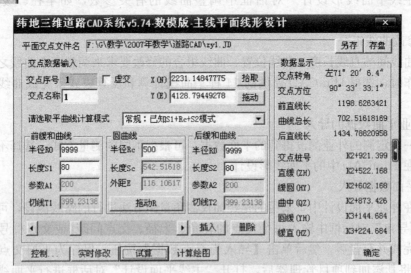

图 5-19　计算模式一

单击【计算绘图】按钮，计算显示当前平曲线的所有要素。

(2) 已知 T1＝T2、Rc，反算 Ls1、Ls2(Ls1＝Ls2)

滚动横向滑动条，选择交点 3；

单击 ▼，选择"反算：已知 T＋Rc＋T 模式"，输入如图 5-20 所示的数据；

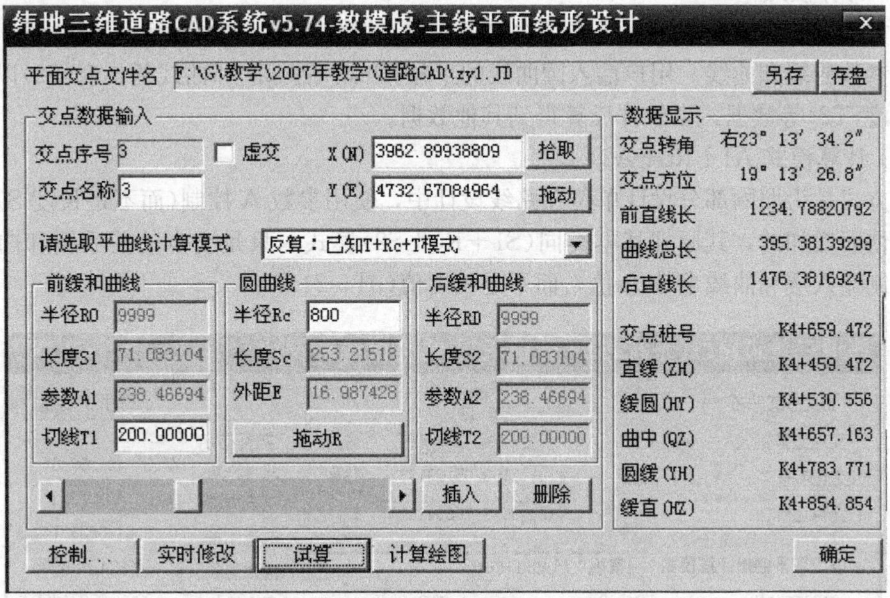

图 5-20 反算模式二

单击【计算绘图】按钮，计算显示当前平曲线的所有要素。

当程序通过试算后发现缓和曲线的长度太小(小于 10.0)或太大(大于 1000.0)时，会出现警告性的提示。

(3) 已知 Ls1、Ls2 路线上某一点，反算 Rc

滚动横向滑动条，选择交点 4；

单击 ▼，选择"反算：路线穿过给定点"；

根据提示，用鼠标在屏幕上拾取曲线需穿过的某一点，或者在命令行输入给定点的坐标；

单击【计算绘图】按钮，计算显示当前平曲线的所有要素。

单曲线的其他反算方法和模式的操作方法与上述三种基本相同。

(4) 计算模式 T1＋Rc＋S2

此方式下交点的曲线组合为非对称的曲线组合方式，即中间设置圆曲线，两端设置不同参数的缓和曲线。用户输入第一切线长度(T1)、圆曲线的半径(Rc)以及第二段缓和曲线的长度(S2)等数据，由软件反算得到其他数据。

(5) 计算模式 T1＋S1＋Rc

此方式下交点的曲线组合为非对称的基本曲线组合方式，即中间设置圆曲线，两端设置不同参数的缓和曲线。用户输入前部切线长度(T1)、前部缓和曲线的长度(S1)以及圆曲线的半径(Rc)等数据，由软件反算得到其他数据。

(6) 计算模式 S1＋Rc＋T2

此方式下交点的曲线组合为非对称的基本曲线组合方式，即中间设置圆曲线，两端设置不同参数的缓和曲线。用户输入前部缓和曲线的长度(S1)、圆曲线的半径(Rc)以及后部切线长度(T2)等数据，由软件反算得到其他数据。

(7) 计算模式 Rc＋S2＋T2

此方式下交点的曲线组合为非对称的基本曲线组合方式，即中间设置圆曲线，两端设置不同参数的缓和曲线。用户输入圆曲线的半径(Rc)、后部缓和曲线的长度(S2)以及后部切线长度(T2)等数据，由软件反算得到其他数据。

(8) 计算模式 A1＋Rc＋A2

此方式是为照顾部分设计单位在路线设计中，使用参数 A 控制(而不是长度 S)缓和曲线的习惯而增加的，其原理基本类同(S1＋Rc＋S2)模式，只是交点的前后缓和曲线是由用户控制输入缓和曲线参数 A 值，而不是长度值(图 5-21)。

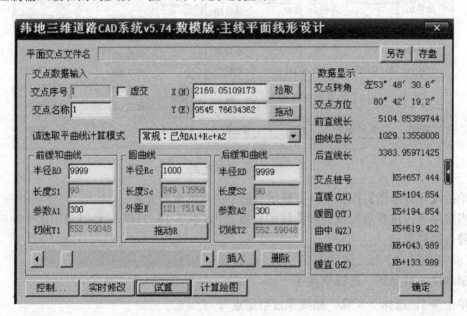

图 5-21 反算模式三

2. S 形曲线

两个反向圆曲线用两段反向缓和曲线直接连接所构成的组合形式为 S 形曲线。这种情况下，一般先设计好一个曲线的相关参数，然后根据交点间距、一个曲线的切线长度，并给定第二曲线的缓和曲线长度，反算第二个曲线的圆曲线半径。

以图 5-19 确定交点 1 的相关参数，滚动横向滑动条，选择交点 2；

输入交点 2 的两侧缓和曲线长度(图 5-22)；

单击 ▼，选择"反算：与前交点相接"；

单击【计算绘图】按钮，反算当前平曲线的圆曲线半径和所有要素(图 5-23)。

当无法反算时，软件会给出无法反算的原因提示。

【注意】 当与后一曲线构成 S 形曲线时，选择"反算：与后交点相接"；构成 S 形曲

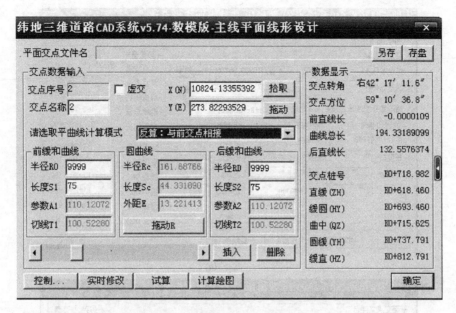

图 5-22 反算 S 曲线第二曲线半径

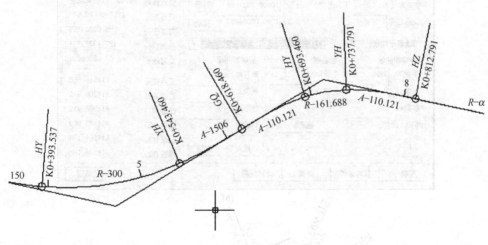

图 5-23 S 曲线

线的两个曲线不一定都是单曲线，也不一定是对称的曲线。

3. 复曲线

复曲线是两个同向的圆曲线直接连接的组合形式。

滚动横向滑动条，选择交点 4；

设置交点 4 的曲线要素，交点 4 的后缓和曲线长度应输入"0"（图 5-24 (a)）；

滚动横向滑动条，选择交点 5；

输入交点 5 的第二缓和曲线长度，交点 5 的前缓和曲线长度为 0（图 5-24(b)）；

单击 🔽，选择"反算：与前交点相接"；

单击【计算绘图】按钮，反算当前平曲线的圆曲线半径和所有要素（图 5-24(c)）。

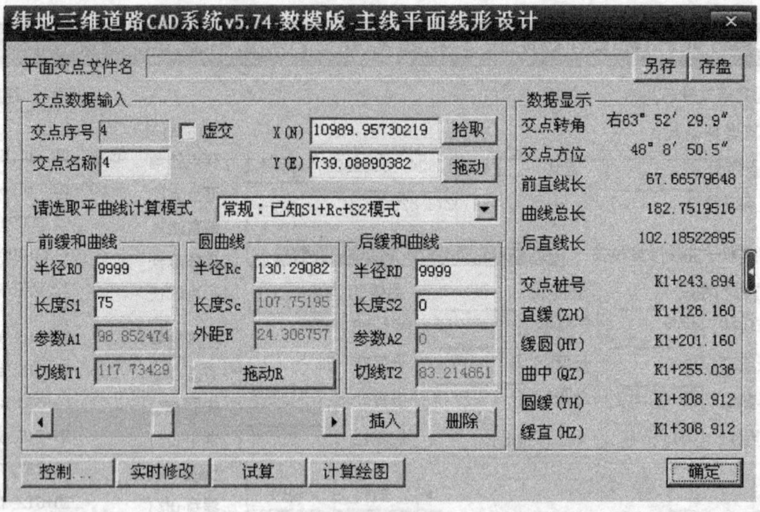

(a)

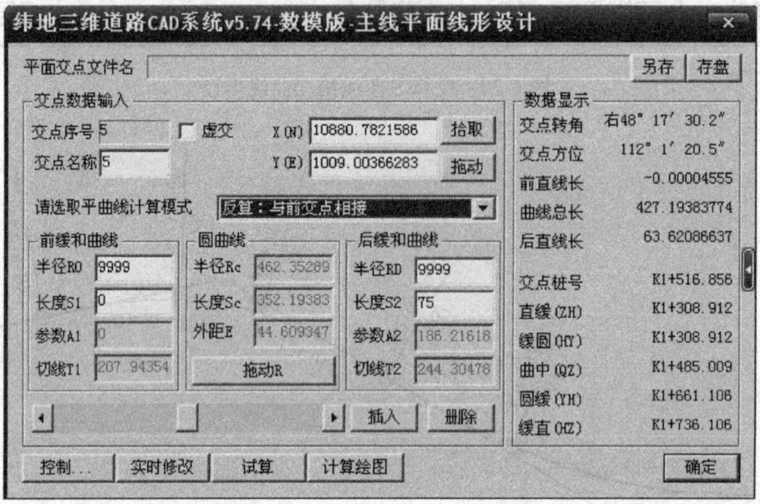

(b)

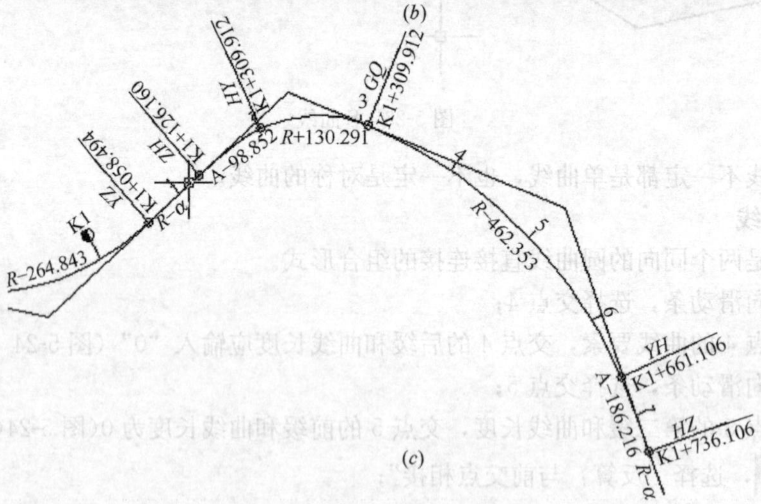

(c)

图 5-24 反算复曲线第二曲线半径

(a)设置复曲线第一曲线参数；(b)选择反算模式；(c)复曲线

当无法反算时，软件会给出无法反算原因提示。

4. 卵形曲线

卵形曲线是指两个同向的圆曲线间用缓和曲线连接的组合形式。

滚动横向滑动条，选择交点6；

设置交点6的曲线要素，交点6的后缓和曲线长度应输入"0"（图5-25(a)）；

滚动横向滑动条，选择交点7；

输入交点7前缓和曲线的半径和长度、后缓和曲线长度（图5-25(b)）；

单击▼，选择"反算：与前交点相接"；

单击【计算绘图】按钮，反算当前平曲线的圆曲线半径和所有要素，见图5-25(c)。

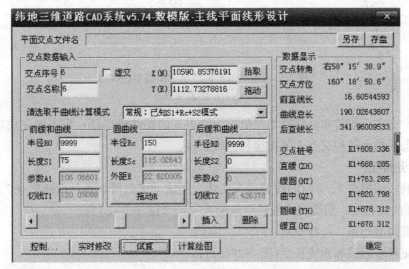

(a)

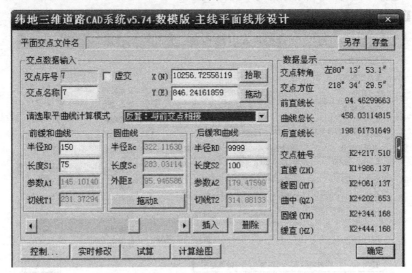

(b)

图 5-25　反算卵形曲线第二曲线半径（一）

*(a)*设置卵形曲线第一曲线参数；*(b)*选择反算模式

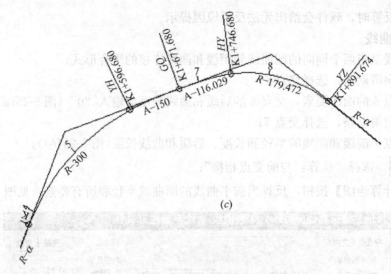

图 5-25　反算卵形曲线第二曲线半径(二)

(c)卵形曲线

注意：交点 7 前缓和曲线的半径值应为交点 6 的圆曲线半径；当不能完成反算时，需要调整交点 6 的半径和交点 7 的前缓和曲线长度。

5. 回头曲线

另一例，如拟在 7、8 点间设置回头曲线，则滚动横向滑动条，选择交点 7；输入交点 7 的前缓和曲线长度，后缓和曲线长度应输入"0"(图 5-26(a))；

滚动横向滑动条，选择交点 8；

输入交点 8 后缓和曲线长度(图 5-26(b))；

单击，选择"反算：与前交点成回头曲线"；

单击【计算绘图】按钮，反算当前平曲线的圆曲线半径(图 5-26(c))。

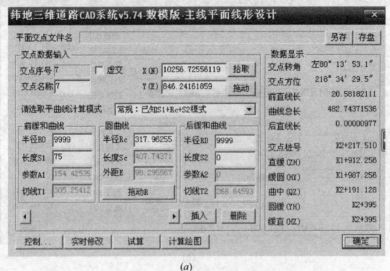

(a)

图 5-26　反算回头曲线半径(一)

(a)设置回头曲线第一曲线参数

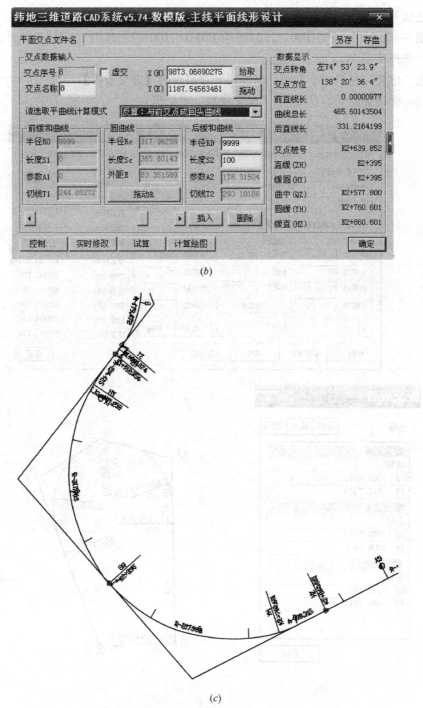

图 5-26 反算回头曲线半径(二)

(*b*)选择反算模式;(*c*)回头曲线

6. 虚交点曲线

利用交点法实地定线测量时,由于地形的限制,对于交点转角较大、交点过远或交点落空的情况,往往采用虚交点法来进行平面线形的设计。HintCAD 中虚交点曲线的具体设计方法如下：

见图 5-27(*c*)，有交点 JD0，JD1（图中 JD1-1～JD1-3），JD2；如图 5-27(*a*)，滚动横向滑动条，选择交点 1；

勾选"虚交"左侧的小方框，单击其下方出现的【虚交设置】；

按钮，弹出如图 5-27(*b*)所示"虚交设置"对话框；

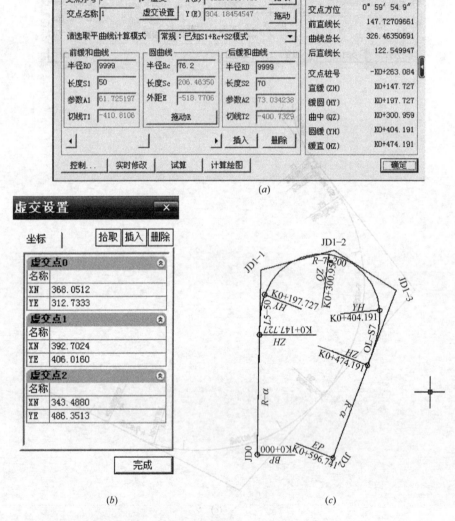

图 5-27 虚交点曲线半径

(*a*)设置虚交点参数；(*b*)虚交设置；(*c*)用虚交点设置回头曲线

单击对话框中"虚交点 0"表格，使其处于激活状态，单击【插入】按钮，则会增加一个虚交点，输入各个虚交点的名称和坐标（或单击【拾取】按钮在屏幕图形中拾取坐标），如插入虚交点 1，并单击拾取按钮在屏幕中拾取图 5-27(*c*)中的 JD1-2 点，再插入虚交点 2，并单击拾取按钮在屏幕中拾取图 5-27(c)中的 JD1-3 点；点击完成。回到交点 1 参数设置对话框，输入参数。

单击【计算绘图】按钮，计算当前平曲线的所有曲线要素。

【注意】 所有虚交点只能算一个交点，第一个虚交点的坐标可以由对话框上的"拾取"按钮输入，其余均用"虚交设置"对话框输入，前面所述反算模式均适用于虚交点，虚交点可用于设置回头曲线。

5.4 设计向导及控制参数

5.4.1 设计向导

注意在平面定线完成后，在其他设计开始前，应使用 HintCAD 的"设计向导"进行设置其他设计标准和参数。通过设计向导，软件根据项目的等级和标准自动设置超高与加宽过渡区间以及相关数值，设置填挖方边坡、边沟排水沟等设计控制参数。因此部分参数设计较简单，不再图示。

单击菜单【项目】—【设计向导】，弹出"纬地设计向导(第一步)"对话框。

设置本项目设计起终点范围；

设置项目标识、选择桩号数据精度；

单击【下一步】，弹出"纬地设计向导(分段 1 第一步)"对话框；

【注意】 项目标识为项目桩号前的标识，如输入"A"，则所有图表的桩号前均冠以字母"A"。

在"纬地设计向导(分段 1 第一步)"对话框中输入项目第一段的分段终点桩号，软件默认为平面设计的终点桩号。如果设计项目分段采用不同的公路等级和设计标准，可逐段输入每个分段终点桩号并分别进行设置。本实例项目不分段，即只有一个项目分段，则不修改此桩号；

选择"公路等级"；

选择"设计车速"；

单击【下一步】，弹出"纬地设计向导(分段 1 第二步)"对话框。

在"纬地设计向导(分段 1 第二步)"对话框中选择断面类型(即车道数)；选择或者输入路幅宽度数据；对于城市道路，可在原公路断面的两侧设置左右侧附加板块；

为路幅每个组成部分设置详细数据，包括宽度、坡度、高出路面的高度；设置完成后，单击【检查按钮】来检查设置是否正确；

单击【下一步】，弹出"纬地设计向导(分段 1 第三步)"对话框(图 5-28)；

【注意】 左侧行车道宽度包含左侧路缘带宽度，不包含右侧路缘带；路槽深度指路幅各个部分的路面厚度，设置该值是为计算路基土石方时考虑路面厚度的影响。

在"纬地设计向导(分段 1 第三步)"对话框中设置项目典型填方边坡的控制参数，根据需要设置填方任意多级边坡台阶参数；

单击【下一步】，弹出"纬地设计向导(分段 1 第四步)"对话框。

在对话框中设置项目典型挖方边坡的控制参数，根据需要设置挖方任意多级边坡台阶

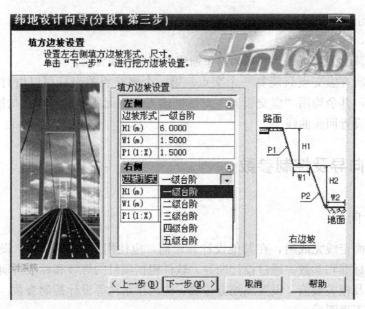

图 5-28　分段 1 第三步

参数；

单击【下一步】，弹出"纬地设计向导(分段 1 第五步)"对话框；

在"纬地设计向导分段 1 第五步"对话框中设置项目路基两侧典型边沟的尺寸；

单击【下一步】，弹出"纬地设计向导(分段 1 第六步)"对话框，进入项目分段设置第六步；在"纬地设计向导(分段 1 第六步)"对话框中设置项目路基两侧典型排水沟的尺寸；

单击【下一步】，弹出"纬地设计向导(分段 1 第七步)"对话框，进入项目设置第七步(图 5-29)；

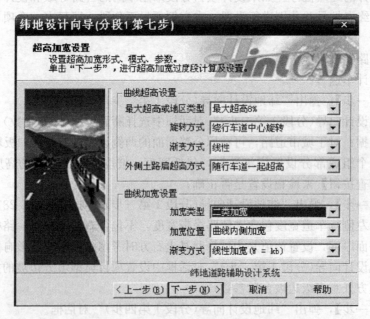

图 5-29　分段 1 第七步加宽超高设置

在"纬地设计向导(分段1第七步)"对话框中设置路基设计采用的超高和加宽类型、超高旋转方式、超高渐变方式及外侧土路肩超高方式、曲线加宽类型、加宽位置、加宽渐变方式项；

(1)常用超高方式：无中间带公路常用绕行车道中心旋转和绕未加宽未超高的内侧路面边缘旋转。前者适用于旧路改建，后者适用于新建公路。有中间带公路常用绕中央分隔带边缘旋转和绕各自行车道中心旋转。第一种方法适用于各种宽度的有中间带的公路，第二种方法适用于车道数大于4的公路或分离式断面的公路。

(2)曲线加宽类型：二级公路、三级公路、四级公路的圆曲线半径小于或等于250m时，应设置加宽，圆曲线加宽类别二级以及设计车速为40km/h的三级公路由集装箱半挂车通行时，应采用第3类加宽值；不经常通行集装箱半挂车时，可采用第2类加宽值。四级公路和设计车速为30km/h的三级公路可采用第1类加宽值。

在"纬地设计向导(最后一步)"对话框中单击"自动计算超高加宽"按钮，系统根据前面所有项目分段的设置，结合项目的平面线形文件计算每个曲线的超高和加宽过渡段；

单击【下一步】，弹出"纬地设计向导(结束)"对话框；

在"纬地设计向导(结束)"对话框中可以修改输出的四个设置文件名称；设置桩号文件中输出的桩号序列间距；

单击【完成】按钮，完成项目的有关设置。

最后系统生成路幅宽度文件(*.wid)、超高设置文件(*.sup)、设计参数控制文件(*.ctr)和桩号序列文件(*.sta)，并将这四个数据文件添加到纬地项目管理器中。

【说明】 由设计向导自动生成的设置超高与加宽过渡区间、填挖方边坡、边沟排水沟等设计控制参数只是项目典型参数，并不能完全满足设计的需要，用户需要根据项目的实际情况，在控制参数输入或纬地数据编辑器中对有关设置参数进行分段设置或添加、删除等修改。

5.4.2 项目管理器

项目管理器用来管理某个工程设计项目的所有数据文件及与项目相关的其他属性(如项目名称、公路等级、超高加宽方式、断链设置等)，为高效管理工具。必须注意：只有项目管理器中正确包含了设计所需要的数据文件并正确设置了项目属性，才能完成项目的设计计算，正确地生成图形和表格。

1. 项目管理器中包含的文件

一个完整的公路设计项目，项目管理器中一般需要包含设计数据文件、设计参数文件、外业基础数据文件、中间成果数据文件四种类型的数据文件。

(1)设计数据文件

1)平曲线数据文件(*.PM)；

2)平面交点数据文件(*.JD)；

3)纵断面设计文件(*.ZDM)。

(2)设计参数文件

1)超高渐变数据文件(*.SUP)；

2)路幅宽度数据文件(*.WID)；

3）桩号序列数据文件（＊.STA）；

4）设计参数控制文件（＊.CTR）；

5）左边沟纵坡文件（＊.ZBG，该文件可以不需要）；

6）右边沟纵坡文件（＊.YBG，该文件可以不需要）；

7）挡土墙设计文件（＊.DQ，设置了挡土墙的情况下需要）。

（3）外业基础数据文件

1）纵断面地面线文件（＊.DMX）；

2）横断面地面线文件（＊.HDM）；

3）三维数模组文件（＊.GTM，有数字地面模型，且需要内插纵断面和横断面地面线数据时才需要）；

4）路基左边线地面高程（＊.ZMX，该文件在进行沟底纵坡设计时需要）；

5）路基右边线地面高程（＊.YMX，该文件在进行沟底纵坡设计时需要）。

（4）中间成果数据文件

1）路基设计中间数据文件（＊.LJ）；

2）土石方中间数据（＊.TF）；

3）横断面三维数据文件（＊.3DR，该文件在绘制总体布置图或输出路线三维模型需要）。

2. 在项目管理器中添加数据文件

有些数据文件在用户设计中或者使用 HintCAD 专用数据录入工具输入后，软件会自动将其添加到项目管理器中，有些数据文件则需要用户自己添加到项目管理器中。用户也可以重新指定某些数据文件到项目管理器中。向项目管理器中添加数据文件的步骤如下：

单击菜单【项目】—【项目管理器】，弹出如图 5-30 所示项目管理器对话框；

点取对话框中【文件】选项，出现项目中的所有数据文件列表，见图 5-30；

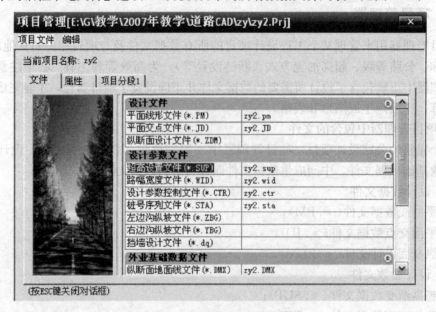

图 5-30　项目管理器管理数据文件

单击列表中要添加或重新指定的数据文件，单击右侧出现的 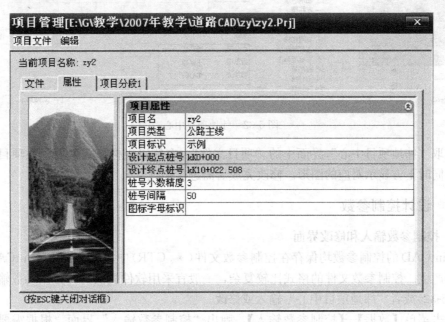 ，弹出文件浏览对话框；

选择相应的数据文件，完成添加数据文件或重新指定数据文件。

3. 编辑数据文件

编辑数据文件的方法有三种。

（1）项目管理器中的"编辑"菜单

单击列表中要编辑的数据文件；

点取对话框中【编辑】菜单，软件以文本格式打开该文件，用户可以进行查看和编辑。

（2）双击文件的类型名称

在文件列表中，直接双击该文件的类型名称，便可进行文件的编辑处理。

（3）使用 HintCAD 数据编辑器

单击菜单【项目】—【数据编辑器】，弹出 HintCAD 数据管理编辑器；

打开需要编辑的数据文件进行编辑，完后存盘。

（4）使用纬地项目中心

纬地项目中心的使用见后面的相关介绍

4. 设置项目的属性

在项目管理器(图 5-31)中可以设置或修改项目名称及路径、公路等级类别、超高旋转方式、加宽渐变方式、断链位置(有断链时)等项目属性。

图 5-31 设置项目属性

断链的添加也在属性选项中进行设置，单击【编辑】菜单中的【添加断链】、【删除断链】、【前移断链】和【后移断链】等命令，可完成任意多个断链的添加和修改。

【说明】 断链的设置宜在进行平面设计时进行，以便系统自动判别后续录入或生成的数据文件的断链桩号标识。

5.4.3 纬地项目中心

HintCAD 软件在 V5.6 版本以后增加了"纬地项目中心"的功能，使用该工具可以对设计项目中所有的数据文件进行编辑管理。"纬地项目中心"提供了表格化和图形可视化编辑修改功能，以表格形式进行设计参数输入、修改，同时提供了动态的直观图形显示工具，实时显示数据修改后的图形，该工具提高了项目设置和数据修改的效率。

单击菜单【项目】—【纬地项目中心】，弹出如图 5-32 所示"纬地项目中心"界面；

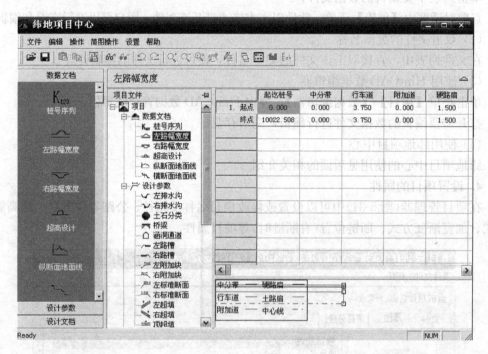

图 5-32 纬地项目中心

选取"纬地项目中心"界面中的"项目文件"，右侧以表格形式列出了该项目文件的内容，同时下方显示对应的图形。修改完成后需进行存盘。

5.4.4 设计控制参数

1. 控制参数输入和修改界面

HintCAD 的控制参数均保存在控制参数文件(*.CTR)中，该文件由 HintCAD 的设计向导产生。控制参数文件的格式比较复杂，一般宜采用软件提供的"控制参数输入"工具(图 5-32)或者"纬地项目中心"输入或修改。

单击菜单【数据】—【控制参数输入】，弹出"控制参数输入"界面，根据需要单击对话框中的选项，在如图 5-33 所示的输入框中输入控制数据。

2. 设计控制参数输入

HintCAD 中设计控制参数包含了纵断面绘图中的标注、横断面设计的控制和标注参数等重要的控制数据。

(1) 填挖边坡分段数据

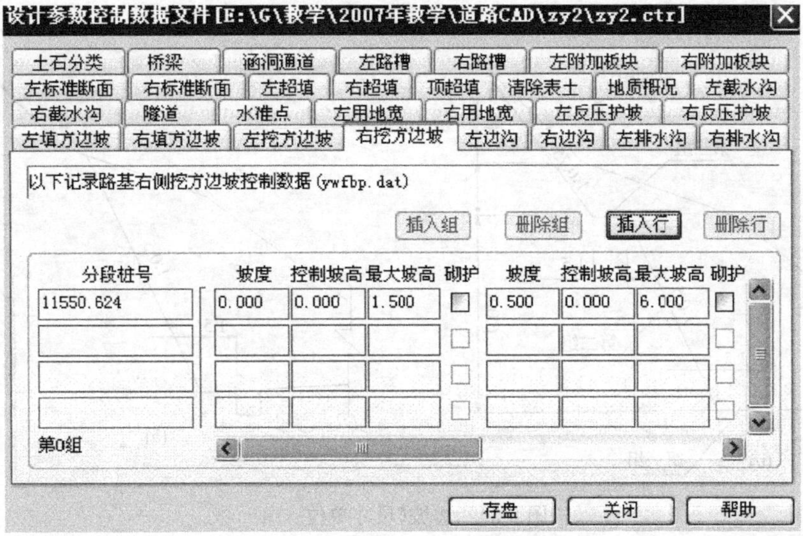

图 5-33 设计控制参数管理

填方和挖方边坡坡度及其坡高分段数据用于控制横断面戴帽设计时路基左右两侧的填、挖方边坡的坡度与坡高设计，是横断面设计中重要的控制数据。以右侧挖方边坡为例，说明填挖边坡分段数据的输入。

启动"控制参数输入"界面；

单击界面中的【右挖方边坡】选项(图 5-33)；

在"分段桩号"中填入边坡发生变化的断面，分别填入坡度、控制坡高、最大坡高，选择是否砌护。

一级边坡为一组，通过坡度、控制坡高、最大坡高来控制，有多少级边坡(或碎落台或护坡道)，就有多少组。图 5-33 中的边坡(实线)共有四组。

"坡度"为 $1 : m$ 的形式，只输入 m 值，且有正、负之分。正值表示坡度方向向上，负值表示坡度向下；当坡度为 0 时，表示从中央水平向外(即碎落台或护坡道，此时最大坡高表示碎落台或护坡道的宽度)；坡度为 9999 和 -9999 时，表示垂直向上和向下。

"最大坡高"是指该级边坡的最大高度。当边坡高度大于第一级边坡的最大坡高时，开始设置第二级边坡。如果第二级边坡中的控制坡高是非零的一个坡高值，软件根据这个控制坡高值继续按第一级坡度试放坡，然后判断第一级边坡的最大坡高增加了控制坡高后能否与地面线相交：如果相交，则第一级边坡就直接交于地面线；如果不能相交，则在第一级边坡的最大坡高处开始进行第二级边坡的绘制。当第二级边坡的高度大于最大坡高时，需考虑第三级边坡的控制坡高设置，依此类推。图 5-34(a)中，第三组的控制坡高为 0；图 5-34(b)中，第三组的控制坡高为 1.5m。

【注意】 前一个"分段桩号"至当前"分段桩号"间的边坡按当前的边坡设置进行横断面设计；第一级边坡中的控制坡高没有实际意义。

(2)排水沟尺寸和分段数据

控制横断面戴帽设计时路基左、右侧排水沟的断面形状、尺寸以及设置段落情况。

(3)边沟尺寸和分段数据

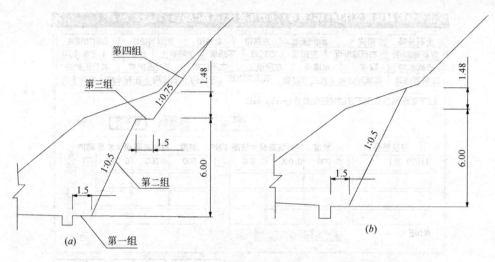

图 5-34 边坡(尺寸单位：m)

(a)第三组控制坡高为 0；(b)第三组控制坡高为 1.5

控制横断面戴帽设计时路基左、右侧边沟的断面形状、尺寸以及设置段落。

（4）挖方土石分类分段数据

控制挖方数量中不同的土石分类和分段情况。

（5）桥梁构造物数据

为路线纵断面图、总体布置图和路线三维模型等绘制时提供需要标注的桥涵构造物的数据，同时为土方计算时扣除大中桥的土方提供数据。

（6）涵洞、通道构造物数据

为纵断面图、总体图等绘制时提供需要标注的涵洞、通道构造物的数据。桥梁构造物数据和涵洞、通道等构造物数据所描述的构造物并无严格界限，用户可以根据标注内容需要灵活调整，另外还可输入分离式立交、天桥以及管道等资料。

（7）路槽厚度及分段数据

控制路基土方数量计算时应扣除路槽面积、厚度及分段的具体情况。

（8）路基标准断面分段数据

控制路基左右侧标准断面的分段变化。

（9）填方路基超宽填筑及分段数据

计算路基土石方时，控制填方路基左右侧超宽填筑部分的宽度和分段变化的起止段落。

（10）顶面超厚填筑及分段数据

计算路基土石方时，控制填方路基顶面超厚填筑部分的厚度和分段情况。

（11）填方路基清除表土数据

计算路基土石方数量时，控制填方路基断面清除表层土的宽度和分段情况。

（12）沿线地质概况分段数据

该数据用来描述公路沿线地质概况分段情况，在纵断面绘图时调用。

（13）截水沟尺寸及分段数据

控制挖方横断面坡顶设置截水沟时其尺寸和分段变化数据。

（14）隧道数据

用于描述纵断面图、横断面图、总体图和路线三维模型等绘制时所需标注的隧道数据，土方计算时根据该数据扣除隧道的土石方。

（15）水准点数据

为绘制纵断面图提供需要标注的水准点数据。

（16）附加用地宽度数据

为路基左右侧附加用地宽度的数据，控制用地界碑距挖方坡口（或截水沟外边缘）的水平距离，以及用地界碑距填方坡脚（或排水沟外边缘）的水平距离。为在横断面图中绘出用地界碑和绘制公路用地图及逐桩用地表提供控制数据。

5.5 HintCAD 路线纵断面设计

5.5.1 纵断面地面线数据的准备

路线纵断面地面线资料是纵断面设计的重要基础资料，在开始路线纵断面拉坡设计之前必须准备好。根据设计阶段的不同和数据采集的方式的不同，在 HintCAD 中输入纵断面地面线资料的方式有所不同。

1. 直接输入纵断面地面线数据

如果在路线勘测外业中实测了逐桩的地面线高程，或者从地形图上读取了逐桩的地面线高程，采用 HintCAD 软件提供的"纵断面数据输入"工具输入数据。

单击菜单【数据】—【纵断面数据输入】，弹出如图 5-35 所示"纵断面地面线数据编辑器"；

单击"纵断面地面线数据编辑器"的菜单【文件】—【设置桩号间距】，设定按固定间距自动提示下一个要输入的桩号；

在"纵断面地面线数据编辑器"对应的"桩号"和在"纵断面地面线数据编辑器"对应的"桩号"和"高程"列表里输入桩号和对应的地面高程；

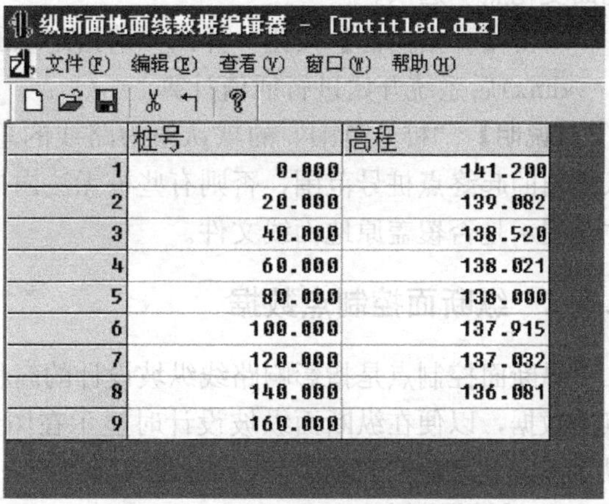

图 5-35 纵断面地面线数据输入

输完所有数据后，在"纵断面地面线数据编辑器"的工具栏上单击【存盘】按钮，系统将地面线数据写入到指定的数据文件中，并自动添加到项目管理器中。

【说明】 （1）每输入完一个数据后要按回车键确认输入的数据。输入高程数据后回车，软件自动向下增加一行，光标也调至下一行，同时按设定的桩距自动提示桩号。

（2）也可以用写字板、Edit、Word 及 Excel 等文本编辑器输入或修改纵断面地面线数据，但数据的格式为 HintCAD 要求的格式，并且存盘时必须保存为纯文本格式，最后向项目管理器中添加纵断面地面线数据文件。

2. 数字地面模型(DTM)内插纵断面地面线数据

这是快速获得路线纵断面地面线数据的方法，在路线方案优化设计中应用广泛。操作步骤如下：

单击菜单【数模】—【数模组管理】，弹出"数模组管理"对话框；选择已经建立的数模文件，单击对话框右侧的【打开数模】按钮，打开已经建立的数模；

单击对话框右侧的【关闭】按钮，关闭"数模组管理"对话框；

单击菜单【数模】—【数模应用】—【纵断面插值】，弹出如图 5-36 所示"内插纵断面地面线"对话框；

输入"桩号范围"，并选择"插值控制"中的选项；

【说明】 "插值控制"中的"路面左边线"和"路面右边线"控制中桩插值时，是否同时内插路基左右侧边线的对应地面高程，这主要为路基横断面设计和支挡构造物设计提供设计参考。只需要路线中线纵断面地面线时，不选择"路面左边线"和"路面右边线"选项，一般应该选择"包含地面变化点"选项。

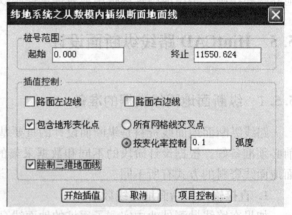

图 5-36 内插纵断面地面线

单击【开始插值】按钮，弹出"请指定纵断面地面线文件名称"对话框，输入文件名(* . dmx)后系统开始进行插值计算。

【说明】 "桩号范围"的默认值为路线的总长度，需根据当前数模的边界范围重新输入插值的起终点桩号范围，否则有些桩无法内插地面高程；如果项目中已存在该文件，软件会提示是否覆盖原地面线文件。

5.5.2 纵断面控制点数据

纵断面控制点是指影响路线纵坡设计的高程控制点，在纵断面设计之前应该输入控制点的数据，以便在纵断面纵坡设计时显示在图形中，为设计提供参考。在 HintCAD 中可以输入以下高程控制点。

1. 桥梁控制点

桥梁控制点包括与主线相交的其他道路、铁路、河流等需要控制的高程。当主线上跨时，设计线应该在这类控制高程之上，以保证被交线有足够的净空高度；当主线下穿时，设计线应该在控制高程之下，以保证主线有足够的净空高度。在 HintCAD 中输入桥梁控制点的步骤如下：

单击菜单【数据】—【控制参数输入】，弹出如图 5-37 所示"控制参数输入"界面；

单击对话框中的【桥梁】选项；

单击【插入】按钮，添加新的桥梁，并输入该桥梁的详细数据。

说明："桩标注号"是桥梁的中心桩号；"角度"为桥梁与被交线或河流的交角；"控

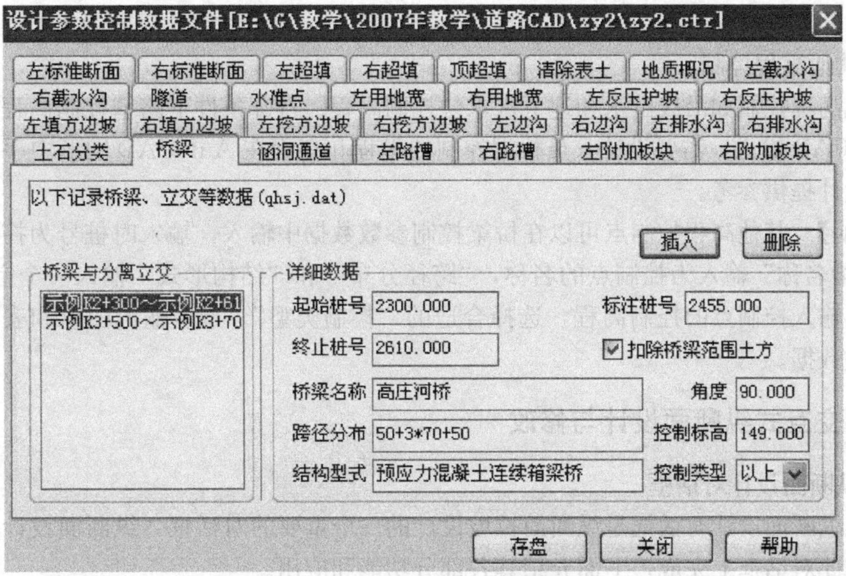

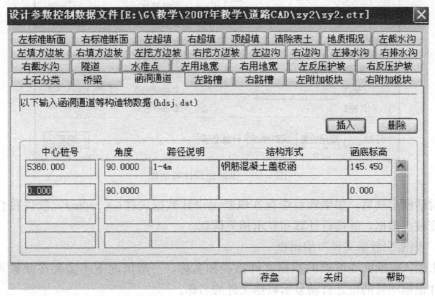

图 5-37 输入桥梁控制参数

制标高"指桥面的控制高程;"控制类型"是指路线纵坡在控制高程以上或以下。"跨径分布"填写格式为数字格式,例如:"50+3×70+50m"。

2. 涵洞通道控制点

在 HintCAD 中输入涵洞通道控制点的步骤如下:

单击菜单【数据】—【控制参数输入】,弹出如图 5-38 所示"控制参数输入"界面;

图 5-38 输入涵洞通道控制参数

单击对话框中的【涵洞通道】选项;

单击【插入】按钮,添加新的涵洞通道,并输入该涵洞通道的详细数据。

【说明】"角度"为涵洞通道与被交线或沟渠的交角;"涵底高程"指涵洞通道底面

高程。

3. 其他高程控制

其他高程控制如沿线洪水和地下水水位控制高程、特殊条件下路基控制高程等数据无法用 HitCAD 输入，需要设计人员根据控制的里程和高程在 AutoCAD 图形中手工标注出来，为设计提供参考。

【说明】 其他高程控制点可以在桥梁控制参数数据中输入，输入时桩号为控制点的桩号，"桥梁名称"输入为控制点的名称，"跨径分布"和"结构形式"输入一个空格；"控制高程"输入控制点的控制高程，选择合适的"控制类型"。最后输出图形和表格时，应删除这些数据。

5.5.3 交互式纵断面设计与修改

1. 纵断面设计对话框

路线纵断面设计对话框是纵断面拉坡设计的一个重要的对话框，纵断面设计的主要过程全部在此对话框上完成，下面介绍其各部分功能和应用。

单击菜单【设计】—【纵断面设计】，弹出如图5-39所示纵断面设计对话框。

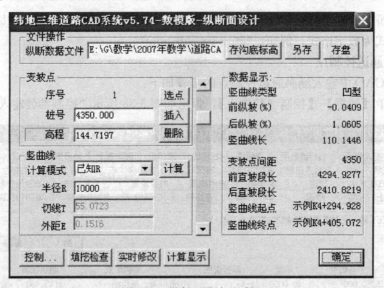

图 5-39　纵断面设计对话框

此对话框启动后，如果项目中存在纵断面设计数据文件(﹡.zdm)，软件将自动读入纵断面变坡点数据，并进行计算和显示相关信息。

（1）"纵断面数据文件"编辑框

用来输入纵断面变坡点的数据文件路径和名称，一般情况下不需要在此输入任何信息，软件根据项目的设置自动显示数据文件的名称。

（2）"存盘"和"另存"按钮

将修改后变坡点及竖曲线的数据保存到数据文件中。

（3）"桩号"编辑框

输入当前变坡点的里程桩号。

（4）凹显"高程"按钮及编辑框

凹显"高程"按钮右侧的编辑框用来直接输入当前变坡点的设计高程。为了使路线纵坡的坡度在设计和施工中便于计算和掌握，软件支持在对话框中直接输入坡度值。鼠标单击凹显"高程"按钮，右侧数据框中的变坡点高程值会转换为前（或后）纵坡度，并可输入该变坡点前后纵坡的坡度值。

（5）"选点"按钮

用于在屏幕上直接拾取当前需要设计的变坡点的位置。

（6）"插入"和"删除"按钮

"插入"按钮用于通过鼠标点取的方式在屏幕上直接插入（增加）一个变坡点，并且直接从屏幕上获取该变坡点的数据。

"删除"按钮用于删除在屏幕上通过鼠标点取需要删除的变坡点。

（7）"计算模式"列表

"计算模式"包含五种竖曲线的计算模式，即常规的"已知 R"（竖曲线半径）控制模式、"已知 T"（切线长度）控制模式、"已知 E"（竖曲线外距）控制模式、与前竖曲线相接、与后竖曲线相接等。

（8）"计算"按钮

当用户选择好"计算模式"，并输入相应的数据后，单击"计算"按钮完成竖曲线的计算，并将计算结果显示在右侧的"数据显示"中。

（9）"竖曲线半径"、"曲线切线"、"曲线外距"编辑框

根据不同的"计算模式"，对话框中的"竖曲线半径"、"曲线切线"、"曲线外距"三个编辑框呈现不同的状态，亮显时为可编辑修改状态，否则仅为显示状态。

（10）"控制"按钮

用来控制在纵断面拉坡图中的绘图选项及显示参考等。单击"控制"按钮后，将出现如图 5-40 所示的对话框。

（11）"填挖检查"按钮

实时显示当前鼠标位置所在桩号处的填挖高度、设计高程、地面高程以及坡度。设计时，使用该功能可查看填挖高度。

（12）"实时修改"按钮

为用户进行交互式纵断面设计提供了一个高效的设计工具，利用"实时修改"功能，可以对变坡点的位置进行沿前坡、后坡、水平、垂直、自由拖动等方式的实时移动，也可以对

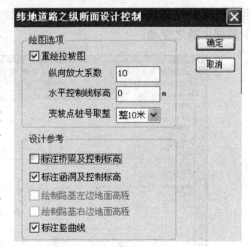

图 5-40　纵断面设计控制对话框

竖曲线半径、切线长及外距进行控制性动态拖动；另外，也可以对整个坡段实现绕前点、后点或整段自由拖动的实时修改。其中，"S"、"L"键控制鼠标拖动步长的缩小与放大。

（13）"计算显示"按钮

第一次单击"计算显示"按钮时，程序将在 AutoCAD 的绘图屏幕中绘出全线的纵断

面地面线、里程桩号和平曲线变化，同时绘图屏幕下方也会显示平曲线(图 5-41)

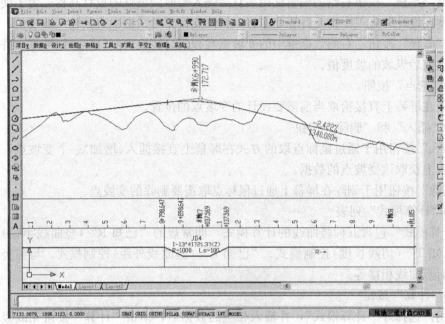

图 5-41　纵断面设计图

"计算显示"按钮用于重新计算所有变坡点数据，将计算后的结果显示在对话框中，同时刷新拉坡图中的纵断面设计线。

在拉坡设计过程中，系统在 AutoCAD 的图形屏幕左上角会出现一个动态数据显示框，见图 5-42，主要显示变坡点、竖曲线、坡度、坡长的数据变化，随着鼠标的移动，框中数据也随之变动。

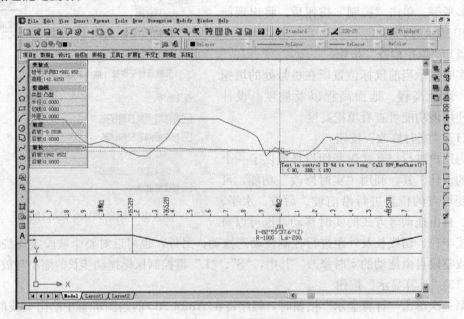

图 5-42　纵断面设计拉坡图

(14)"数据显示"

显示与当前变坡点有关的其他数据信息，以供设计时参考。

(15)"确定"按钮

保存纵断面设计对话框中的数据，并关闭对话框。

2. 设置变坡点

单击菜单【设计】—【纵断面设计】，弹出纵断面设计对话框(图 5-39)；

输入路线起点桩号和设计高程；

单击纵断面设计对话框中的【插入】按钮，可以连续增加新的变坡点或在两个变坡点之间插入变坡点。根据提示，在屏幕上直接点取变坡点，也可以通过键盘修改变坡点的桩号和高程。

3. 设置竖曲线

通过滚动上下滑动块选择要设置竖曲线的变坡点。HintCAD 提供了五种竖曲线的设置模式。

(1)已知竖曲线半径 R

单击纵断面设计对话框"计算模式"右侧的，选择"已知 R"；

输入竖曲线半径值；

单击【计算】按钮，完成竖曲线半径的设置。

(2)已知竖曲线切线长度 T

单击纵断面设计对话框"计算模式"右侧的，选择"已知 T"；

输入竖曲线切线长度；

单击【计算】按钮，反算出竖曲线半径。

(3)已知竖曲线外距 E

单击纵断面设计对话框"计算模式"右侧的，选择"已知 E"；

输入竖曲线外距控制值；

单击【计算】按钮，反算出竖曲线半径。

(4)与前一个竖曲线直接衔接

单击纵断面设计对话框"计算模式"右侧的，选择"与前竖曲线连接"；

单击【计算显示】按钮，反算出竖曲线半径，并刷新图形。

(5)与后一个竖曲线直接衔接

单击纵断面设计对话框"计算模式"右侧的……，选择"与后竖曲线连接"；

单击【计算显示】按钮，反算出竖曲线半径，并刷新图形。

4. 纵断面设计线的修改

当路线纵断面线形不合适时，需要对变坡点调整修改。调整修改路线纵断面线形主要是以下几个方面。

(1)调整变坡点

在进行纵断面变坡点调整时，可以移动变坡点的位置，增加、删除变坡点。

1)移动变坡点位置

单击纵断面设计对话框上的【实时修改】按钮；

根据命令行提示，从图中点取需要修改的变坡点(图中变坡点上的小圆圈)；

根据命令行提示，选择合适的修改方式，对变坡点、坡度线或竖曲线进行实时修改；

移动鼠标到合适位置单击左键确定变坡点新的位置。

【说明】 纵断面设计的"填挖检查"功能和"实时修改"功能可以交互使用，随着鼠标的移动，图中的变坡点、竖曲线或坡度线会实时计算刷新，同时屏幕左上角参数框动态显示当前变坡点相关参数。

2）增加变坡点

单击纵断面设计对话框上的【插入】按钮；

根据命令行提示，从图中点取新增加的变坡点位置（可以连续插入多个变坡点）；

按键盘上的 ESC 键返回纵断面设计对话框。

3）删除变坡点

单击纵断面设计对话框上的【删除】按钮；

根据命令行提示，从图中点取需要删除的变坡点（图中变坡点上的小圆圈）；

单击【计算显示】按钮，刷新图形。

（2）修改竖曲线参数

在纵断面设计对话框中，根据计算模式可以编辑修改竖曲线的半径、切线长度或外距（使用实时拖动功能，可进行竖曲线的设置和修改）。

5.6 HintCAD 路线横断面设计

5.6.1 横断面地面线数据的准备

1. 直接输入横断面地面线数据

通过路线勘测外业实测得到的逐桩横断面地面线数据，采用 HintCAD 软件提供的"横断面数据输入"工具输入。

单击菜单【数据】—【横断面数据输入】，弹出如图 5-43 所示桩号提示对话框；

如果已经输入了纵断面地面线数据，则应该选择"按纵断面地面线文件提示桩号"，这种提示方式可以避免出现纵、横断数据不匹配的情况；否则选择"按桩号间距提示桩号"，并在"桩号间距"编辑框中输入桩距。

单击桩号提示对话框中的【确定】按钮，弹出横断面地面线数据输入工具（图 5-44）。

在如图 5-44 所示横断面地面线输入界面中，每三行为一组，分别为桩号、左侧数据、右侧数据。

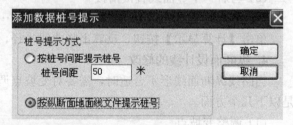

图 5-43 桩号提示对话框

软件根据所选的桩号提示方式，自动提示桩号，在确认或输入桩号后回车，光标自动跳至第二行开始输入左侧地面线数据，每组数据包括两项，即平距和高差。左侧输入完毕

HDMTool - zy2.HDM

文件(F) 编辑(E) 查看(V) 帮助(H)

	平距	高差	平距	高差	平距	高差	平距	高差	平距	高差	平距
桩号	0.000										
左侧	2.263	0.022	22.044	0.400	8.473	0.274	7.898	-0.058	9.322	0.225	
右侧	6.696	-0.065	10.888	-0.278	18.920	-0.747	13.496	-0.340			
桩号	50.000										
左侧	15.841	0.625	1.352	0.073	32.807	1.091					
右侧	13.361	-0.527	3.992	-0.101	24.850	-0.768	7.567	-0.275	0.230	-0.010	
桩号	84.818										
左侧	50.000	2.512									
右侧	0.002	-0.001	26.699	-1.638	23.299	-1.458					
桩号	100.000										
左侧	50.000	3.068									
右侧	25.610	-1.572	24.390	-1.527							
桩号	150.000										
左侧	20.014	0.377	2.175	0.103	21.022	0.443	6.790	0.380			
右侧	26.541	-0.500	7.249	-0.354	11.154	-0.609	5.056	-0.189			
桩号	200.000										
左侧	8.547	0.181	10.148	0.422	31.305	0.533					
右侧	45.769	-0.964	4.231	-0.200							
桩号	204.411										
左侧	11.401	0.478	28.590	0.655							

图 5-44　横断面地面线数据输入

后，直接按两次回车，光标便跳至第三行，输入右侧地面线数据，如此循环输入；

输完数据后，在工具栏上单击【存盘】按钮，将横断面地面线数据写入到指定的数据文件，并自动添加到项目管理器中。

【注意】（1）横断面地面线输入界面里的平距和高差即可以相对于前一地形变化点，也可以是相对于中桩。

（2）最终的横断面地面线数据里的平距和高差必须是相对于前一地形变化点。

（3）如果输入时每个地形变化点的平距和高差是相对于中桩的，则输入完成后，必须通过菜单【数据】—【横断面地面线】—【相对中桩—相对前点】进行转化。

（4）也可以用写字板、Edit、Word 及 Excel 等文本编辑器输入或修改横断面地面线数据，但数据的格式为 HintCAD 要求的格式，并且存盘时必须保存为纯文本格式，最后向项目管理器中添加横断面地面线数据文件。

2. 读取其他软件格式的横断面地面线数据

利用 HintCAD 软件提供的"横断面数据导入"工具可以导入如图 5-45 所示七种格式的横断面地面线数据。如果有其他格式的横断面数据格式，还可通过创建或修改 fmt 文件来增加新的文件格式来进行横断面数据的自动转换。fmt 文件是纯文本文件，位于 HintCAD 安装目录的"其他横断面格式"文件夹内。

单击菜单【数据】—【横断面数据导入】，弹出横断面数据导入对话框；

单击对话框中"导入文件"右侧的，选择输入要导入的其他格式横断面地面线数据；

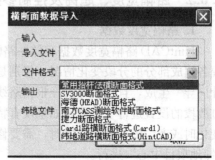

横断面数据导入

输入

导入文件

文件格式

常用抬杆法横断面格式
SV3000断面格式
海德（HEAD）断面格式
南方CASS测绘软件断面格式
捷力断面格式
Card1路线横断面格式（Card1）
纬地道路横断面格式（HintCAD）

输出

纬地文件

图 5-45　横断面数据导入格式

单击对话框中"文件格式"右侧的，选择导入的地面线数据文件格式；

单击对话框中"纬地文件"右侧的，选择或输入最终的横断面地面线数据文件名称；

单击对话框中【导入】按钮，完成其他格式横断面地面线数据的输入。

3. 数字地面模型(DTM)内插横断面地面线数据

利用数字地面模型可以快速内插出路线横断面地面线数据，这为山区公路路线方案的优化和比选提供了方便快捷的支持。

打开数模(步骤与内插纵断面地面线相同)；

单击菜单【数模】—【数模应用】—【横断面插值】；

弹出如图 5-46 所示"内插横断面地面线"对话框；

选择"插值方式"，一般选择所有地形变化点；

输入"两侧宽度"，确定内插左右两侧横断面地面线的宽度范围；

设定"输出格式"，一般采用系统默认的方式即可；

输入"桩号范围"；

单击【开始插值】按钮，指定横断面地面线数据文件名称，系统进行插值计算。

【说明】 如果项目中已存在该文件，软件会提示是否覆盖原地面线文件，插值完成后自动将文件添加到项目管理器中。

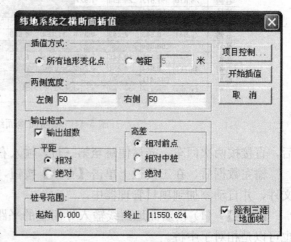

图 5-46 内插横断面地面线

4. 横断面补测

当应用数模插值或者实地测量的横断面地面线数据宽度不足时，可应用横断面补测功能，输入左右侧横断面补测后的总宽度，单击【开始补测】按钮，软件自动在原始地面线数据外侧添加补测的横断面数据。

【说明】 软件会提示是否覆盖原地面线文件，单击"否"按钮，可以另名保存补测后的横断面地面线数据文件。

5.6.2 路幅宽度、超高及控制参数数据

1. 路幅宽度数据

HintCAD 路幅宽度数据存储在路幅宽度文件(*.WID)中，用来描述整个路线左右路幅各组成部分的分段变化情况，特别是加宽变化的段落。一般情况下，该数据文件由"设计向导"生成，且生成时已经根据路线的平曲线半径，参考《规范》对平曲线加宽和加宽过渡段的设置进行了分段。如果没有特殊情况，一般不需要修改该文件，当路幅宽度发生变化时或者设置宽度渐变段时，需要修改路幅宽度数据。若修改路幅宽度数据，建议采用"纬地项目中心"进行。

单击菜单【项目】—【纬地项目中心】，打开"纬地项目中心"数据管理工具；

单击"项目文件"列表框下"数据文档"左侧的"＋"，展开后单击"左路幅宽度"

(或"右路幅宽度"），见图 5-47。

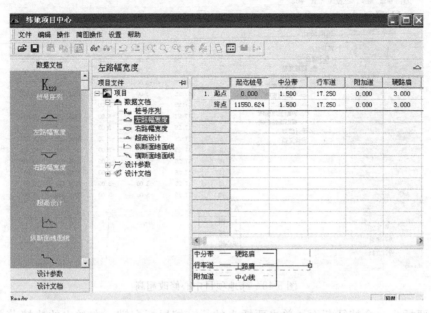

图 5-47 纬地项目中心修改路幅宽度

对话框的右侧出现左侧（或右侧）路幅宽度数据，直接编辑需要修改的数据。

说明：路幅宽度数据以两行为一组，描述该分段起终点的路幅宽度。要插入一组数据，单击"起点"所在行或"终点"的下一行，按鼠标右键，在弹出的快捷菜单中选择"插入一行"，然后输入路幅组成数据。

2. 超高数据

超高数据用来描绘路线左右幅超高过渡的特征位置处的具体超高情况，一个特征断面用一组数据描述。该数据文件由"设计向导"生成，且生成时已经根据路线的平曲线半径、缓和曲线长度、超高渐变率初步确定了超高过渡段，并参考《规范》规定的超高值对平曲线的超高进行了分段设置。

特殊情况下需要根据曲线组合情况（如 S 形曲线）、缓和曲线的长度等条件来修改该文件，使超高设计更加合理。确定超高过渡段长度可参考本书第二章第四节。超高数据宜采用"纬地项目中心"数据管理工具修改。

单击菜单【项目】—【纬地项目中心】，打开"纬地项目中心"数据管理工具（图 5-47）。

单击"项目文件"列表框下"数据文档"左侧的"＋"，展开后单击"超高设计"（图 5-48）对话框的右侧出现超高数据，直接编辑需要修改的数据。

为了直观显示超高图，单击图形显示区，使用工具条中的放大按钮来放大和缩小图形。调整图形长度时，按下鼠标左键水平左右移动；调整显示高度时，按下鼠标左键垂直上下移动，采用平移按钮对图形在显示区的位置进行平移。

【说明】（1）列表中的数据为"一"，表示可以忽略此数据。横坡渐变至此位置时，软件会跳过此数据的计算继续进行横坡的超高渐变。

（2）横坡值有正负之分。

图 5-48　纬地项目中心修改超高

（3）要插入一个特征断面，单击要插入的行，按鼠标右键，在弹出的快捷菜单中选择"插入一行"，然后在插入的行内输入左侧和右侧各个部分的横坡值。

（4）也可采用纬地数据编辑器直接打开超高数据文件进行修改。

5.6.3　支挡防护工程数据录入

在进行横断面设计时，有些路段需要设置路基支挡防护工程，如护坡、衡重式路肩墙、衡重式路堤墙、仰斜式路肩墙、仰斜式路堤墙、路堑挡土墙、护面墙、护脚墙等。在横断面戴帽子时必须将路基沿线左右侧设置的路基支挡防护工程形式及其段落数据录入到 HintCAD 系统中。系统在横断面设计绘图时，可以直接绘制出支挡防护构造物的断面图，并准确计算路基填挖的土方面积和数量。

1. 设置支挡防护构造物的几何尺寸

HintCAD 系统提供了部分标准挡墙的形式及其尺寸。但在实际设计项目中，系统提供的标准挡墙可能无法满足设计的需要，此时可将设计项目特殊的挡土墙形式和尺寸添加到标准挡墙库中，以满足工程设计需要。

单击菜单【设计】—【支挡构造物处理】，打开"挡土墙设计工具"窗口（图 5-49）；

单击树窗口内展开的"标准挡墙"下的"左侧标准挡墙"，按鼠标右键，在弹出的快捷菜单中选择"新增挡墙"（如果用户需要新建一组不同高度的标准挡墙，选择"新增目录"）；

在属性窗口修改新建挡墙的名称；

在图形窗口中用鼠标绘制出该挡墙的大致断面形式，完成后单击鼠标右键（图 5-49）；

在属性窗口修改新建的挡墙名称；

单击树窗口内展开的"标准挡墙"下的"左侧标准挡墙"左侧的"—"，变成"＋"后再单击该"＋"展开"左侧标准挡墙"，这样软件自动刷新属性窗口的数据；

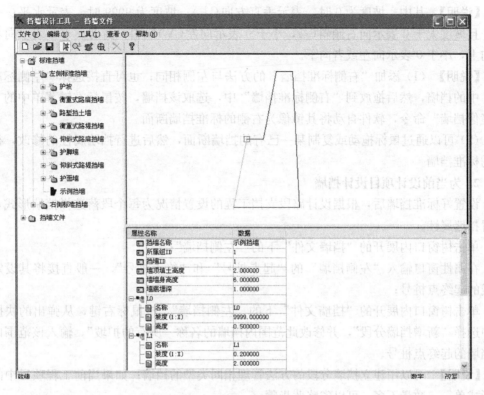

图 5-49　挡土墙设计工具

单击树窗口内新建的"示例挡墙"；

在属性窗口输入该新建标准挡墙的"墙顶填土高度"、"墙身高度"、"墙底埋深"等属性，并修改挡墙断面各边的尺寸，输入准确数据(图 5-49)；

选中树窗口内新建的"示例挡墙"，单击鼠标右键，在弹出的快捷菜单中选择"设置填土线"，启动"设置填土线"对话框(图 5-50)。"填土线"是挡墙断面中与路基填土相接触的一条或几条连续的边。如图 5-51 所示，挡墙断面中 L5 为填土线，A 点是近路面点 (L0 线段的起点)，也就是挡墙断面的插入点。软件将在横断面设计时自动搜索断面填土线，从而与横断面地面线相交，准确计算在设置挡墙情况下的路基土石方面积。

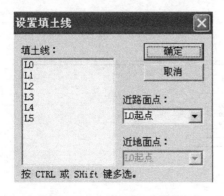

图 5-50　设置墙背填土线

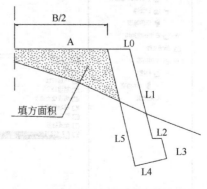

图 5-51　墙背填土线

【说明】　其中，坡度为 0 时，表示垂直方向（｜）；坡度为 9999 时，表示水平（—）方向，且坡度大于 0 表示向右倾斜（/），小于 0 表示向左（\）倾斜；高度大于 0 表示向右或者向上，小于 0 表示向左或者向下。

【说明】　（1）添加"右侧标准挡墙"的方法与左侧相同；也可直接选择"左侧标准挡墙"中的挡墙，然后拖放到"右侧标准挡墙"中，选取该挡墙，按鼠标右键菜单中的"垂直镜像挡墙"命令，软件自动将其镜像为右侧的标准挡墙断面。

（2）可以通过鼠标拖动或复制某一已有的挡墙断面，然后进行挡墙属性的修改，得到新的标准挡墙。

2. 为当前设计项目设计挡墙

设置好标准挡墙后，根据设计路段支挡工程的设置情况为每个段落选择挡墙形式，并设置挡墙属性。

单击树窗口内展开的"挡墙文件"下的"左侧挡墙"；

在属性窗口输入"左侧挡墙"的"起点桩号"和"终点桩号"，一般直接将其设定为路线的起终点桩号；

单击树窗口内展开的"挡墙文件"下的"左侧挡墙"，按鼠标右键，从弹出的快捷菜单中选择"新增挡墙分段"，并修改此范围内挡墙的名称"所有的护坡"，输入该范围内所有挡墙的起终点桩号。

【说明】　可以用建立挡墙分段的方法管理相同类型的挡墙；如果当前工程项目中的挡墙形式单一、数量不多，可以省略此步骤。

在树窗口中，从"左侧标准挡墙"中选择某一类型的挡墙，拖放到"挡墙文件"下新建的"左侧挡墙分段"或"挡墙文件"下的"左侧挡墙"中（图 5-52）；

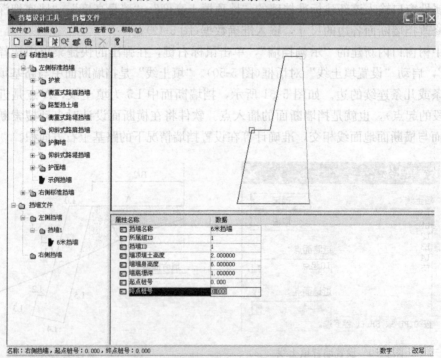

图 5-52　拖放标准挡墙到挡墙文件中

在属性出口输入该段挡墙的起终点桩号；

单击该挡墙，按右键在弹出菜单中选择"自动变换墙高度"，横断面设计绘图时，系统会针对每个断面不同的填土高度自动在该侧同类型标准挡墙中调用不同墙高的挡墙进行横断面戴帽。对于路堤挡墙，在弹出菜单中可以设置"自动变换墙高度"或"自动变换填土高度"两种变化形式。在挡墙的外侧设置排水沟时，在弹出菜单中选择"墙外设置排水沟"。

【说明】 设置完毕后分别单击"左、右侧挡墙"，按鼠标右键，选择弹出菜单的"排序"，对各段挡墙按桩号自动进行排序处理，若排序时系统未提示出错信息，说明挡墙设置基本正确。

5.6.4 路基设计计算

路基设计计算主要是计算指定桩号区间内的每一桩号的超高横坡值、设计高程、地面高程，以及路幅参数，计算路幅各相对位置的设计高差，并将以上所有数据按照一定格式写入路基设计中间数据文件，为生成路基设计表及计算绘制横断面图准备数据。

【注意】 在进行路基设计计算之前必须完成对超高与加宽的设置工作，并保证超高与加宽的正确性。

HintCAD 中路基设计计算的操作步骤如下：

单击菜单【设计】—【路基设计计算】，打开"路基设计计算"窗口（图 5-53）；

单击窗口右侧的…，指定路基设计中间数据文件的名称和路径；

输入"计算桩号区间"或单击"搜索全线"按钮，指定计算整个路段；

单击【项目管理】打开项目管理器，检查当前项目的超高与加宽文件以及其他设置是否正确；

单击【计算】按钮完成路基计算。

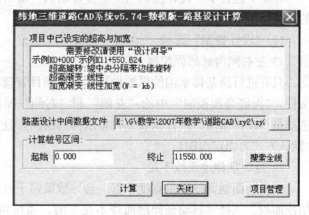

图 5-53 路基设计计算

【注意】 如果项目中已经存在路基设计数据文件，系统会提示询问是否覆盖文件或在原文件后追加数据。一般情况下，如果没有分段计算时，应该选择覆盖原来的数据；每次修改了设计项目的类型、超高旋转位置与方式、加宽类型与加宽方式、超高和加宽过渡段等内容后，必须重新进行路基设计计算。

5.6.5 横断面设计与修改

在完成路基设计计算，设置了与横断面设计有关的控制参数后，可进行横断面的设计和修改工作。

1. 横断面设计

单击菜单【设计】—【横断面设计绘图】，打开"横断面设计绘图"界面（图 5-54）；

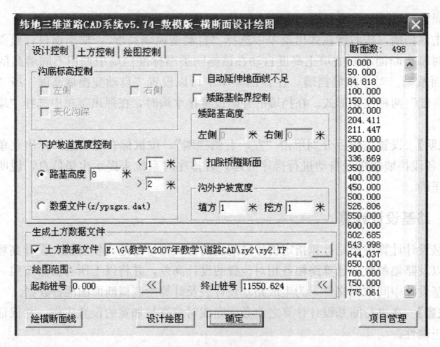

图 5-54 横断面设计控制

界面中包含了"设计控制"、"土方控制"、"绘图控制"三个选项，下面介绍三个选项的功能。

(1)"设计控制"选项

1) 左右侧沟底高程控制

只有进行路基排水沟的纵坡设计，并在项目管理器中添加了左右侧沟底高程设计数据文件，"沟底高程控制"中的"左侧"和"右侧"控制才可使用。在绘制横断面图时，可选择是否按排水沟的设计纵坡进行排水沟的绘制，且可选择是否按照变化的沟深进行设计（默认方式为固定沟深）。

2) 自动延伸地面线不足

当横断面地面线测量宽度不够，会导致戴帽子时边坡线与地面线无法相交，不能计算填挖面积。选择"自动延伸地面线不足"时，系统可自动按地面线最外侧一段的坡度延伸，直到边坡线与地面线相交。

【注意】 当最外侧的地面线垂直时，即使选择了"自动延绅地面线不足"也无法使边坡线与地面线相交。建议不宜使用该功能，当地面线宽度不够时，应该补测或者设置支挡构造物收缩坡脚。

3) 矮路基临界控制

当路基边缘填方高度较小时，外侧应该直接按照挖方路段一样设置边沟。选择此项后，应输入左右侧填方路基的一个临界高度数值（一般为边沟的深度），当路基填方高度小于临界高度时，不按填方放坡之后再设计排水沟，而是直接在路基边缘设计边沟。

利用此项功能还可以进行超路基等特殊横断面设计。

4) 下护坡道宽度控制

此项用来控制高等级公路填方断面下护坡道的宽度。其支持两种控制方式，一是根据"路基高度"控制，用户输入路基填土高度后，再指定当路基高度大于该数值时下护坡道的宽度值和小于该数值时下护坡道的宽度(图 5-55)；二是根据"数据文件"控制，软件根据设计控制参数中路基左右侧排水沟的尺寸控制。

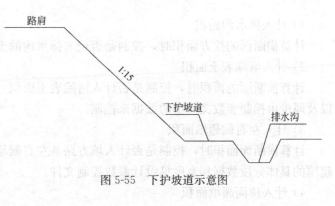

图 5-55　下护坡道示意图

如果采用第二种控制方式，路基左右侧排水沟数据的第一组数据必须是下护坡道的数据，且其坡度值为 0。如果采用第一种控制方式，系统会自动忽略左右侧排水沟数据中的下护坡道控制数据。

5）扣除桥隧断面

用户选择此项后，软件将不绘制桥隧桩号范围内横断面图。

6）沟外护坡宽度

此项用来控制戴帽子时排水沟(或边沟)的外缘平台宽度，用户可以分别设置沟外护坡平台位于填方或挖方区域的宽度。当沟外侧的边坡顺坡延长 1 倍沟深后，判断是否与地面相交，如果延长后沟外侧的深度小于设计沟深的 2 倍时，直接延长沟外侧坡度与地面线相交；反之则按原设计边沟尺寸绘图，在沟外按用户指定的护坡平台宽度生成平台，最后继续判断平台外侧填挖，并按照控制参数文件中填挖方边坡的第一段非平坡坡度开始放坡交于地面线。

（2）"土方控制"选项(图 5-56)

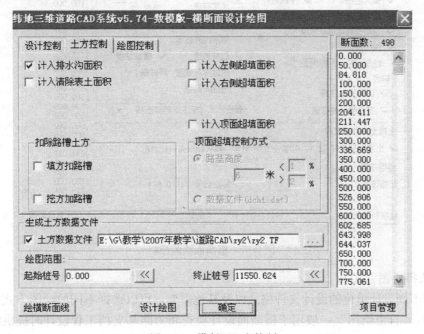

图 5-56　横断面土方控制

1）计入排水沟面积

计算横断面的挖方面积时，控制是否记入排水沟的土方面积。

2）计入清除表土面积

计算横断面的面积时，控制是否计入清除表土面积。清除表土的具体分段数据、宽度以及厚度由控制参数文件中的数据来控制。

3）计入左右侧超填面积

计算横断面面积时，控制是否计入填方路基左右侧超宽填筑部分的土方面积。左右侧超填的具体分段数据和宽度见设计参数控制文件。

4）计入顶面超填面积

主要用于某些路基沉降较为严重，需要在路基土方中考虑因地基沉降而引起的土方数量增加的项目。顶面超填也分为"路基高度"和"文件控制"两种方式。路基高度控制方式，即按路基高度大于或小于某一指定临界高度分别考虑顶面超填的厚度（路基高度的百分数）。

5）扣除路槽土方

计算横断面面积时，控制是否扣除路槽部分土方面积。对于填方段落，可以选择是否扣除路槽面积和挖方段落，是否加上路槽面积。路基各个不同部分（行车道、硬路肩、土路肩）路槽的深度，可在控制参数数据中确定。

（3）"绘图控制"选项（图 5-57）

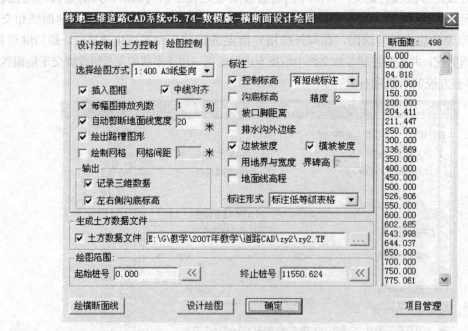

图 5-57　横断面绘图控制

1）选择绘图方式

根据不同设计单位的设计文件格式以及其他需要，可以选择不同的绘图方式及绘图比例。其中，"自由绘图"一般用于横断面设计检查和为路基支挡工程设计时提供参考的情况，在仅需要土方数据或横断面三维数据等情况下，采用"不绘出图形"方式。

2）插入图框

在横断面设计绘图时，控制是否自动插入图框。图框模板为 HintCAD 安装目录下的"Tk＿hdmt. dwg"文件，也可以根据项目需要修改图框内容。

3）中线对齐

在横断面绘图时，控制是否以中线对齐的方式来对齐，以图形居中的方式排列为默认方式。

4）每幅图排放列数

指定每幅横断面图中横断面排放的列数，一般适用于低等级公路横断面宽度较窄的情况。

5）自动剪断地面线宽度

在横断面绘图时，根据指定的宽度将地面线左右水平距离超出此宽度的多余部分裁掉，保持图面的整齐。

【说明】 当设计边坡后的坡脚到中线的宽度大于此宽度时，软件将保留设计线及其以外一定的地面线长度。

6）绘出路槽图形

在横断面绘图时，控制是否绘出路槽部分图形。

7）绘制网格

在横断面设计绘图时，控制是否绘出方格网；需要绘制方格网时，可以指定格网的大小。

8）标注部分

根据需要选择在横断面图中标注不同的内容，包括路面上控制点高程及标注形式、沟底高程及精度控制、坡口坡脚距离和高程、排水沟外缘距离和高程、边坡坡度、横坡坡度、用地界与用地宽度以及横断地面线每一个折点的高程等。每个横断面的断面数据的标注，可以选择"标注低等级表格"、"标注高等级表格"和"标注数据"三种方式。

9）输出相关数据成果部分

在横断面设计绘图时，选择输出横断面设计"三维数据"和路基的"左右侧沟底高程"，其中"三维数据"用于结合数模数据建立公路三维模型。"左右侧沟底高程"数据输出的临时文件为 HintCAD 安装目录下的 "＊Lst＊zgdbg. tmp" 和 "＊Lst＊ygdbg. tmp"文件，可以为公路的边沟、排水沟沟底纵坡设计提供地面线参考。利用 HintCAD 的纵断面设计功能进行边沟或排水沟的设计，完成后选择保存为"存沟底高程"，再次进行横断面设计，并按沟底纵坡控制模式重新进行横断面设计。

（4）生成土方数据文件

选择是否需要生成土方数据文件，如果选择生成土方数据文件，需要指定数据文件名称和路径。

（5）绘图范围

从右侧显示的断面桩号列表中选择起点桩号，单击"起始桩号"编辑框后的按钮；选择终点桩号，单击"终止桩号"编辑框后的按钮，完成绘图范围的指定。

（6）设计绘图

单击【设计绘图】按钮，可进行横断面设计和绘图。

2. 横断面修改

因地形和地质条件的复杂多变，不管采用什么辅助设计系统，无论把系统做的多么完善，总会有一些不合实际的设计断面出现，需要设计者进行修改，出现这种情况的唯一的解决方法就是提供功能强大的修改功能。HintCAD 提供了基于 AutoCAD 图形界面的横断面修改功能。由于 AutoCAD 软件是一般使用者都熟悉的软件，利于对横断面的修改。

打开或用"横断面设计绘图"功能生成横断面图；

在 AutoCAD 中，将横断面图中的"sjx"图层设置为当前层；

用 AutoCAD 的"explode"命令"炸开"整条连续的设计线，并对其进行修改；

在完成修改后单击【设计】—【横断面修改】，按照提示点选修改过设计线的横断面图中心线，软件开始重新搜索修改后的设计线并计算填挖方面积、坡口坡脚距离以及用地界等，同时弹出横断面修改对话框(图 5-58)；

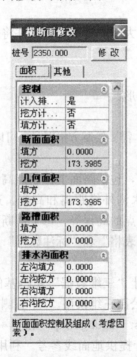 

图 5-58　横断面修改

根据需要修改对话框中各个选项的内容，修改完成后单击【修改】按钮，软件将刷新项目中土方数据文件(*.TF)里该断面的所有信息和横断面图形，实现数据和图形的联动。

【注意】　(1) 修改横断面设计线一定要在设计线图层(sjx)上进行，不要将与设计线无关的文字、图形绘制到设计线图层中，以免影响系统对设计线数据的快速搜索计算。

(2) 修改后的设计线必须是连续的，且与地面线相交，否则无法完成横断面修改。

(3) 截水沟也在设计线图层上修改，系统不将截水沟的土方计入断面面积中，但会自动将用地界计算到截水沟以外。

(4) 横断面修改功能所搜索得到的填挖方面积只是纯粹的设计线与地面线相交所得到的面积，并未考虑路槽、清表等。

5.7 HintCAD 路线设计成果输出

HintCAD 软件提供了丰富的道路工程图纸和表格输出功能。图纸和表格满足公路工程设计图表的格式、要求和惯例,并且可以根据需要对标准的图表模板进行修改,以满足特殊要求。在输出路线设计成果之前,需要修改软件提供的标准图表模板中的设计单位、工程名称、比例、日期等,也可以对图框标题栏重新划分栏目及样式。

5.7.1 平面设计成果输出

平面设计成果既可以在平面设计完成后输出,也可以在项目所有的设计完成后输出。平面设计的有些成果则必须在其他设计都完成后才能输出,例如公路用地图、路线总体设计图等,必须在路线纵断面和横断面设计完成后才能输出。下面,首先介绍在平面设计完成后可以直接输出的主要成果。

1. 生成直线、曲线及转角表

打开"主线平面设计"对话框,单击"计算绘图"绘制出平面线形;

单击菜单【表格】—【输出直曲转角表】,弹出如图 5-59 所示对话框;

根据需要选择"表格形式",单击【计算输出】按钮,程序启动 Excel 程序,生成直线、曲线及转角表。

【注意】 计算机上必须安装 Excel 软件。

2. 生成平面图

单击菜单【绘图】—【平面图分幅】,弹出如图 5-60 所示对话框,根据平面图绘制的要求设置"分图比例与裁剪"、"曲线元素表设置"、"页码设置";

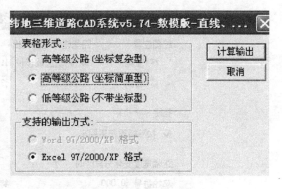

图 5-59 生成直线、曲线及转角表

图 5-60 平面自动分图

单击【开始出图】，软件在布局内生成每张平面图。

该种分图方法并未将模型空间地形图裁开，而只是分别设置了若干个布局窗口显示每页图纸，以方便设计和修改，且可保持原有图纸的坐标和位置。

3. 生成逐桩坐标表

单击菜单【表格】—【输出逐桩坐标表】，弹出"逐桩坐标表计算与生成"对话框；

根据逐桩的桩号数据来源情况选择"桩号来源"，根据输出文件格式选择"输出方式"，单击【输出】按钮，程序根据用户选择的"输出方式"启动相应的软件，生成逐桩坐标表。

【注意】 由于没有输入纵断面地面线数据，也没有用设计向导生成或者直接指定桩号序列文件，因而"桩号来源"选择中的"项目的地面线数据文件"和"项目的桩号序列文件"选项不可用。

4. 绘制总体布置图

绘制总体图前，必须完成横断面设计，并输出土方数据文件和横断面三维数据文件。绘制总体布置图时，需要从土方数据文件中读取路基填挖方情况以及两侧坡口或坡脚到中桩距离等数据。

单击菜单【绘图】—【绘制总体布置图】，弹出如图 5-61 所示对话框；

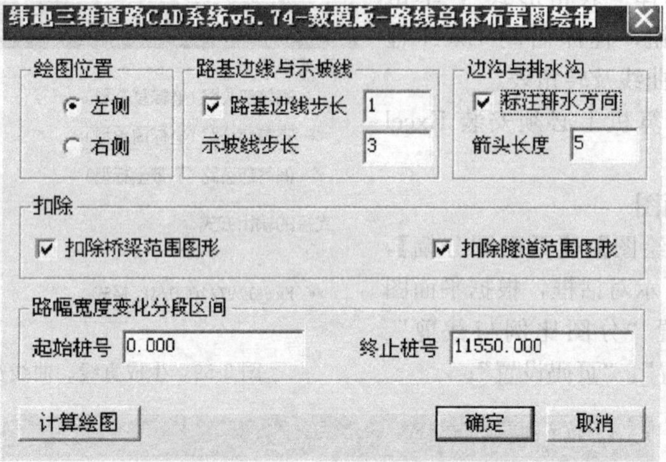

图 5-61　绘制总体布置图

选择左侧或右侧"绘图位置"绘制左右侧的总体布置图；

需要绘制路基外侧边缘线时，选择"路基边线步长"选项，根据总体图的出图比例输入"路基边线步长"和"示坡线步长"；

需要标注边沟和排水沟的排水方向时，选择"标注排水方向"选项，并输入"箭头长度"值。如果项目有桥梁和隧道的信息，可以选择"扣除桥梁范围图形"和"扣除隧道范围图形"两个选项；

输入"路幅宽度变化分段区间"的起始桩号和终止桩号；

单击【计算绘图】按钮，开始在当前图形窗口绘制总体布置图。

【说明】 如果项目缺少横断面三维数据，则不能绘制出填挖方边坡的护坡道、示坡线等线形。总体图绘制完成后，可使用"构造物标注"命令在图上进行桥涵构造物等的标注。

5. 绘制公路用地图

绘制公路用地图前也必须完成横断面设计，并输出了土方数据文件。

单击菜单【绘图】—【绘制公路用地图】，弹出如图 5-62 所示对话框；

选择左侧或右侧"绘图位置"分别绘制左右侧的公路用地图；

需要绘制路基外侧边缘线时，选择"路基边线"选项，根据公路用地图的比例输入"步长"；

设置标注内容形式；

根据标注的要求，可以选择标注"桩号宽度"或"点位坐标"或两者都标注，并设置标注字体的大小；

设置桥梁和隧道范围内用地图的绘制。

【说明】 桥梁隧道范围内用地图的生成方式有以下三种方式。

① 选择"桥梁范围占地宽度＝路基宽度＋附加用地"选项，并输入左右侧的附加占地宽度。

② 选择"桥梁范围使用横断面占地宽度"选项，根据生成的土方文件中桥隧横断面图的占地宽度来绘制；

③ 选择"不标绘桥梁范围"选项，则不绘制桥梁范围内的用地图；选择"不标绘隧道范围"选项，则不绘制隧道范围内的用地图。

输入"绘图区间"的起始桩号和终止桩号；

单击【计算绘图】按钮，软件根据以上设置在当前的图形窗口绘出用地图。

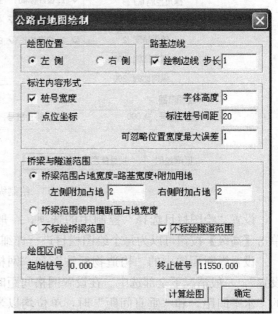

图 5-62 公路占地图绘制

5.7.2 纵断面设计成果

纵断面设计成果既可以在纵断面设计完成后输出，也可以在项目所有的设计完成后输出。

1. 输出纵坡竖曲线表

单击菜单【表格】—【输出竖曲线表】，弹出纵坡竖曲线计算表输出方式选择对话框；

选择表格输出方式，输出纵坡竖曲线表。

2. 绘制纵断面图

绘制纵断面图的操作步骤如下：

单击菜单【设计】—【纵断面绘图】，弹出如图 5-63 所示"纵断面图绘制"对话框；

设置"绘图"控制中的选项，一般情况下设置的"纵向比例"应该为"横向比例"的 10 倍；

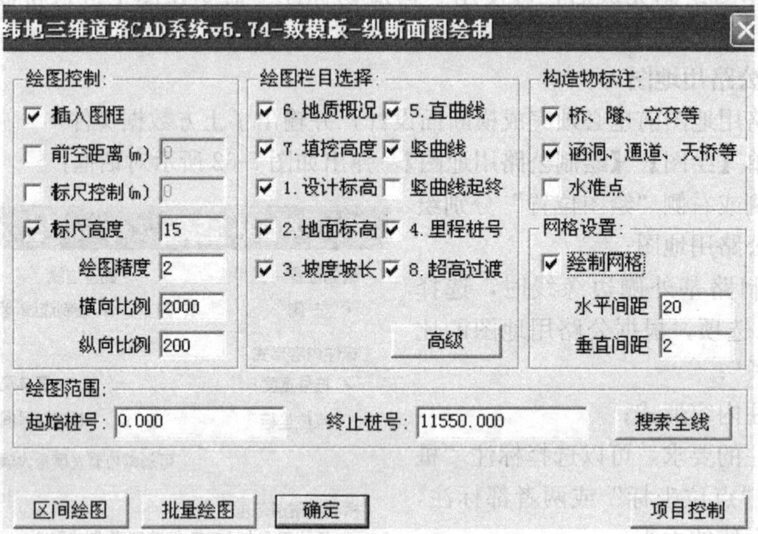

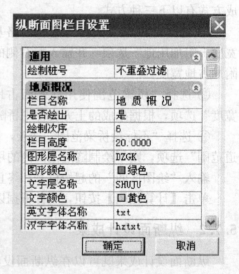

图 5-63 绘制纵断面图

设置 "绘图栏目选择" 控制中的选项,一般情况下,施工图按图 5-63 的设置即可,单击【高级】按钮可以为每个绘图栏目进行详细的设置(图 5-64);

设置纵断面图中的 "构造物标注" 和 "网格设置",一般情况下全部选中。在设置网格间距时的 "水平间距" 和 "垂直间距" 时,单位均以米计,如果图纸横向比例为 1:2000,网格的水平距离输入 20m,则打印输出的图纸中网格线的水平间距为 1cm。

设置绘图范围,绘制全线的纵断面图时,单击【搜索全线】按钮,软件自动搜索出全线的起始桩号和终止桩号;

绘制纵断面图,单击【批量绘图】按钮分幅绘制纵断面图,根据提示,输入起止页码和图形插入点;单击【区间绘图】按钮不分幅绘制纵断面图,根据提示,只需要输入图形插入点即可。

图 5-64 纵断面绘图栏目设置

5.7.3 横断面设计成果输出

1. 路基设计表

单击菜单【表格】—【输出路基设计表】,弹出如图 5-65 所示对话框;

选择【表格形式】;

选择路基设计【输出方式】,一般情况下,建议使用 "CAD 图形" 的输出方式;

设置路基设计表中是否标注 "高程" 值和输出高程或高差值时小数点后保留的小数位数,不选择的情况下,输出横断面上各高程点与设计高之高差;

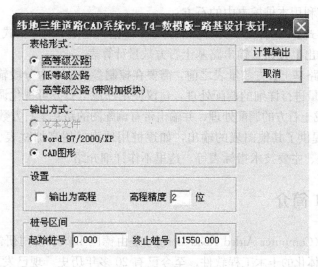

图 5-65 输出路基设计表

输入"绘图区间"的起始桩号和终止桩号;

单击【计算输出】按钮,在当前图形的模型空间或布局窗口中自动分页输出路基设计表。

2. 路基横断面设计图

横断面图的输出与横断面设计界面相同。

3. 路基土石方数量表和路基每公里土石方数量表

单击菜单【表格】—【输出土方计算表】,弹出如图 5-66 所示对话框;

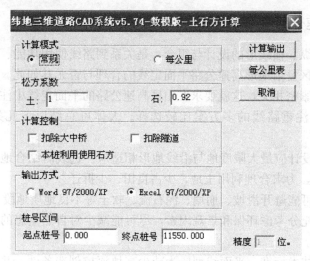

图 5-66 输出土石方计算表

选择【计算模式】,若选择"每公里表"选项,在土石方计算表输出时会每公里作一次断开,便于查询统计每公里土石方计算表;

输入土方和石方的"松方系数",该系数是指压实方与自然方之间的换算系数;

选择【计算控制】,可以选择在输出土石方计算表时是否扣除大中桥、隧道的土方数量，本桩填方是否利用本桩挖方中的石方；

选择【输出方式】，选择土石方计算表为 Word 格式还是 Excel 格式；

单击【计算输出】按钮，输出路基土石方数量计算表。

【说明】 输出路基土石方数量表之前，需要在控制参数输入中分段输入土石分类比例。如果要对土石方数量进行详细的调配处理，建议使用纬地土石方可视化调配系统（HintDP）。HintDP 可方便完成土石方的调配处理，并输出带有调配图的路基土石方数量计算表。

HintCAD 还提供了其他图表的输出，如逐桩用地表、超高加宽表、路面加宽表、总里程及断链桩号表、主要技术指标表等，这里不作详细介绍。

5.8 CARD/1 简介

CARD/1 系统（Computer Aided Road Design）是由德国 IB&T 公司研制开发的一个集勘测、设计、绘图一体化的土木工程软件，至今已有 20 多年历史，现已发展到 7.7 版本。它自设图形平台且具有自己的图形、表格、数据和文字编辑系统，数据在系统内部采用数据库相互关联的方式高效传输。CARD/1 系统不仅为工程技术人员提供了灵活方便的布线方法，同时也为设计人员提供了进行系统二次开发的语言平台，便于设计人员设计思想和目标的实现。

CARD/1 系统利用野外勘测数据或已有的数字化地形图，构建精密的三维数字地面模型，实现公路平、纵、横线型的立体设计，最终达到设计、绘图一体化的目的。由于 CARD/1 是一个高度集成的土木工程勘测设计软件系统，功能众多，本节仅就其轴线设计模块中的一些功能在山区高速公路平面定线中的应用作简单介绍。

5.8.1 山区高速公路平面定线的特点

高速公路平、纵、横形的设计与组合，是关系到路线使用功能、降低工程造价和营运成本的关键，山区复杂地形高速公路平面定线的合理与否尤其如此。公路平面线型与纵面、横断面的形式紧密相关，这就要求在山区高速公路的平面定线中注重平、纵、横立体线型的综合设计，注重路线的多方案比较选择。大体可总结以下几条关于平面定线的特点：

（1）路线平面设计应最大限度地与沿线地形相适应。选线时结合地形，采用以曲线为主的基本线型组合，力求合理利用土地，少占良田、少拆迁。

（2）路线应尽可能避开滑坡、崩塌、泥石流、软土等不良地质地段。

（3）选线时应充分考虑环保和景观因素，尽可能减少对自然生态的破坏，并力求路线与自然景观相协调。

（4）合理把握技术标准，平面线型要为减少高填深挖创造条件。并本着"以隧道代替深挖方、以桥梁代替高填方、可能时以桥代隧"的指导思想，辩证地从平面线位上处理高填深挖。

简言之，山区高速公路的平面定线就是一个不断调整、比较、优化的重复过程，采用 CARD/1 系统进行路线设计正可帮助广大设计人员从大量的重复性劳动中解放出来，将更多的精力投入方案设计上。

5.8.2 CARD/1 系统路线轴线设计

在完成地形图数据进入 CARD/1 系统管理之后（地形图数据库同时也成了轴线设计模块屏幕定线的地形背景），即可开始路线平面的轴线设计工作，CARD/1 轴线设计模块凝聚了许多当前国际上先进的设计思想，其灵活多样的轴线设计工具和方法帮助设计人员流畅、准确地表达其设计意图，诸如在山区高速公路平面定线中灵活、快捷地敷设"S"形、卵形、复合型曲线，以使平面线型更好地适应地形条件，达到设计上的合理。

CARD/1 系统轴线设计从建立轴线号（或选择已有设计轴线号），创建线位单元，修改线位单元，线位单元定位，到设计轴线计算，一条完整的设计轴线即被建立，而后利用系统构建的三维数字地模，计算出路线纵断面、横断面相对应的地面线，在此基础上进行纵、横面的线型设计。据此即可评价所定平面线位的合理性，流程简单明了，并且所有操作均可在可视图形背景下完成，系统还提供了众多的数据输入、点位捕捉、控制点设置、数据查询的方式方法，以帮助实现各种设计意图。在 CARD/1 轴线设计中，工作的成败主要取决于设计者的设计理念，及如何便捷的实现设计理念，而 CARD/1 轴线设计的"线位单元创建"与"线位单元定位"则是实现设计理念的关键。

（1）线位单元创建

CARD/1 系统轴线设计的线位单元（以下简称"线元"）包括直线和圆弧，缓和曲线依附于圆弧。系统提供了设计单元和修改单元两个平行的线元创建功能，在设计单元功能中提供了多种创建线元的方法，其中：2 点、2 点和距离、最小二乘拟合、平行设计轴线的方法为山区高速公路平面定线所常用；修改单元功能中提供了诸如修改连接方向、单元点、半径、缓和曲线等的方法。

1）"2 点法"

通过输入 2 单元点坐标（屏幕拾取地形点、键盘输入大地坐标均可）创建一个线元，然后键盘输入或鼠标拖动单元通过点确定曲线半径，也可为直线单元，若是曲线需进一步输入两端回旋线参数或长度。该法与传统的导线定线法利用弯尺敷设曲线相类似，但 CARD/1 可利用鼠标拖动单元通过点确定曲线半径的做法，显然使得曲线的敷设较传统弯尺法方便、快捷，也大大提高了所布设线型适应地形条件的能力，如在山凹、山嘴处就能更快地布设出顺应等高线走向的曲线，达到节省工程量的目的（图 5-67）。

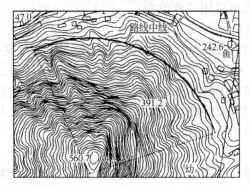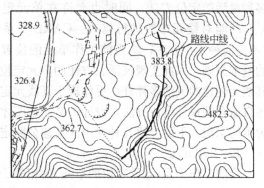

图 5-67 "2 点法"创建线元

2）"2 点和距离法"。

根据实地 2 点及所要创建的新单元对该 2 点间应保持的距离要求生成新单元（可为直线或曲线）。该法在路线局部需同时绕避 2 个控制点时最为常用，如路线绕避文物、高压电塔、重要工矿设施等（图 5-68）。

3）"最小二乘拟合法"

如图 5-69 所示，根据一组已知点位（图中的十）（控制点、地形地物点等），系统按最小二乘法拟合计算，自动求出与已知点拟合最好的曲线或直线单元，该法在利用老路段落或路线受系列点位控制（如山区越岭线放坡）时，使用非常方便，避免了设计人员大量的试算工作，同时系统拟合的线位也更加切合实际。

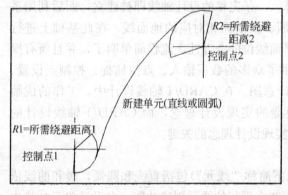

图 5-68　"2 点和距离法"创建线元

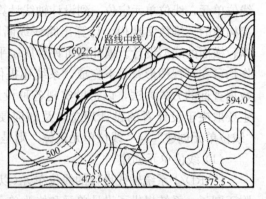

图 5-69　"最小二乘拟合法"创建线元

4）"平行设计轴线法"

拷贝已有轴线上指定桩号范围的线元生成单元组，该法在山区高速公路定线中的应用也较为广泛，如用于不同方案间段落替换、轴线拼接、平行式加、减速车道设计等，对于布设适应山区地形特点的左右分离的线形尤为方便，有助于设计人员实现山区高速公路地形选线的理念（图 5-70）。

（2）线位单元定位

在每个新的线元被创建后，系统自动根据新单元的类型进入相应"单元定位"功能，新单元作为当前工作单元。系统提供了多种灵活的定位方法，同时也允许在单元定位前后用"修改单元"功能对线元参数进行修改。CARD/1 系统的线元定位基于

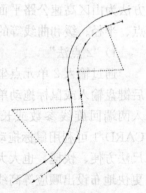

图 5-70　平行轴线法

"不论何种定位方法，除当前工作单元的位置可被改变外，其相邻单元的位置不被改变"的基本原则，以此实现灵活、方便的单元定位。CARD/1 轴线设计的强大功能除了体现于其线元创建的灵活多样外，更体现于其线元定位的方式方法上。由于不同类型的线元均有各自适合的最佳定位方法，设计人员的意图才能方便快捷的得到实现，充分体现设计以人为本的思想。下面介绍几种在山区高速公路定线中较常用的定位方法。

1）"2 单元法"

当前工作单元（意欲定位的单元）的相邻 2 单元位置固定，根据三单元间的逻辑连接关系及参数，当前单元被换算到与相邻单元路线方向连接的位置，单元间逻辑连接关系不

变。该法既可对前后圆弧间的直线定位，也可在前后直线间敷设曲线，使用最为频繁。在山区高速公路的定线中，常有一些隧道因前后地形限制，进出口均须敷设曲线且位置又要既定，采用该法对前后相邻圆弧间的直线段定位就要比传统导线弯尺法更快捷、精确地布设出理想的线位(图 5-71)。

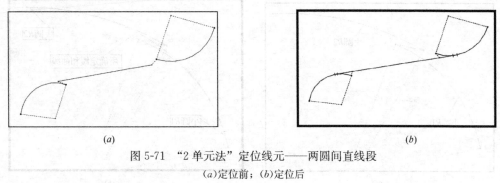

图 5-71 "2 单元法"定位线元——两圆间直线段
(a)定位前；(b)定位后

2)"单元旋转与相邻单元连接法"

该法只考虑当前工作单元与相邻前或后单元一段的连接，当前工作单元绕自身某一单元点、某一地形点、相邻单元某一单元点中的任一点进行旋转连接。在山区高速公路定线中，当需要路线精确通过某一特定点(如事先拟定的控制点)或特定点限制的范围时，用该法定位单元(不论是直线还是曲线)能快速得到理想的线位。

图 5-72 示出较典型的一种情况。

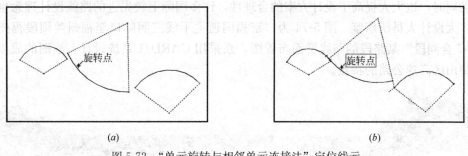

图 5-72 "单元旋转与相邻单元连接法"定位线元
(a)定位前；(b)定位后

(3)"确定缓和曲线法"

在确保单元位置(圆心)不变的前提下，通过自动计算缓和曲线长度实现定位连接。该法在山区高速公路定线中使用亦较为频繁，可以较为方便的敷设出"S"形、卵形、复合型曲线，提高了所定线型对地形的适应能力，从方法和手段上保证了高速公路线型的连续性。该法定位单元的条件，为所确定的缓和曲线长在数学上有解，通常有以下三种情况：

1)圆与直线连接，定位圆，需满足直线和圆相离或相切；

2)卵形曲线敷设，需满足大圆包含小圆的条件。定位时自动计算小圆的缓和曲线，如果大圆(外圆)与小圆(内圆)连接端已设置了缓和曲线，系统将大圆的缓和曲线删除，生成依附于小圆的缓和曲线。

3)"S"形曲线敷设，需满足圆和圆相离且曲线转向相反的条件。当其中一个圆的连接端缓和曲线已确定，系统自动求解另一个圆连接端的缓和曲线长度，可以检查系统设置的结果并通过调整已设缓和曲线的参数，重复采用该法定位得到满意的结果；当两圆连接端均未给出缓和曲线，系统则自动设置两个参数值相等的对称"S"形缓和曲线。

图 5-73 示出卵形曲线的线元定位情况。

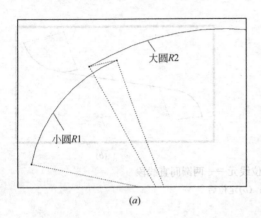 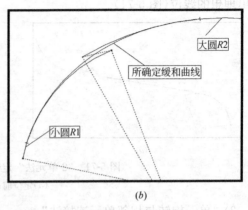

(a)　　　　　　　　　　　　　　　　　(b)

图 5-73 "确定缓和曲线法"——卵形曲线
(a)定位前；(b)定位后

5.8.3 工程应用

CARD/1 系统在路线、互通立交、通道、分离式立交等多个专业上应用，在提高工作效率的同时，也大大提高了设计方案的合理性，许多国际上较先进的路线设计理念也正为我院广大设计人员所借鉴。图 5-74 为"京福国道主干线三明际口至福州兰圃段福州市境段 FA7 合同段"某路段的路线平面布置图，系采用 CARD/1 系统设计、绘图的成果，具有典型山区高速公路的特点。

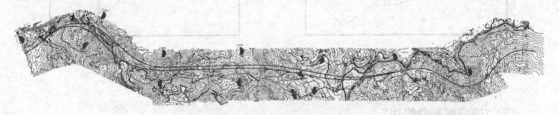

图 5-74 "京福国道主干线三明际口至福州兰圃段福州市境段 FA7 合同段"某路段的路线平面布置图

从测量和数据采集开始，经数据的传输和处理、中线设计、纵断面和横断面设计、土石方计算，直到交付使用的施工图纸和文件，都可以随时高效地完成任务。

参 考 文 献

[1] 交通部行业标准：公路工程技术标准(JTG B01—2003). 北京：人民交通出版社，2004.

[2] 交通部行业标准：公路路线设计规范(JTG D20—2006). 北京：人民交通出版社，2006.

[3] 交通部行业标准：公路勘测规范(JTJ 061—99). 北京：人民交通出版社，1999.

[4] 交通部行业标准：公路沥青路面设计规范(JTG D50—2006). 北京：人民交通出版社，2006.

[5] 潘兵宏，张弛. 公路路线计算机辅助设计与实例. 北京：人民交通出版社，2007.

[6] 朱照宏，陈雨人. 道路路线 CAD. 上海：同济大学出版社，1998.

[7] 张志清，张邰生. 道路勘测设计，北京：科学出版社，2005.

[8] 苏建林. 公路与桥梁绘图基础. 北京：人民交通出版社，2003.

[9] 邓学钧. 路基路面工程. 北京：人民交通出版社，2006.

[10] 李书琴等. Visual Basic 程序设计基础. 北京：清华大学出版社，2001.

[11] 朱照宏，符锌砂. 道路勘测设计软件开发与应用指南. 北京：人民交通出版社，2003.

[12] 朱照宏. 公路计算机辅助工程. 北京：人民交通出版社，2000.

参 考 文 献